Estudos Aplicados de Direito Empresarial

Estudos Aplicados de Direito Empresarial

CONTRATOS

2021

Coordenação:
Maria Isabel Carvalho Sica Longhi

ALMEDINA

ESTUDOS APLICADOS DE DIREITO EMPRESARIAL
CONTRATOS

COORDENAÇÃO: Maria Isabel Carvalho Sica Longhi
AUTORES: Alexandra Cappellazzo de Oliveira Lima, Antonio Alves de Oliveira Neto, Bruno Herwig Rocha Augustin e Bruno Veridiano Geraldini

DIRETOR ALMEDINA BRASIL: Rodrigo Mentz
EDITORA JURÍDICA: Manuella Santos de Castro
EDITOR DE DESENVOLVIMENTO: Aurélio Cesar Nogueira
ASSISTENTES EDITORIAIS: Isabela Leite e Larissa Nogueira

DIAGRAMAÇÃO: Almedina
DESIGN DE CAPA: FBA

ISBN: 9786556274249
Dezembro, 2021

Dados Internacionais de Catalogação na Publicação (CIP)
(Câmara Brasileira do Livro, SP, Brasil)

Estudos aplicados de direito empresarial : contratos / coordenação Maria Isabel Carvalho Sica Longhi. -- São Paulo : Almedina, 2021.

Vários autores.
Bibliografia.
ISBN 978-65-5627-424-9

1. Contratos - Brasil 2. Direito empresarial - Brasil I. Longhi, Maria Isabel Carvalho Sica.

21-89067 CDU-347.74: 338(81)

Índices para catálogo sistemático:
1. Brasil : Contratos empresariais : Direito empresarial 347.74: 338(81)
Cibele Maria Dias - Bibliotecária - CRB-8/9427

EDITORA: Almedina Brasil
Rua José Maria Lisboa, 860, Conj.131 e 132, Jardim Paulista | 01423-001 São Paulo | Brasil
editora@almedina.com.br
www.almedina.com.br

APRESENTAÇÃO

Acima de tudo sê fiel a ti mesmo,
Disso se segue, como a noite ao dia,
Que não podes ser falso com ninguém.
Hamlet – W. Shakespeare

Com 22 anos de história no mercado jurídico, o Insper Direito reitera o seu legado pela excelente produção científica de seus alunos e professores. Trabalhos científicos de grande aplicação prática-profissional e já reconhecidos pelo mercado.

Na nova coleção "Estudos Aplicados de Direito Empresarial", que tive a honra de ser um dos idealizadores e coordenador em conjunto com o Prof. Dr. André Antunes Soares de Camargo, apresenta os seus novos volumes com ênfase em direito empresarial, direito dos contratos, societário e mercados financeiro e de capitais.

A publicação desta nova coleção comprova a excelência acadêmica dos discentes-autores e de seus respectivos professores orientadores.

Cabe aqui o nosso sempre agradecimento à Editora Almedina Brasil, que rapidamente abraçou a ideia desta coleção e vêm brindando os alunos e orientadores com suas publicações por anos seguidos, hoje, a coleção já conta com centenas de artigos e obras monográficas que são referências em seus segmentos.

A coleção "Estudos Aplicados de Direito Empresarial" foi originalmente pensada para ocorrer em uma edição por ano, sempre próximo ao encerramento do ano letivo. Projetamos o lançamento fiéis a qualidade que pauta nossas atividades e a própria Editora Almedina, referência jurídica em toda a comunidade lusófona.

O leitor terá a oportunidade de conferir as mais diversas abordagens para temas novos, ou com novas leituras de questões já existentes, sempre fiel a qualidade e rigor científico para o enfrentamento de questões concretas e complexas. Como uma escola de negócios, os textos que aqui são apresentados trazem luz para as mais variadas dificuldades do dia-a-dia do jurídico empresarial estratégico.

A coleção sempre traz ao público artigos altamente qualificados de nossas alunas e alunos e cada um dos volumes desta nova edição apresenta mais cinco novos artigos (com exceção de direito tributário que excepcionalmente conta com dez artigos), marca realmente expressiva para uma publicação tão jovem no cenário jurídico nacional.

Foram desenvolvidos os seguintes trabalhos que convido todas e todos a sua leitura e aprendizagem.

Direito Empresarial – "O uso da jurimetria pelos departamentos jurídicos: criação de indicadores financeiros e de eficiência operacional" do autor Erik Telles Maeda; "O consentimento informado como autorizador para o tratamento de dados sensíveis de saúde obtidos por meio de dispositivos eletrônicos cotidianos " do autor Felipe Vanderlinde Schiavon; "A intergeracionalidade como prática de responsabilidade social corporativa das empresas do setor de telecomunicações" da autora Gabriela Brocadello Junqueira; "Uma análise dos arranjos jurídicos para avaliação da existência e eficácia de programas de compliance" da autora Gabriela Revoredo Pereira da Costa; e, "Trabalho em plataformas digitais: análise do regime jurídico atual e perspectivas futuras" da autora Tatiane Neves Alves.

Direito dos Contratos – temáticas sempre relevantes e que impactam todo o sistema jurídico e seus aplicações, temos igualmente cinco excelentes artigos, composto por "Os contratos de afiliadas no setor de telecomunicação e os contratos de franquia" da autora Alexandra Cappellazzo de Oliveira Lima; "Uma breve análise sobre o papel da limitação de responsabilidade em contratos empresariais de computação em nuvem" do aluno André Julius Pellicano Granado; "Linguagem contratual: a simplicidade eficaz como ferramenta de segurança jurídica" do autor Antonio Alves de Oliveira Neto; "Uso da inteligência artificial: uma análise de seus possíveis reflexos jurídicos e a possibilidade de criação de contratos por instrumento autônomo" do autor Bruno Veridiano Geraldini; e, "A cláusula de exclusividade nos contratos de distribuição" da autora Karina Magalhães Soares

Direito dos Mercados Financeiro e de Capitais – programa mais tradicional do Insper, consta com os seguintes artigos, "Constituição de ônus e gravames sobre ativos financeiros" da autora Ana Paula de Oliveira Missias; "Responsabilidade civil ambiental das instituições intermediárias de ofertas públicas de valores mobiliários" do autor Henrique Takeda Kamoi; "Smart contracts e derivativos" da autora Larissa Marques Lima; "Responsabilização dos administradores: uma análise econômica e jurídica da aplicação dos deveres fiduciários" do autor Luiz Ferrua Neto; e, "Desafios jurídicos do sistema financeiro aberto (open banking)" do autor Kaike Augusto Machado.

Direito Societário – produziu os seguintes artigos: "Reflexões acerca de instrumentos híbridos" do autor Lucas Manzoli de Almeida; "O direito de voto das ações gravadas com usufruto" do autor Luiz Fernando Lockmann e Souza; "Alienação fiduciária de ações em garantia e suas consequências sobre direitos do acionista fiduciante" do autor Pedro Moura de Almeida; "Transformação de associações em sociedades" da autora Verena Reverdy Lemos; e, "Convenção extraprocessual em sociedades limitadas: uma tentativa de racionalização do processo societário" do autor Vinicius Cavarzani.

Direito Tributário – finalmente o programa de direito tributário produziu os seguintes artigos: "O parcelamento do débito tributário e a possibilidade de liberação da garantia prestada em execução fiscal" da autora Amanda Krummenauer Pahim de Souza; "Natureza jurídica dos aportes extraordinários patronais em plano de previdência privada aberta, à luz da jurisprudência do conselho administrativo de recursos fiscais – CARF" da autora Carolina Evangelista Silva Coimbra; "Aspectos tributários envolvendo a importação de bens e serviços por entidades do terceiro setor" da autora Gabriella Fernanda Nunes Braga; "A eficácia da restrição sobre a compensação antes do trânsito em julgado nos casos com exame repetitivo" da autora Karla Alves de Carvalho; "A tributação das Fintechs: estudo sobre as controvérsias tributárias aplicáveis às instituições de pagamento" do autor Otávio Batista de Carvalho Júnior; "Provas: impactos do novo Código de Processo Civil no processo administrativo tributário" do autor Paulo Antonio Balduino Filho; "A aplicação da teoria dos sistemas na resolução de demandas jurídicas-tributárias sobre o ágio" do autor Pedro Cavalcanti Amarante; "Imposto sobre a renda da pessoa jurídica: aplicabilidade do benefício fiscal da depreciação integral previsto no artigo 6º da medida provisória nº 2.159-70/01 para bens classificados como ativo biológico, especialmente cana-de-açúcar e eucalipto" do autor Renato Sguerri Fernandes; "Tributação dos rendimentos auferidos no exterior em sociedades, fundos de investimento e trusts por residentes fiscais no Brasil" da autora Samara Azevedo Fagundes; e, "Consequências jurídicas da não realização do fato gerador presumido do ICMS-ST e do direito ao indébito tributário correspondente" autoria de Vanderlei de Souza Júnior.

Deixo aqui o meu muito obrigado à todas e todos que colaboraram para a produção de mais uma coleção Insper Almedina e Coleção Estudos Aplicados de Direito Empresarial.

Boa leitura a todos!

Prof. Dr. Rodrigo Fernandes Rebouças

PREFÁCIO

Mais uma vez o Insper publica em parceria com a Almedina um livro sobre direito dos contratos. Como todos os anos, a publicação me traz uma grande alegria, pois é o resultado de um esforço muito grande dos alunos, que eu tenho a satisfação de acompanhar de perto. Esse ano, minha admiração pelos alunos que foram escolhidos é ainda maior. Cada um deles enfrentou na vida pessoal e profissional desafios inimagináveis por conta da pandemia e ainda tiveram tempo de escrever um artigo de qualidade que merece ser publicado pela maior editora jurídica de língua portuguesa.

Essa publicação é também ainda mais especial para mim como coordenadora, pois nesses anos todos de Insper conseguimos evoluir o ensino do direito contratual, expandindo a discussão para áreas antes pouco afeitas aos contratualistas. Assim, esse livro traz discussões bastante variadas sobre diversos temas distintos que usualmente não são tratados por contratualistas. Esse livro deixa claro que atualmente os bons contratualistas compreendem os mais diversos temas e devem conhecer profundamente o negócio objeto do contrato.

Alexandra Capellazzo de Oliveira Lima trata do contrato de franquia e como ele deve ser comparado, no setor de telecomunicação, aos contratos de parceria celebrados entre as grandes emissoras com empresas menores regionais que possuem a concessão, autorização ou permissão do poder público. Essa análise é relevante, pois permite que haja, quando pertinente, uma integração dos contratos de parceria com normas aplicadas aos contratos de franquia, preenchendo lacunas importantes, tais quais os impactos de uma rescisão ou as consequências de cláusulas padrão nas negociações

Antonio Alves de Oliveira Neto trata de tema extremamente interessante sobre a importância da linguagem adequada nos contratos como forma de mitigação da insegurança jurídica e redução de custos. Antonio também aborda em seu artigo o legal design, método de resolução de problemas complexos, que aborda as questões envolvidas no litígio de forma clara e simplificada, para que as próprias partes participem desse processo, ampliando as possibilidades de resolução apresentadas. Também falará sobre a concepção do visual law, que se propõe a apresentar as obrigações de uma forma distinta. Por fim, aborda a discussão da linguagem clara como facilitadora dos smart contracts.

Bruno Herwig Rocha Augustin, por sua vez, discorre sobre a obrigatoriedade de notificação de contratos associativos ao CADE. Apesar dessa obrigação ter sido introduzida pela Lei no 12.529/2011 e ser regulamentada pela Resolução no 17/2016, a falta de clareza perdura e alguns setores adotam posturas extremamente conservadoras, notificando frequentemente o CADE, enquanto outros setores, tentam permanecer alheios a essas discussões. Assim, o objetivo principal do trabalho é trazer um conceito mais claro sobre os atuais critérios adotados pelo CADE de "empreendimento comum" e "compartilhamento de riscos".

Por fim, Bruno Geraldini discute sobre o uso da inteligência artificial e o *machine learning* nos contratos por instrumentos autônomos e a possibilidade de redução de fricção e de custos para as partes contratantes com o desenvolvimento de tecnologias e plataformas que elaboram contratos mais pertinentes às necessidades das partes.

Bruno também menciona os avanços tecnológicos atuais, tais quais os chatbots, carros autônomos e a Internet das coisas (IoT), e como essas tecnologias estão impactando a contratação entre as partes, e quais são as consequências no campo da responsabilidade civil.

Tenho certeza que todos os artigos acima são de grande valia aos operadores do direito e enriquecem imensamente a discussão doutrinária atual. Com muito orgulho, boa leitura!

SUMÁRIO

OS CONTRATOS DE AFILIADAS NO SETOR DE TELECOMUNICAÇÃO E OS CONTRATOS DE FRANQUIA

Alexandra Cappellazzo de Oliveira Lima

Introdução

O contrato de franquia é um contrato que tem origem no direito privado norte-americano e que já se espalhou mundialmente. Neste contrato, o comerciante detentor de uma marca (franqueador) e outros objetos de propriedade intelectual, concede à outra pessoa jurídica (franqueado) a utilização de sua marca ou produtos e presta serviços de organização empresarial, mediante o pagamento de uma remuneração.

O contrato de franquia fora instituído no Brasil, por meio da lei nº 8.955 de 15 de dezembro de 1994, a partir deste marco legislativo, passou a ser muito utilizado, especialmente, por grandes empresas, com o fito de ampliar a marca e, consequentemente, os lucros, haja vista que, deste modo, não incorre a Pessoa Jurídica em diversos custos e riscos decorrentes da transferência de franquia.

Recentemente, em 26 de dezembro de 2019, foi sancionada a Lei 13.966/2019, que revogou a Lei 8.955/1994 e passou a regulamentar o sistema de franquias empresarial. Tal legislação manteve a mesma estrutura e principais conceitos da antiga, mas inovou em relação à (i) introdução de regulamentação de franquias na Administração Pública, bem como de sublocação de imóveis de franqueador; (ii) vedação expressa da aplicação da Consolidação da Lei do Trabalho e Código de Defesa do Consumidor; (iii) inclusão de maiores exigências na Circular de Oferta de Franquia; e (iv) abrandamento do conceito do Contrato de Franquia.

O franqueador deverá estabelecer como o franqueado deverá montar as suas operações e oferecer o produto, devendo orientá-lo no:

> a) contrato de engineering, pelo qual o franqueador planeja e orienta a montagem do estabelecimento do franqueado; b) o management, relativo ao treinamento dos funcionários e à estruturação da administração do negócio; c) o marketing, pertinente às técnicas e colocação dos produtos ou serviços junto aos seus consumidores.[1]

Por outro lado, o franqueado, que possui dinheiro e intenção de investir, mas não detém conhecimento técnico suficiente, incorre em todos os custos para implementação do negócio de estrutura pronta (plano de negócio).

O contrato também conhecido como *franchising* é puramente empresarial, por exigir que sejam dois empresários contratantes, permitindo assim, mais espaço para livre disposição de direitos, alocação de riscos e autonomia privada.

Ademais, é um contrato que não é totalmente regulamentado e pode possuir certos aspectos atípicos. Tais aspectos do contrato de franquia, poderão auxiliar em uma maior análise do real poder de negociação das empresas neste ramo, sejam elas franqueadas ou franqueadoras.

[1] GONÇALVES, Carlos Roberto. **Direito Civil Brasileiro:** contratos e atos unilaterais, v. 3. 14. ed. São Paulo: Saraiva, 2017, p. 700.

Ou seja, trata-se de contrato misto, bilateral, oneroso, de tratos sucessivos, no qual, por um lado, o franqueador aumenta a oferta de seu produto, divulga a sua marca, aumenta o seu lucro, enquanto oferece os serviços de gerenciamento empresarial e *know-how*.

A importância de classificação dos contratos não pode e nem deve ser desmerecida nos estudos práticos. Tanto é assim, que os doutrinadores entendem que somente em contratos bilaterais, que é o presente caso, pode-se falar em condição resolutiva tácita (art. 477 CC), *exceptio inadimplenti contractus* (art. 476, CC).

Assim sendo, o franqueador somente poderá exigir que a sua marca, cultura e outros produtos de sua propriedade intelectual sejam seguidos de forma integral se efetivamente ofereceu todos os meios, apoio e técnica ao franqueado.[2]

Em regra, são três modalidades de contratos de franquia, a depender do nível de atuação do franqueador na atividade do franqueado, quais sejam: (i) franquia industrial; (ii) franquia de comércio ou de distribuição; e (iii) franquia de serviços.

Ressalta-se que embora o contrato de franquia possua certas características que se assemelham ao contrato de representação, distribuição, transferência mercantil de *know-how*, comissão mercantil e concessão, não pode ser confundido com estes contratos.

A finalidade do contrato de franquia é somente a distribuição de produtos e o franqueado conserva a sua individualidade jurídica, mas não a mercadológica. Ou seja, embora possua os seus próprios funcionários, estabelecimento, produção e clientes o grande público não individualiza o franqueado de seu fran-

[2] Conforme: NERY JÚNIOR, Nelson; NERY, Rosa Maria de Andrade Nery; NERY, Ana Luiza (coord.). **Manual de Direito Civil:** contratos. 1. ed. São Paulo: Editora Revista dos Tribunais, 2014, p. 28.

queador, pois para o consumidor é como se fosse uma extensão do próprio franqueador oferecendo os produtos.[3]

A extinção do contrato de franquia poderá ser devido ao término do prazo contratual, inadimplemento de uma das partes, distrato ou resilição bilateral e, o destaque para esse tipo de contrato, a conduta do franqueado que comprometa a imagem da marca, produto ou serviço.

Tão somente após o devido suporte no modelo de negócio, na criação da cultura da empresa e nas adequações às novas regulamentações, que a franqueadora poderá exigir o cumprimento integral das obrigações da fraqueada e alegar eventual inadimplemento.

No âmbito das Emissoras de telecomunicação, há um contrato comumente celebrado entre as grandes Emissoras de marca reconhecida, com empresas menores regionais que possuem a concessão, autorização ou permissão do poder público para a transmissão de telecomunicação, radiodifusão sonora, e sons e imagens.

Tais contratos normalmente nomeados como "Contratos de Parceria" ou "Contratos de Afiliadas", possuem características notadamente semelhantes ao Contrato de Franquia, especialmente no que tange à divulgação da marca, modelo de negócio, qualidade de serviços, treinamentos, assessoria, limitação de poder de negociação da Afiliada, percentual de remuneração e limitação do material produzido pelas Afiliadas.

A característica destes Contratos de Afiliadas que mais difere dos Contratos de Franquia normalmente celebrados entre as empresas é a necessidade da preexistência de autorização para a exploração de serviços de telecomunicação.

[3] Conforme: GONÇALVES, Carlos Roberto. **Direito Civil Brasileiro:** contratos e atos unilaterais, v. 3. 14. ed. São Paulo: Saraiva, 2017, p. 700.

Isso porque, nos termos do art. 21, inc. XI, da Constituição Federal, os serviços de telecomunicações são de competência da união e, deste modo, somente serão explorados pelo setor privado quando o Poder Executivo Federal expressamente delegar essas funções ao particular.

Diante da delegação dos serviços pelo poder público e a consequente atribuição do regime público ao setor, há obrigações intrínsecas à prestação de serviços de telecomunicação, quais sejam: a universalização, continuidade, exigência de licitação, contrato de concessão com cláusulas definidas, regulação sobre tarifas, intervenção e previsão de extinção do contrato.

No mais, as empresas além de terem que obter autorização do poder público para o seu funcionamento, devem obedecer às legislações específicas de seu setor, como a Lei nº 9.472 de 16 de julho de 1997 (Lei Geral de Telecomunicação).

Essa legislação, que completou 23 anos de vigência esse ano, estabeleceu dois regimes jurídicos para as empresas de telecomunicação, público e privado, bem como criou o órgão regulador do setor (Agência Nacional de Telecomunicações - Anatel), determinando suas regras de funcionamento.

Nesse sentido, o artigo 10 da Resolução n. 272 da Anatel exige que seja outorgada autorização pela própria Anatel para a exploração dos serviços de telecomunicação.

É de se notar, ainda, que a Lei n. 9.472/97 não previu a realização de licitação pública para a autorização de serviços de telecomunicação e ao dispensar esse aspecto do artigo 21 da Constituição Federal, muitos doutrinadores entendem que "o que a lei fez foi privatizar (não a execução do serviço, como ocorre na autorização, permissão ou concessão), mas a própria atividade ou, pelo menos, uma parte dela", uma vez que não lhe foi conferida a natureza de delegação de serviços.[4]

[4] Di Pietro, Maria Sylvia Zanella. **Direito administrativo.** 19. ed. São Paulo: Malheiros, 2005, p. 238.

Em decorrência dos diversos desenvolvimentos tecnológicos do setor, há projetos de lei em trâmite na câmara para a alteração da Lei Geral de Telecomunicações. Como exemplo, cita-se a PL 79/2019, caso aprovada passará a permitir que a concessão de telefonia fixa seja feita por autorização às empresas privadas.

Diante disto, no presente trabalho serão abordados os contratos de franquia e as suas similaridades com o Contrato de Afiliadas no setor de telecomunicação e serão analisados a forma de alocação de risco, a estrutura de negócio oferecida pelas grandes empresas, a autonomia da vontade das partes contratantes e todas as especificidades do setor de telecomunicação, por se tratar de um serviço público.

Além disso, deverá ser avaliado qual é o real poder de negociação dessas empresas Afiliadas, diante de um contrato em que pouco poderá ser alterado e o impacto de uma rescisão ou não renovação, que eventualmente poderá inviabilizar totalmente a sua atividade econômica.

Sendo assim, o trabalho pretende justamente analisar as especificidades dos contratos de franquia na área de telecomunicação e a forma como ele é inserido no mundo dos negócios. Até porque, a autonomia privada mínima existente neste tipo contratual acarreta grandes impactos na alocação de riscos no contrato.

Não obstante, o segmento analisado trará uma releitura dos contratos de franquia, que estarão inseridos em um serviço público. Questão que poderá restringir a disponibilidade das partes contratantes.

1. Os contratos de franquia ou *franchising*

1.1. O histórico do sistema de franquias no Brasil

O sistema de franquias desenvolveu-se em meados do século XIX nos Estados Unidos, quando as empresas se depararam com a necessidade de acompanhar a crescente mobilidade da população, diante da expansão dos meios de transporte e revolução industrial norte-americana, que demonstrou uma demanda consumista de produtos em uma maior área geográfica.[5]

De acordo com pesquisas realizadas por Mauro Busani[6], é possível analisar a origem do contrato de *franchising* a partir dos contratos de distribuição na Europa e de contratos de concessão de marca nos Estados Unidos, nos anos logo após a Guerra de Secessão (1861-1865).

Mauro Busani atribui a origem do sistema de *franchising* e o seu desenvolvimento primordialmente às grandes empresas americanas, como Singer Sewing Machine Company (1863) e General Motors (1898). Além de indicar a criação em 1892 da *The Coca-Cola Company*, que após adotar o engarrafamento em massa do produto, cedeu os direitos para alguns engarrafadores independentes.[7]

O entendimento majoritário, é que o grande crescimento e desenvolvimento do setor ocorreu principalmente após a Segunda Guerra Mundial, pois o país passava por diversos problemas socioeconômicos e os ex-combatentes buscavam formas de inserção no mercado de trabalho pós-guerra. Com o sistema de *franchising*, tais ex-combatentes puderam driblar as dificuldades financeiras e o mercado de trabalho, de forma a abrir quase de imediato um comércio, sem possuir vasta experiência.[8]

[5] Conforme: SILVA, Bianca Maria da. **Monitoramento e incentivos em rede de franquias brasileiras.** 2015. 70 f. Dissertação (Mestrado em Ciências) – Programa de Pós-Graduação em Controladoria e Contabilidade, Faculdade de Economia, Administração e Contabilidade de Ribeirão Preto da Universidade de São Paulo, 2015.

[6] Conforme: BUSANI, Mauro. I Contratti Nuovi. Milão: Giuffré, 1989, p. 400-401 citado por CRETELLA NETO, José. **Manual Jurídico do *Franchising*.** São Paulo: Atlas, 2003, p. 47-48.

[7] Conforme: CRETELLA NETO, José. **Manual Jurídico do *Franchising*.** São Paulo: Atlas, 2003, p. 48-49.

[8] Conforme: SIMÃO FILHO, Adalberto. ***Franchising*:** aspectos jurídicos e contratuais. 2. ed. São Paulo: Atlas, 1997, p. 18-19.

Apesar do desenvolvimento nos Estados Unidas no século XIX, a primeira franquia no Brasil foi em 1963 com a abertura da primeira rede de ensino de idiomas Yázigi. Nos anos seguintes, com o sucesso deste modelo de negócio e a intenção de outras franqueadoras internacionais abrirem lojas no Brasil, foram instaladas diversas outras redes de franquias no País, tanto internacionais como nacionais, dentre elas destacam-se: Mc Donald's, o Boticário e Bob's.

Nos anos de 1970-1990, o sistema de *franchising* começou a se tornar a modalidade preferida de negócios de empresários de pequeno e médio porte e teve um crescimento notável, fatos atribuíveis a crises econômicas do período e o aumento da população urbana.[9]

No século XXI, a franquia comercial brasileira já possuía maior especialização de mercados e redes, entrada de novas redes em diferentes segmentos e eliminação de redes menos eficazes para adequação ao mercado.[10]

Diante disso, em julho de 1987, foi criada a Associação Brasileira de *Franchising* ("ABF"), entidade sem fins lucrativos que busca promover o desenvolvimento do sistema de *franchising* no Brasil, expandir a sua atuação e auxiliar as franquias associadas em formações técnicas, atualizações e atuações perante o poder público, organizando conferências, simpósios, seminários, palestras, cursos e encontros de formação técnica.[11]

Atualmente, a ABF possui mais de 1.100 associados, dentre eles, franqueadores, potenciais franqueadores, franqueados,

[9] Conforme: CRETELLA NETO, José. **Manual Jurídico do *Franchising*.** São Paulo: Atlas, 2003, p. 53-54.

[10] Conforme: CRETELLA NETO, José. **Manual Jurídico do *Franchising*.** São Paulo: Atlas, 2003, p. 53-54.

[11] Conforme: ASSOCIAÇÃO BRASILEIRA DE *FRANCHISING* – ABF. **Atuação e objetivos.** Publicado em 10 maio 2013. Disponível em: https://www.abf.com.br/a-abf/atuacao-e-objetivos-da-abf/. Acesso em: 08 jun. 2020.

fornecedores e consultores do setor, e desfruta de prestígio no mercado, o que facilita aos seus associados a obtenção de financiamentos e empréstimos para abertura de franquias, bem como facilita o contato com o poder público, muitas vezes excessivamente burocrático.

A ABF também auxilia o público externo com dados estatísticos compilados sobre o setor, como custos de aquisição de franquias, taxas de *royalties* para abertura de lojas e publicações técnicas, de forma a fomentar o crescimento do setor e possibilitando uma análise mais técnica de terceiros.

Segundo dados recentes da ABF,[12] o sistema de *Franchising* do Brasil mantém ritmo de crescimento. Em 2019, o setor obteve um faturamento de R$ 186,755 bilhões:

Figura 1 – *Franchising* mantém ritmo de crescimento – Faturamento (em bilhões)

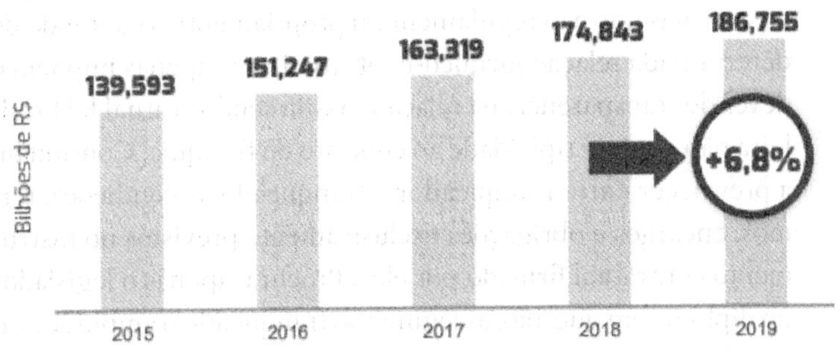

Fonte: Associação Brasileira de *Franchising* – ABF (2019)

Da mesma forma, o número de redes e unidades que operam no Brasil cresceu pelo segundo ano consecutivo, chegando

[12] Conforme: ASSOCIAÇÃO BRASILEIRA DE *FRANCHISING* – ABF. **Números do *franchising*.** 2019. Disponível em: https://www.abf.com.br/numeros-do-*franchising*/. Acesso em: 08 jun. 2020.

a 2.918 redes de franquias e 160.958 unidades em 2019, nos mais diversos segmentos. Tal desempenhou permitiu a geração de 1.358.139 empregos diretos.

1.2. O contrato tipificado na forma da Lei nº 8.955/1994

O Contrato de Franquia por muito tempo foi utilizado no Brasil como um contrato atípico, uma vez que as atividades das franquias iniciaram antes da promulgação da Lei nº. 8.955/1994.

Aliás, há ainda uma corrente de doutrinadores que sustentam que, mesmo após a promulgação da Lei nº 8.955/1994, o contrato de franquia deve ser classificado como atípico, nas palavras de Fábio Ulhoa Coelho:[13]

> o objetivo da Lei 8.955 de 15 de dezembro de 1994 (publicada no DOU de 16/2/94), foi o de disciplinar a formação do contrato de franquia. Trata-se de diploma do gênero denominado *disclosure statute* pelo direito norte-americano, ou seja, encerra apenas normas que não regulamentam propriamente o conteúdo de determinada relação jurídico-contratual, mas apenas impõem o dever de transparência na relação. Assim sendo, a atual lei brasileira não confere tipicidade ao contrato de franquia. Continuam a prevalecer entre franqueador e franqueado as condições, termos, encargos e obrigações exclusivamente previstos no instrumento contratual firmado por eles. Procura, apenas o legislador no diploma em questão, assegurar ao franqueado o amplo acesso às informações indispensáveis à ponderação de vantagens e desvantagens relacionadas com o ingresso em determinada rede de franquia; Para o direito brasileiro, portanto, pode-se ainda considerar a franquia exemplo de contrato atípico, já que a Lei nº 8.955/94 não dispõe sobre o conteúdo da relação negocial, não

[13] Coelho, Fábio Ulhoa. Considerações sobre a Lei de Franquia. Revista da ABPI, p. 15. citado por Fortini, Cristiana. **Contratos administrativos:** franquia, concessão, permissão e PPP. 2. ed. São Paulo: Atlas, 2009, p. 94.

define os direitos e deveres dos contratantes, mas apenas obriga o franqueador, anteriormente à conclusão do acordo, a expor claramente aos interessados na franquia as informações essenciais.

Por outro lado, Frans Martins[14], Cristiana Fortini[15] e Adalberto Simão Filho[16], definem o Contrato de Franquia como típico, porque a legislação (i) impôs disciplina jurídica rígida a estes contratos que antes não havia, (ii) definiu quais são as obrigações dos contratantes e contratado e (iii) estabeleceu o objeto e a finalidade.[17]

O doutrinador Álvaro Azevedo foi além, segundo ele, apesar de se tratar de um Contrato Típico, o Contrato de Franquia ainda pode conter certos elementos atípicos em sua elaboração. De forma a explicar a adoção de elementos atípicos no contrato de franquia, explica que:[18]

> Nada impede, entretanto, que, mesmo contratada a franquia apresente-se ela combinada com outro tipo de contrato ou com elementos atípicos que integrem a contratação, como um todo uno e indivisível, sem contrariar as normas legais existentes, principalmente da Lei nº 8.995/94, a ordem pública, os bons costumes e os princípios de direito. Nesse caso, o contrato será atípico misto,

14 "Classifica-se a franquia como um contrato consensual, bilateral, oneroso, de execução continuada, híbrido e típico." Conforme: MARTINS, Fran. **Curso de Direito Comercial**: contratos e obrigações comerciais, v. 3, 19. ed. Rio de Janeiro: Forense, 2019, p. 389. VitalBook file.

15 Conforme: FORTINI, Cristiana. **Contratos administrativos:** franquia, concessão, permissão e PPP. 2. ed. São Paulo: Atlas, 2009, p. 94.

16 Conforme: SIMÃO FILHO, Adalberto. ***Franchising*:** aspectos jurídicos e contratuais. 2. ed. São Paulo: Atlas, 1997, p. 42.

17 Conforme: FORTINI, Cristiana. **Contratos administrativos:** franquia, concessão, permissão e PPP. 2. ed. São Paulo: Atlas, 2009, p. 94.

18 AZEVEDO, Álvaro Villaça. **Teoria geral dos contratos típicos e atípicos:** curso de direito civil. 2. ed. São Paulo: Atlas, 2004, p. 162.

formado com a franquia e outras contratações ou elementos estranhos a esse contrato.

É possível concluir, portanto, que o Contrato de Franquia é um contrato misto, uma vez que possui previsão legal que impôs um regulamento próprio e, ao mesmo tempo, poderá possuir características atípicas. Como bem explicado por Orlando Gomes: "Contrato misto é o que resulta da combinação de elementos de diferentes contratos, formando nova espécie contratual não esquematizada na lei."[19]

No mesmo sentido, define Álvaro Azevedo:[20]

> Ao lado dos contratos típicos e atípicos, figuro os mistos, que são aqueles que, segundo classificação já por mim proposta, reúnem, em seu corpo, dois ou mais contratos típicos, dois ou mais contratos atípicos, ou, ainda, simultaneamente, as duas categorias mencionadas.

Como será analisado mais detalhadamente no Capítulo 2.5, a possibilidade de tratar o Contrato de Franquia como contrato atípico, típico ou misto impactará diretamente na autonomia das partes e alocação de riscos, bem como determinará em qual grau poderá ser a intervenção do judiciário.

1.3. O conceito e principais elementos do contrato de franquia

Diante da promulgação da Lei 8.955/1994, portanto, o Contrato de Franquia passou a ter parâmetros e elementos mínimos de identificação, além daqueles que já haviam sido pré-estabelecidos pela doutrina nacional e internacional.

[19] GOMES, Orlando. **Contratos.** 27. ed. Rio de Janeiro: Forense, 2019, p. 98. VitalBook file.

[20] AZEVEDO, Álvaro Villaça. **Teoria geral dos contratos típicos e atípicos:** curso de direito civil. 2. ed. São Paulo: Atlas, 2004, p. 84.

No art. 2º da Lei 8.955/1994 o legislador determinou o conceito de uma franquia empresarial dentro do ordenamento jurídico brasileiro:

> Art. 2º Franquia empresarial é o sistema pelo qual um franqueador cede ao franqueado o direito de uso de marca ou patente, associado ao direito de distribuição exclusiva ou semi-exclusiva de produtos ou serviços e, eventualmente, também ao direito de uso de **tecnologia de implantação** e administração de negócio ou sistema operacional desenvolvidos ou detidos pelo franqueador, mediante remuneração direta ou indireta, sem que, no entanto, fique caracterizado vínculo empregatício. (grifo nosso)

Com o advento da nova Lei 13.966/2019, o legislador ampliou o objeto do sistema de franquia, de forma que antes o conceito apenas abrangia a marca e patente e passou a ser marca e propriedade intelectual, conforme é possível observar pelo art. 1º da Lei 13.966/19:

> Art. 1º Esta Lei disciplina o sistema de franquia empresarial, pelo qual um franqueador autoriza por meio de contrato um franqueado a usar **marcas e outros objetos de propriedade intelectual**, sempre associados ao direito de produção ou distribuição exclusiva ou não exclusiva de produtos ou serviços e também ao direito de uso de métodos e sistemas de implantação e administração de negócio ou sistema operacional desenvolvido ou detido pelo franqueador, mediante remuneração direta ou indireta, sem caracterizar relação de consumo ou vínculo empregatício em relação ao franqueado ou a seus empregados, ainda que durante o período de treinamento. (grifo nosso)

Nesse sentido, ocorreu a substituição da espécie "patente" pelo gênero "propriedade intelectual" e a transmissão de direitos pela franqueadora passou e englobar todas as espécies da propriedade intelectual, quais sejam: direito autoral (direito do autor, direitos conexos e programas de computador), bem como propriedade industrial (patente, marca e desenho industrial). Com isso, por exemplo, poderá ser cedido um software produzido pela empresa Franqueadora, algo que já ocorria na prática da operação de franquias.

No entendimento de Frans Martins, o Contrato de Franquia é:

> O contrato que liga uma pessoa a uma empresa, para que esta, mediante condições especiais, conceda à primeira o direito de comercializar marcas ou produtos de sua propriedade sem que, contudo, a estejam ligados por vínculo de subordinação. O franqueado, além dos produtos que vai comercializar, receberá do franqueador permanente assistência técnica e comercial, inclusive no que se refere à publicidade dos produtos.[21]

Sendo assim, a franquia empresarial é formada por um complexo de contratos comerciais. O Contrato principal que é designado como "contrato de franquia" é celebrado entre franqueador e o franqueado e aproxima-se de um contrato de distribuição, de representação ou agência.

É uma forma de distribuição de produtos e/ou serviços, consistente na parceria entre uma empresa com mais tempo de atividade e possuidora de know-how e outras empresas com menos experiência.[22]

[21] MARTINS, Fran. **Curso de Direito Comercial**: contratos e obrigações comerciais, v. 3, 19. ed. Rio de Janeiro: Forense, 2019, p. 384. VitalBook file.

[22] Conforme: ROQUE, Sebastião José. **Do contrato de franquia empresarial.** São Paulo: Ícone, 2012, p. 16.

De forma a identificar o Contrato de Franquia, a partir da análise e conceitos trazidos por diversos Autores nacionais, Adalberto Simão Filho enumera os seguintes elementos como essenciais:[23]

(i) Distribuição: a intenção deste contrato é a melhor distribuição para venda de produtos, mercadorias e serviços, de forma a atingir maiores zonas e mais consumidores, com custo reduzido;
(ii) Colaboração Recíproca: as partes – franqueadora e franqueado – devem colaborar constantemente para obtenção de êxito nos negócios e de forma a atingir seus interesses em comum;
(iii) Preço: o franqueado deverá pagar entrada inicial (royalty) e/ou parcelas mensais estipuladas sobre o faturamento das vendas e em contrapartida receberá o modelo de negócio da franqueadora;
(iv) Concessões de autorizações e licenças: a franqueadora concederá autorização de utilização de sua propriedade imaterial ou incorpórea ao franqueado (marcas registradas, sinais, insígnias, entre outros).
(v) Independência: as Partes são pessoas jurídicas autônomas e independentes e responderão pelas suas próprias obrigações em diversos âmbitos do comércio de atuação.
(vi) Métodos e Assistência Técnica Permanente: "o franqueador obrigará e prestará ao franqueado toda a assistência técnica necessária para a implementação do franchise", além de oferecer métodos de melhoramento do negócio;

[23] Conforme: SIMÃO FILHO, Adalberto. ***Franchising***: aspectos jurídicos e contratuais. 2. ed. São Paulo: Atlas, 1997, p. 33/34.

(vii) Exclusividade: a cláusula de exclusividade é essencial ao tipo de negócio por delimitar o território de cada franqueada, o que poderá ser comercializado e proibir a operação no mesmo ramo após a extinção do contrato (*non-compete*).

(viii) Contrato Mercantil: contrato escrito e com ampla previsibilidade da forma de operacionalizar o *franchising*, uma vez que as obrigações de ambas as partes são complexas e amplas, não sendo possível depender de um mero contrato verbal.

Por se tratar de um contrato misto, a melhor forma de identificarmos a existência de um Contrato de *Franchising* é o preenchimento dos referidos elementos essenciais, a despeito de qualquer nomenclatura ou título que é atribuído aos Contratos.

Isso porque, muitas franqueadoras poderão tentar se desvincular do contrato de franquia, alegando a existência de um contrato de parceria ou similar, uma vez que é notório a disparidade de negociação entre a franqueadora e franqueada, já em um contrato de parceria existe uma álea muito maior de negociação e menor de imposição.

Sendo assim, a partir da análise das principais características do Contrato de Franquia é possível classifica-lo como: (i) necessariamente mercantil; (ii) híbrido – combinação de diversos elementos contratuais típicos e atípicos; (iii) não solene – aperfeiçoando-se com a simples manifestação de vontade; (iv) oneroso – remuneração pelo serviço prestado; (v) bilateral – ambas as partes possuem obrigações e direitos; (vi) comutativo – obrigações certas e equivalentes; (vii) misto – contrato típico com elementos atípicos; (viii) continuativo (trato sucessivo) – pois a continuidade em tratos sucessivos é essencial para a sua atividade; (ix) de adesão – pois cada franqueador possui um padrão próprio de contrato com pouco espaço para negociação; e (x) *intuitu personae* – em regra não é possível nenhuma sub-rogação pessoal, exigindo-se a presença do franqueado a frente do negócio.[24]

Conforme ensina Adalberto Simão Filho:[25]

> conclui-se que o *franchising* em sua natureza jurídica seja um contrato típico, misto, bilateral, de prestações recíprocas e sucessivas com o fim de se possibilitar a distribuição, industrialização ou comercialização de produtos, mercadorias ou prestação de serviços nos moldes e forma previstos em contrato de adesão.

1.4. As alterações promovidas pela Lei nº 13.966/2019

Além da ampliação do conceito do contrato de franquia, que passou a abranger todas as espécies de propriedade intelectual, tratadas no capítulo 1.3, as principais alterações da Lei 13.966/2019 foram a (i) introdução de regulamentação de franquias na Administração Pública, bem como de sublocação de imóveis de franqueador; (ii) vedação expressa da aplicação da Consolidação da Lei do Trabalho e Código de Defesa do Consumidor ao contrato de franquia; e (iii) inclusão de maiores exigências na Circular de Oferta de Franquia.

A maior parte das alterações já eram praticamente pacíficas na jurisprudência brasileira, mas foram tipificadas pelo legislador, para que não haja mais dúvidas quanto à sua aplicação na interpretação dos contratos de franquia.

A regulamentação das franquias na Administração Pública foi prevista no art. 2º, inc. XXIII e §1º, da Lei 13.966/2019, ao tratar sobre as obrigatoriedades da Circular de Oferta de Fran-

[24] CRETELLA NETO, José. **Manual Jurídico do *Franchising*.** São Paulo: Atlas, 2003, p. 24-26.

[25] SIMÃO FILHO, Adalberto. ***Franchising*:** aspectos jurídicos e contratuais. 2. ed. São Paulo: Atlas, 1997, p. 42.

quia e especificar como seria os procedimentos do sistema de franquias em uma licitação de órgão ou entidade pública:

> Art. 2º (...)
>
> (...)
>
> XXIII – local, dia e hora para recebimento da documentação proposta, bem como para início da abertura dos envelopes, **quando se tratar de órgão ou entidade pública.**
>
> (...)
>
> § 1º – A Circular de Oferta de Franquia deverá ser entregue ao candidato a franqueado, no mínimo, 10 (dez) dias antes da assinatura do contrato ou pré-contrato de franquia ou, ainda, do pagamento de qualquer tipo de taxa pelo franqueado ao franqueador ou a empresa ou a pessoa ligada a este, salvo no caso de licitação ou pré-qualificação **promovida por órgão ou entidade pública,** caso em que a Circular de Oferta de Franquia será divulgada logo no início do processo de seleção. (grifo nosso)

Logo em seguida, no art. 3º, a lei inovou ao determinar que em caso de sublocação de imóvel do franqueador pelo franqueado, ambos poderão pleitear a renovação ou prorrogação do contrato de locação e prever que o preço de sublocação apenas poderá ser superior ao da locação se previsto expressamente na Circular de Oferta de Franquia, sendo vedado um valor que implique em onerosidade excessiva.

A terceira inovação incluída na lei, está no próprio conceito do contrato de franquia, no art. 1º, quando o legislador prevê expressamente que não poderá ser configurado no contrato de franquia *"relação de consumo ou vínculo empregatício em relação ao franqueado ou a seus empregados, ainda que durante o período de treinamento"*.

Por fim, a alteração que merece maior destaque é em relação à Circular de Oferta de Franquia. Além de pequenas alterações de expressões do texto aprovado pelo legislador, que podem gerar uma interpretação diferente do judiciário, foram incluídas maiores exigências, detalhamentos e prazos.

Isso porque, a Circular de Oferta de Franquia deverá obrigatoriamente incluir histórico resumido do franqueado, qualificação do franqueador, demonstrações financeiras da empresa franqueadora dos últimos dois anos, perfil do franqueado ideal e a atuação direta na franquia, estimativa de gastos, estoque inicial, taxas periódicas, fornecedores homologados, explicações sobre direito de preferência e direito de exclusividade, nome, endereço e telefone dos franqueados que se desligaram dos últimos 24 meses, bem como todas as ações judiciais da franquia.

No mais, deverá constar, detalhadamente, a indicação e condições do que é oferecido para o franqueado, como suporte, supervisão, serviço prestado ao franqueado, treinamento (inclusão de duração, conteúdo e custos), inovações tecnológicas, manuais de franquia, auxilio na escolha do ponto, detalhes de layout, situação do franqueado pós contratual, tratamento de informações confidenciais, multas e atuação concorrencial, modelo de contrato padrão, prazo e condições do contrato e regras de transferência e rescisão.

Foi incluída na lei, ainda, a obrigatoriedade de prazo de entrega da Circular de Oferta de Franquias 10 (dez) dias antes da assinatura do contrato, pré-contrato ou pagamento de qualquer tipo de taxa pelo franqueado ao franqueador.

Na hipótese de não cumprimento do disposto no §1º, art. 3º, da Nova Lei de Franquias, o franqueado poderá arguir a anulabilidade ou nulidade e exigir a devolução de todas e quaisquer quantias pagas ao franqueador ou a terceiros por estes indicados, a título de filiação ou royalties, corrigidas monetariamente, conforme consta do §2º, do art. 3º da referida lei.

Da mesma forma, aplica-se essa penalidade, sem prejuízo das sanções penais cabíveis, ao franqueador que omitir informações ou veicular informações falsas aos seus franqueados, nos termos do art. 4º da Lei 13.966/2019.

É possível concluir, portanto, que com as alterações na legislação, o franqueador será obrigado a fornecer o maior número de informações possíveis ao franqueado, em prazo razoável, para que este último possa tomar a decisão de aderir ou não ao respectivo sistema de franquia, sem que seja enganado por informações falsas ou promessas de lucros incompatíveis.

1.5. As vantagens e desvantagens do contrato de franquia

O contrato de franquia tornou-se cada vez mais popular devido às vantagens que permite as duas partes, quais sejam:[26]

Tabela 1 – Vantagens Contrato de Franquia

Franqueador	Franqueado
O Franqueador que não possui disponibilidade de capital para investimento, poderá expandir e aumentar o seu lucro, sem grande perda de capital.	Desfrutará do prestígio da marca do franqueador, muitas vezes consolidada no mercado.
Poderá expandir as suas operações para o maior número de áreas possíveis.	Utilizará o modelo de negócio já testado do franqueador, com processos formatados nos campos das operações técnica ou administrativa.
Consolidará a sua marca por mais locais e ganhará notoriedade perante os consumidores.	Terá a assistência do franqueador no desenvolvimento dos seus negócios, de forma a iniciar o empreendimento com produtos e técnicas de qualidade, sem qualquer experiência anterior.
O maior número de compras de produtos para abastecer os seus franqueados, permitirá um maior desconto por unidade. Ou seja, menor custo operacional.	Terá atualizações e treinamentos de seus funcionários por profissional experiente.

[26] Conforme: SIMÃO FILHO, Adalberto. ***Franchising***: aspectos jurídicos e contratuais. 2. ed. São Paulo: Atlas, 1997, p. 62-65.

Não terá responsabilidades trabalhistas, tributárias ou cíveis, relacionadas à operação de seus franqueados.	Contará com o prestígio da marca para obtenção de financiamentos e empréstimos mediante juros menores.
Diminuirá os seus custos diante do maior rateio de gastos entre os participantes, como, por exemplo, de publicidade.	

Fonte: Simão Filho (1997)

Por outro lado, as desvantagens normalmente atribuíveis ao *franchising* são as seguintes:[27]

Tabela 2 – Desvantagens Contrato de Franquia

Franqueador	Franqueado
Possível indisciplina do franqueado que gere um impacto no modelo do negócio e na qualidade dos produtos, consequentemente, impactos à marca.	Menor autonomia empresarial do franqueado, uma vez que estará obrigado a seguir o modelo de negócios e limites impostos pelo franqueador.
Incompetência e incapacidade do franqueado ao gerir os negócios, devendo ocorrer maiores intervenções do franqueador para auxiliá-lo.	Possível ingerência e controle externo do franqueador sobre todos os aspectos operacionais da unidade, como sistema, contabilidade e operações financeiras.
Menor rentabilidade de uma unidade em comparação com outras, devido à adoção de métodos próprios do franqueado, ocasionando danos à marca.	Possíveis limitações de fornecedores, produtos e clientela, que deverão se adequar às delimitações do franqueador.
	Ausência de amparo em caso de declaração de concordata ou falência, com cláusulas específicas resolutivas.

Fonte: Simão Filho (1997)

Como é demonstrado pelo número crescente de empresas que adotam este modelo de negócio, as vantagens do instituto

[27] Conforme: SIMÃO FILHO, Adalberto. ***Franchising***: aspectos jurídicos e contratuais. 2. ed. São Paulo: Atlas, 1997, 'p. 65-66.

normalmente se sobressaem em relação às suas desvantagens, embora o sucesso não seja garantido. Questão inclusive inserida nos diversos modelos de adesão das Franqueadoras, para resguardar as Franqueadoras pelo insucesso da franqueada na administração de sua unidade.

Há, inclusive, diversas críticas à clausula resolutiva em caso de concordata e falência da franqueada, tendo em vista se tratar de um modelo de negócio em que a ingerência direta de uma empresa nas operações de outra, o que poderá afetar o seu sucesso comercial.

Andrew J. Sherman em seus estudos sobre o instituto, elencou em suas pesquisas 40 motivos mais frequentes do insucesso do *franchising* internacional. De acordo com José Cretella Neto, os sete mais relevantes que merecem menção específica no presente trabalho são:[28]

1. Insuficiência de informações divulgadas sobre o sistema;
2. Lançamento prematuro em mercados internacionais;
3. Negligência quanto ao registro de marcas e sistemas de *franchising*, segundo as leis do país;
4. Falta de controle contábeis adequados;
5. Inadequação dos programas de treinamentos;
6. Falta de pesquisas de mercado;
7. Inexperiência de advogados e contadores.

Apesar da possibilidade de insucesso, José Cretella Neto elenca diversos motivos para o sucesso de uma rede de franquias, quais sejam:[29]

[28] Conforme: SHERMAN, Andrew J. *Franchising* & licensing. New York: American Management Association, 1991, p. 10-11. citado por CRETELLA NETO, José. **Manual Jurídico do *Franchising*.** São Paulo: Atlas, 2003, p. 38.

[29] Conforme: CRETELLA NETO, José. **Manual Jurídico do *Franchising*.** São Paulo: Atlas, 2003, p. 38.

1. Franqueadora sólida capaz de criar produtos e/ou serviços de qualidade;
2. Adoção pela Franqueadora das mais diversas técnicas de marketing de toda a rede de franquia;
3. Divulgação rápida e extensa do produto e da marca, de forma a demonstrar a qualidade e homogeneidade do produto;
4. Sistema que desperte o interesse de empreendedores que estejam dispostos a investir capital próprio no modelo de negócio apresentado pela Franqueadora;
5. O número de unidades franqueadas que fecham, após cinco anos de funcionamento, é significantemente inferior ao de empresas do mesmo segmento de mercado não pertencentes a um sistema de *franchising;*
6. O modelo de negócio da franquia proporciona a diversos profissionais uma receita complementar à renda familiar ou até mesmo de subsistência, que é normalmente impulsionado por momentos de crise econômica e aumento do desemprego no país.

Dessa forma, embora esse modelo de negócio possa, é claro, ter insucesso, entende-se que o fato de existir um modelo pronto, marca consolidada e diretrizes mínimas operacionais sejam financeiras, treinamentos de funcionários ou sistema, o sucesso de certa forma está mais delineado do que a abertura de uma empresa própria, apesar de exigir a contraprestação de *royalties* ao franqueador.[30]

[30] Nesse mesmo sentido, discorre Fábio Ulhoa Coelho: "O elemento indispensável à configuração do contrato é prestação de serviços de organização empresarial, ou por outra, o acesso a um conjunto de informações e conhecimentos, detidos pelo franqueador, que viabilizam a redução dos riscos na criação do estabelecimento do franqueado".

1.6. A interpretação do contrato e a atuação do judiciário

De se notar, que a atipicidade dos contratos está em número cada vez maior, de forma a conceder uma perigosa liberdade às partes contratantes, que muitas vezes extrapolam o direito do outro em suas negociações.

Nesse sentido, inclusive, o Código Civil cuidou de regularizar os contratos atípicos, que possuem uma maior álea de negociação e autonomia das partes, que serão amplamente válidos quando *"não contravierem a lei, os bons costumes, a ordem pública e os princípios gerais de direito"*[31]

Da mesma forma, o judiciário passou a cada vez mais atuar como a balança dos contratos e "controlar os excessos contratuais que desfiguram os interesses normais dos contratantes e fazem das convenções verdadeiros instrumentos de escravização do homem".[32]

Como explica detalhadamente Anoldo Wald:

> A atual tendência do direito para uma maior interferência nos contratos visa a ampla proteção para o elemento economicamente fraco, não pretendendo, todavia, reduzir ou limitar o número de contratos inominados e a liberdade que os contratantes têm em criar novos tipos de contratos.[33]

Conforme: COELHO, Fábio Ulhoa. **Curso de Direito Comercial**. 21. ed. São Paulo: Saraiva, 2009, p. 439-441.

[31] AZEVEDO, Álvaro Villaça. **Teoria geral dos contratos típicos e atípicos:** curso de direito civil. 2. ed. São Paulo: Atlas, 2004, p. 83-84.

[32] AZEVEDO, Álvaro Villaça. **Teoria geral dos contratos típicos e atípicos:** curso de direito civil. 2. ed. São Paulo: Atlas, 2004, p. 84.

[33] WALD, Arnoldo. **Obrigações e contratos:** curso de direito civil brasileiro, v. 20. 14. ed. São Paulo: Revista dos Tribunais, 2000, p. 222.

Vale transcrever, ainda, as lições de Álvaro Villaça:

> [...] nessa liberdade, os interesses humanos existem, teoricamente, em pé de igualdade, pois o mais forte economicamente reduzirá, na avença, a área de atuação do direito do mais fraco, que resta sem proteção jurídica no momento em que o contrato surge.[34]

A questão que se cria é a forma de interpretação do contrato, que deve ser analisado, nos termos dos artigos 112, 113 e 114 do Código Civil, de forma que a verdadeira intenção das partes se sobrepõe a qualquer cláusula escrita:

> Art. 112. Nas declarações de vontade se atenderá mais à intenção nelas consubstanciada do que ao sentido literal da linguagem.
>
> Art. 113. Os negócios jurídicos devem ser interpretados conforme a boa-fé e os usos do lugar de sua celebração.
>
> § 1º A interpretação do negócio jurídico deve lhe atribuir o sentido que:
>
> I – for confirmado pelo comportamento das partes posterior à celebração do negócio;
>
> II – corresponder aos usos, costumes e práticas do mercado relativas ao tipo de negócio;
>
> III – corresponder à boa-fé;
>
> IV – for mais benéfico à parte que não redigiu o dispositivo, se identificável; e
>
> V – corresponder a qual seria a razoável negociação das partes sobre a questão discutida, inferida das demais disposições do negócio e da racionalidade econômica das partes, consideradas as informações disponíveis no momento de sua celebração.

[34] AZEVEDO, Álvaro Villaça. **Teoria geral dos contratos típicos e atípicos:** curso de direito civil. 2. ed. São Paulo: Atlas, 2004, p. 152.

> § 2º As partes poderão livremente pactuar regras de interpretação, de preenchimento de lacunas e de integração dos negócios jurídicos diversas daquelas previstas em lei.

Ademais, em todos os contratos do ordenamento jurídico brasileiro, os Contratantes também deverão resguardar na negociação, celebração, execução e resolução de Contratos, os princípios da boa-fé, probidade, lealdade, confiança e função social do contrato, conforme prevê o art. 422 do Código Civil.[35], [36]

Como bem explicado por Ruy Rosado Aguiar Júnior:[37]

> A boa-fé se constitui fonte autônoma de deveres, independentemente da vontade, e, por isso, a extensão e o conteúdo da relação obrigacional já não se medem somente nela (vontade), e, sim, pelas circunstâncias ou fatos referentes ao contrato, permitindo-se construir objetivamente o regramento do negócio jurídico com a admissão de um dinamismo que escapa ao controle das partes. A boa-fé significa a aceitação da interferência de elementos externos na intimidade da relação obrigacional, com poder limitador da autonomia contratual. O princípio da boa-fé significa que todos devem guardar fidelidade à palavra dada e não frustrar ou abusar da confiança que constitui a base imprescindível das relações humanas, sendo, pois, mister que se proceda tal como se espera que o faça qualquer pessoa que participe honesta e corretamente do tráfego jurídico.

[35] Art. 422. Os contratantes são obrigados a guardar, assim na conclusão do contrato, como em sua execução, os princípios de probidade e boa-fé.

[36] Conforme: RICHTER, Marina Nascimbem Bechtejew. **A relação de franquia no mundo empresarial e as tendências da jurisprudência brasileira**. São Paulo: Almedina, 2015. (Minha Biblioteca).

[37] AGUIAR JUNIOR, Ruy Rosado. **Extinção dos contratos por incumprimento do devedor**. Rio de Janeiro: Aide, 2003, p. 238.

Por fim, para a interpretação de qualquer contrato também deve-se considerar, como bem colocado por Judith Martins Costa, "os fatores concretos do caso, tais como status pessoal e cultural dos envolvidos, não se admitindo uma aplicação mecânica do *standard*, de tipo meramente subsuntivo".[38]

Pois bem, a interpretação dos contratos de franquia não deve ser diferente. Isso porque, por se tratar de um contrato misto (típico com elementos atípicos), empresarial e de adesão, com uma disparidade de conhecimento e poder negocial amplo entre o franqueado e o franqueador, o judiciário poderá atuar de forma a evitar violações à lei, os bons costumes, a ordem pública e os princípios gerais de direito.

É de se notar que, por ser majoritariamente de adesão, com uma discrepância no poder negocial das partes, poderá haver maior intervenção judicial na interpretação deste tipo de contrato.

Nesse sentido, Orlando Gomes[39] postula pela intervenção do judiciário nas hipóteses de violações aos preceitos gerais do direito em Contratos de Adesão e entende que a interpretação deve ser realizada mais favorável ao aderente:

> A questão da natureza jurídica do contrato de adesão tem importância prática para sua interpretação. Indaga-se, com efeito, se deve ser interpretado como a lei, ou como o contrato. Tido como expressão do poder normativo das empresas, é óbvio que se lhe não aplicam as regras de interpretação dos contratos. Mas, mesmo que possua natureza contratual, a singularidade da sua estruturação não permite seja interpretado do mesmo modo que os contratos comuns, porque é relação jurídica em que há predomínio categórico da vontade de uma das partes. É de se aceitar, como

[38] COSTA, Judith Martins. **A boa-fé no Direito Privado.** 1. ed. 2ª tiragem. São Paulo: Revista dos Tribunais, 2000, p. 411.

[39] GOMES, Orlando. **Contratos.** 27. ed. Rio de Janeiro: Forense, 2019, p. 120. VitalBook file.

> diretriz hermenêutica, a regra segundo a qual, em caso de dúvida, as cláusulas do contrato de adesão devem ser interpretadas contra a parte que as ditou. [Trata-se, em outras palavras, da interpretação mais favorável ao aderente]. Cabe, no entanto, uma distinção à raiz de ponderações feitas por Dereux entre duas espécies de cláusulas: "As cláusulas essenciais, que são comumente datilografadas ou manuscritas, e as cláusulas acessórias, geralmente impressas." As primeiras estipulam-se particularizadamente e comportam, às vezes, certa margem de liberdade no seu ajuste e até alguma variação. As outras são inalteráveis e uniformes, razão por que a parte aderente, geralmente, conhece mal o seu teor e alcance. Acontece que freqüentemente as cláusulas acessórias alteram profundamente a essência do contrato, tirando, muitas vezes, grande parte de sua utilidade, ou sendo muito rigorosas e, até, draconianas. Cabe ao juiz impedir que seus efeitos se produzam, não permitindo que desvirtuem o espírito das cláusulas essenciais ou que tenham eficácia se não foram conhecidas suficientemente pela parte aderente. Aplica-se a regra de hermenêutica, segundo a qual devem ser interpretadas a favor do contratante que se obrigou por adesão. Outra regra a observar é que, se houver incompatibilidade entre cláusulas impressas e cláusulas acrescentadas ao formulário, prevalecem estas.

No mais, o Contrato de Franquia é um contrato relacional, similar ao de distribuição e representação, por ser de tratos sucessivos, de longa duração e exigir certa colaboração entre o franqueado e o franqueador.

Assim sendo, segundo Orlando Gomes "O princípio da boa-fé deve ser mais fortemente considerado nos contratos relacionais, tendo em vista seu caráter aberto, com forte indefinição na sua projeção para o futuro, impondo, para atingir os seus fins, intensa lealdade entre as partes".[40]

[40] GOMES, Orlando. **Contratos.** 27. ed. Rio de Janeiro: Forense, 2019, p. 81. VitalBook file.

Apesar de todos esses aspectos, na interpretação do contrato de franquia é de extrema importância o magistrado considerar a intenção e o fim econômico perseguido pelos contratantes, além da diminuição de riscos empresariais de ambas as partes por optarem por este tipo de sistema. Até porque, trata-se de um contrato bilateral necessariamente empresarial.

A análise do ativismo judiciário em oposição à autonomia das partes e o *pacta sunt servanda* é analisada profundamente pelo Prof. Rodrigo Fernandes Rebouças:[41]

> O excessivo ativismo judicial, muitas vezes deixando de observar o equilíbrio entre a base objetiva e subjetiva do negócio jurídico, resulta em uma insegurança e uma instabilidade no sistema jurídico contratual, trazendo sérias consequências econômicas às partes integrantes da relação contratual e possivelmente à nação.
>
> Tais situações podem ser facilmente constatadas na elevação de preços de determinado serviço (v.g. plano de saúde particular) em decorrência da intervenção judicial que determina a inclusão de outros serviços não integrantes do objeto inicial do contrato e do risco originalmente assumido por cada parte. Como exemplo do que está sendo aqui apontado, é a redução do número de beneficiários de planos de saúde ao longo dos anos de 2014 a junho de 2016, com a exclusão de aproximadamente dois milhões de pessoas do sistema de saúde privada no Brasil.
>
> A intervenção judicial em um determinado contrato sem a devida análise econômica e análise das consequências, se verificadas em todo o sistema, representa um desequilíbrio econômico do contrato e das bases objetiva e subjetiva de determinado negócio jurídico de eventual redução de lucros e/ou de eventuais prejuízos repassados aos demais contratantes já existentes, ou ainda,

[41] REBOUÇAS, Rodrigo Fernandes. **Autonomia privada e a análise econômica do contrato.** São Paulo: Almedina, 2017, p. 27. (Minha Biblioteca).

aos novos contratantes; em última análise, haverá um repasse do acréscimo dos custos à toda sociedade.

Ou seja, a atuação do judiciário na interpretação dos contratos, também conhecido como "dirigismo contratual", deverá observar certos requisitos que determinam o grau de autonomia privada das partes. Não pode haver excessiva interferência estatal nos termos contratuais, até porque o próprio contrato possui força vinculante e faz lei entre as partes.

Tal limitação do dirigismo contratual é importante porque impacta diretamente o mercado econômico de um certo sistema de contratos, que precisa do mínimo de segurança jurídica para o seu funcionamento e expansão. Na hipótese de haver desmedida intervenção do judiciário nos contratos, com alteração de suas bases objetivas, poderá ocasionar elevação de custo da operação e possivelmente aumento dos custos de transação e riscos econômico-financeiros.

Nesse sentido, insta salientar o estudo de José Cretella Neto, que conclui que "o efeito da legislação é negativo sobre a atividade de *franchising*, provocando a substituição de unidades franqueadas por unidades próprias. Em outras palavras, o efeito da legislação é o aumento de custos e a promoção de ineficiência do setor".[42]

Dessa forma, o contrato não poderá perder o seu contorno que lhe faz único e deve sempre observar a situação concreta, as situações negociais e o fim econômico pretendido pelas partes, para evitar o aumento de custos de transação e burocratização do sistema.

Apesar de todo o exposto, o próprio Prof. Rodrigo Fernandes Rebouças explica que em caso de menor gradação da autono-

[42] CRETELLA NETO, José. **Manual Jurídico do *Franchising*.** São Paulo: Atlas, 2003, p. 122.

mia privada, quando a interpretação for de contratos de consumo, adesão ou firmados à distância, por exemplo, poderá ocorrer maior dirigismo contratual. No entanto, na hipótese de *"um contrato paritário entre presentes, haverá uma maior gradação da autonomia privada com menos (ou nenhuma) intervenção jurisdicional"*.[43]

No mesmo sentido, Paulo Greco Bandeira ressalta a necessidade de análise de situações de vulnerabilidade e disparidade de informações:[44]

> Ao propósito, sublinhe-se que a autonomia privada encontrará maior capacidade de ex-pansão no âmbito das situações patrimoniais, em que se verifique simetria de informações, tendo por fundamento o valor social da livre iniciativa (arts. 1o, IV; 170, caput, C.R.), a prevalecer a alocação de riscos estabelecida no contrato, que deverá ser privilegiada pelo intérprete. Em contrapartida, a autonomia privada sofrerá maior controle de atuação nas situações jurídicas existenciais ou nas situações patrimoniais em que uma das partes contratantes se apresente como parte vulnerável, nas quais prevalece a dignidade da pessoa humana (art. 1o, III, C.R.) como fundamento do ato de autonomia, determinando maior intervenção do legislador e do magistrado na defesa de valores fundamentais, de modo a mitigar a atuação dos particulares na distribuição de riscos.

Diante de todas essas análises e de forma a criar uma avaliação para os limites da atuação estatal em cada caso concreto, o Prof. Rebouças criou uma *"escala dinâmica de gradação quanto aos critérios de aplicação da autonomia privada"*. Em tal escala, a auto-

[43] REBOUÇAS, Rodrigo Fernandes. **Autonomia privada e a análise econômica do contrato.** São Paulo: Almedina, 2017, p. 118-119. (Minha Biblioteca).

[44] BANDEIRA, Paula Greco. **Contrato Incompleto.** São Paulo: Atlas, 2015, p. 44.

nomia privada mínima é valorada como 1, a autonomia privada média como 2 e a autonomia privada máxima como 3. Os principais elementos do contrato avaliados são: hipossuficiência, vulnerabilidade, por adesão e paritários.[45]

Após a análise de cada elemento específico dentro das bases objetivas, o intérprete poderá concluir pelo nível de autonomia privada, que se adequará aos seguintes totais:[46]

Tabela 3 – Gradação Autonomia Privada

Autonomia privada mínima	4 a 7
Autonomia privada média	7 a 10
Autonomia privada máxima	10 a 12

Fonte: Rebouças (2017)

Dessa forma, se aplicarmos a técnica da tese do Prof. Rebouças aos contratos de franquia, de forma geral, sem análise de situações específicas que podem alterar a avaliação, far-se-ia da seguinte forma:

Tabela 4 – Autonomia Privada dos Contratos de Franquia

Hipossuficiência	Vulnerabilidade	Por adesão	Paritários	Total
1	2	1	1	5

Fonte: Rebouças (2017)

Isso porque, mesmo se considerarmos que é uma relação empresarial, o franqueado é hipossuficiente em relação ao fran-

[45] Rebouças, Rodrigo Fernandes. **Autonomia privada e a análise econômica do contrato.** São Paulo: Almedina, 2017, p. 188. (Minha Biblioteca).

[46] Conforme: Rebouças, Rodrigo Fernandes. **Autonomia privada e a análise econômica do contrato.** São Paulo: Almedina, 2017, p. 191. (Minha Biblioteca).

queador e possui relativa vulnerabilidade, diante da clara assimetria de informações entre as partes. Além disso, o contrato de franquia é normalmente de adesão e não permite maiores negociações de suas cláusulas, com total inobservância da proporcionalidade e equilíbrio das prestações.

Por todo o exposto, o magistrado deverá interpretar os contratos de franquia de forma a considerar o nível de autonomia privada mínima, diante da clara disparidade entre franqueado e franqueador, apesar de se tratar de um contrato empresarial. Não obstante, deverá manter a intenção e o fim econômico do contrato e evitar a exacerbação do dirigismo contratual.[47]

1.7. A extinção do contrato de franquia

Os contratos normalmente se extinguem quando (i) há imperfeição na sua elaboração que acarreta a sua nulidade (imperfeição absoluta) ou anulabilidade (imperfeição relativa); (ii) foi normalmente executado pelas partes com o cumprimento de

47 "É dever do intérprete do negócio jurídico observar as reais circunstâncias negociais que foram consideradas pelas partes na dinâmica do processo obrigacional, especialmente pela aplicação conjunta dos institutos jurídicos, socioeconômicos e da própria AED, sob pena de, se assim não for considerado, resultar em uma potencial quebra da base objetiva do negócio jurídico, ou ainda, em gerar um verdadeiro desequilíbrio no vínculo contratual por não terem sido considerados os preceitos econômico-financeiros que foram relevantes para a formação de um determinado contrato. Ao realizar a interpretação contratual com foco nos institutos jurídicos e na AED, é possível reconhecer uma maior ou menor gradação na aplicação da autonomia privada e da respectiva força vinculante do contrato, de forma que nos vínculos contratuais formados por uma real análise dos riscos inerentes ao negócio e o custo de transação envolvido, haverá a tendência de uma maior gradação da autonomia privada. Já nos contratos padronizados (contratação de massa e por adesão), onde as partes não realizaram uma real análise de riscos e custos de transação, haverá a tendência de uma menor gradação da autonomia privada." Rebouças, Rodrigo Fernandes. **Autonomia privada e a análise econômica do contrato.** São Paulo: Almedina, 2017, p. 179-180. (Minha Biblioteca).

todas as obrigações (contrato cumprido); (iii) ocorre a inexecução culposa e a consequente rescisão unilateral (uma parte descumpre) ou bilateral (ambas as partes descumpriram); (iv) ocorre a inexecução culposa voluntária e a consequente resilição unilateral (exercício de direito) ou bilateral (distrato)[48]; (v) ocorre a inexecução não culposa com a consequente resolução do contrato por motivos alheios à vontade dos contratantes (caso fortuito ou força maior).[49]

Há ainda a possibilidade de extinção por cláusula resolutiva, seja ela expressa no bojo do contrato ou tácita em caso de interpelação judicial (art. 474, CC),[50] hipótese na qual há o inadimplemento por uma das partes de alguma obrigação descrita no contrato. A parte lesada poderá resolver o contrato e pedir perdas e danos ou, ainda, manter o contrato em vigência, solicitando apenas reparação dos danos ocasionados pelo descumprimento (art. 475, CC).[51]

Por fim, os contratos poderão ser extintos diante da notória "exceção do contrato não cumprido" (*exceptio não adimplenti contractus*), na qual nenhuma das partes pode exigir a prestação do outro sem que antes tenha cumprido a sua obrigação

[48] Art. 472. O distrato faz-se pela mesma forma exigida para o contrato.
Art. 473. A resilição unilateral, nos casos em que a lei expressa ou implicitamente o permita, opera mediante denúncia notificada à outra parte.
Parágrafo único. Se, porém, dada a natureza do contrato, uma das partes houver feito investimentos consideráveis para a sua execução, a denúncia unilateral só produzirá efeito depois de transcorrido prazo compatível com a natureza e o vulto dos investimentos.

[49] Conforme: AZEVEDO, Álvaro Villaça. **Teoria geral dos contratos típicos e atípicos:** curso de direito civil. 2. ed. São Paulo: Atlas, 2004, p. 99,101.

[50] Art. 474. A cláusula resolutiva expressa opera de pleno direito; a tácita depende de interpelação judicial.

[51] Art. 475. A parte lesada pelo inadimplemento pode pedir a resolução do contrato, se não preferir exigir-lhe o cumprimento, cabendo, em qualquer dos casos, indenização por perdas e danos.

anterior, prevista nos artigos 476 e 477 do Código Civil[52]. E, a onerosidade excessiva prevista nos artigos 478, 479 e 480 do Código Civil[53], na qual a prestação de uma das partes torna-se excessivamente onerosa diante de eventos extraordinários e imprevisíveis.

Somente será possível a extinção por onerosidade excessiva em contratos de execução continuada ou diferida, tendo em vista que deve ocorrer um evento imprevisível durante a sua execução que ocasione um desequilíbrio entre a prestação das partes que não havia na data da celebração do contrato. No caso de onerosidade excessiva, aliás, poderá a parte apenas solicitar a modificação equitativa e razoável das condições do contrato e prezar pela sua manutenção.[54]

Como era de se esperar, o contrato de franquia poderá ser extinto na ocorrência de quaisquer das hipóteses legais acima descritas, seja por imperfeição, cumprimento, inexecução (cul-

[52] Art. 476. Nos contratos bilaterais, nenhum dos contratantes, antes de cumprida a sua obrigação, pode exigir o implemento da do outro.
Art. 477. Se, depois de concluído o contrato, sobrevier a uma das partes contratantes diminuição em seu patrimônio capaz de comprometer ou tornar duvidosa a prestação pela qual se obrigou, pode a outra recusar-se à prestação que lhe incumbe, até que aquela satisfaça a que lhe compete ou dê garantia bastante de satisfazê-la.

[53] Art. 478. Nos contratos de execução continuada ou diferida, se a prestação de uma das partes se tornar excessivamente onerosa, com extrema vantagem para a outra, em virtude de acontecimentos extraordinários e imprevisíveis, poderá o devedor pedir a resolução do contrato. Os efeitos da sentença que a decretar retroagirão à data da citação.
Art. 479. A resolução poderá ser evitada, oferecendo-se o réu a modificar eqüitativamente as condições do contrato.
Art. 480. Se no contrato as obrigações couberem a apenas uma das partes, poderá ela pleitear que a sua prestação seja reduzida, ou alterado o modo de executá-la, a fim de evitar a onerosidade excessiva.

[54] Conforme: AZEVEDO, Álvaro Villaça. **Teoria geral dos contratos típicos e atípicos:** curso de direito civil. 2. ed. São Paulo: Atlas, 2004, p. 4.

posa involuntária, culposa voluntária ou não culposa), cláusula resolutiva, exceção do contrato não cumprido e onerosidade excessiva.

Os destaques para a extinção do contrato de franquia, inerentes a este sistema, são (i) conduta do franqueado compromete a imagem da marca, produto ou serviço; (ii) ruptura da cláusula de exclusividade; (iii) inexistência de know-how e modelo de negócio prometido pela franqueadora; (iv) ruptura da cláusula de confidencialidade e dever de sigilo; (v) descumprimento dos deveres de assistência técnica; (vi) falta de pagamento das prestações, *royalties* e marketing; (vii) violação de cláusula de não-concorrência; (viii) ocultação de lucros sobre comercialização dos produtos ou serviços, entre outros; (ix) concordata e falência da franqueadora; (x) uso indevido da propriedade intelectual da franqueadora; (xi) desrespeito ao cronograma de implantação da rede; e (xii) violação de cláusulas contratuais.[55]

A duração do contrato de franquia é normalmente longa, tratando-se de contrato de execução continuada, mas normalmente limitada no tempo, contendo cláusula que prevê a prorrogação ou renovação automática, a não ser que expressamente informado o desinteresse de prorrogação contratual.

Como o contrato de franquia envolve certa parceria comercial entre franqueadora e franqueada, com maior ênfase no dever de cooperação, lealdade e boa-fé, o entendimento doutrinário preza pela via conciliatória para a manutenção do contrato, especialmente em vista do grande aporte financeiro realizado pela franqueada para o negócio, possivelmente com cláusulas de solução não judicial de conflitos.[56]

[55] Conforme: Simão Filho, Adalberto. ***Franchising***: aspectos jurídicos e contratuais. 2. ed. São Paulo: Atlas, 1997, p. 78-79.

[56] Conforme: Cretella Neto, José. **Manual Jurídico do *Franchising*.** São Paulo: Atlas, 2003, p. 118.

Ocorre que, muitas vezes pode haver assimetria econômica e vulnerabilidade do franqueado perante o franqueador, uma vez que assumiu todos os riscos do negócio, realizou os aportes financeiros e dispensou todo o seu tempo como empresário autônomo.

A resilição unilateral por inadimplemento contratual, portanto, pode implicar em muita perda de investimento do franqueado, inviabilizar toda atividade econômica do sistema e o franqueado não irá mais auferir ganhos próprios e poderá ter sua imagem entre as empresas do nicho prejudicada, tudo porque depende da manutenção do empreendimento e vigência contratual.

Nesse sentido, a recomendação normalmente é pela criação de uma associação ou conselho de franqueados, como forma de coibir abusos e fortalecer a parceria entre as partes. Muitas associações têm o poder de manter um padrão moral e ético dentro do sistema.[57]

No mais, também deverá ser analisado se é cabível o pagamento de indenização ao franqueado e quanto seria esta indenização, seja pela perda de sua clientela, dos investimentos empregados na operação, produtos e estabelecimento comercial.

Na opinião de Adalberto Simão Filho, não deverá haver a indenização pelo desenvolvimento de clientela, na hipótese de já existir previamente uma clientela da marca desenvolvida pelo franqueador. Ele argumenta que apenas haveria a indenização pela clientela quando a marca não era tão forte na região e criou-se uma clientela própria da unidade, independentemente da marca:[58]

[57] Conforme: SIMÃO FILHO, Adalberto. ***Franchising***: aspectos jurídicos e contratuais. 2. ed. São Paulo: Atlas, 1997, p. 127.

[58] SIMÃO FILHO, Adalberto. ***Franchising***: aspectos jurídicos e contratuais. 2. ed. São Paulo: Atlas, 1997, p. 80.

A marca franqueada não seja nem tão forte, nem de conhecimento dos consumidores onde está instalada a unidade franqueada; tais consumidores simplesmente adquirem os produtos ou serviços nos locais pelas facilidades, novidade, ou em função do trabalho gerencial desenvolvido pelo próprio franqueado em contato direto com o público; nesse caso, acredita-se que a clientela a este pertença, podendo ser indenizado pela perda em caso de rescisão antecipada.

É provável que o judiciário seja acionado no término do contrato de forma a compensar parte da perda de investimento do franqueado ou mesmo para declarar a nulidade de cláusula relativa ao rompimento do contrato, caso seja excessivamente abusiva.

Por outro lado, as perdas do franqueador em caso de resilição do contrato se resumem ao atraso no plano de expansão da marca e eventual dano ocasionado diretamente pela violação da cláusula contratual, como, eventual conduta do franqueado que comprometa a imagem da marca e deverá ser indenizada.

Diante das possíveis perdas dos dois lados, é comum neste sistema ocorrer a repactuação das cláusulas contratuais, em uma clara tentativa de sua manutenção, bem como realização de novos treinamentos para melhorar a performance da unidade.[59]

Há, ainda, a possibilidade de o franqueador assumir a unidade por conta própria, considerando a clientela e o ponto comercial já estabelecidos ou mesmo ceder o ponto a um novo franqueado interessado que deverá pagar uma nova taxa de franquia.

Em síntese, na prática, haverá a necessidade de prever em caso de extinção do contrato de franquia: (i) o que ocorrerá com o estoque de produtos (recompra pela franqueador ou venda dos

[59] Conforme: CRETELLA NETO, José. **Manual Jurídico do *Franchising*.** São Paulo: Atlas, 2003, p. 120.

produtos restantes; (ii) a possibilidade de utilização ou não da marca e outros produtos de propriedade intelectual após rompimento; (iii) a quem pertence a clientela; e (iv) indenização em caso de ruptura (seja previsão expressa em cláusula contratual ou abusos.[60]

No caso de indenização, é importante notar que os tribunais normalmente estabelecem por ruptura brusca sem justo motivo uma indenização de forma a ressarcir o franqueado por todos os investimentos realizados e, em alguns casos, indenização pelos lucros cessantes.

Em relação ao fundo de comércio, também é do entendimento da doutrina que há certo investimento intelectual e de tempo do franqueado, que se submeteu a treinamentos e aprendeu todo o conceito de uma marca, empregou investimento na preparação do local, mão de obra, entre outros investimentos. Este fundo de comércio, comporia o valor agregado da operação específica daquela unidade e que pertenceria exclusivamente ao franqueado, sendo necessariamente devida a indenização em caso de resilição unilateral.

Sendo assim, na hipótese de extinção abrupta do contrato, o judiciário poderá atuar de forma a garantir a indenização justa e necessária ao franqueado que perdeu seu fundo de comércio, investimento financeiro, investimento em material humano e clientela da região. De se notar, que muitas vezes, essa extinção contratual poderá inclusive inviabilizar a atividade econômica do franqueado.

2. A administração pública e a concessão de serviços públicos

O Estado poderá exercer as suas funções clássicas legislativa, judicial e executiva, assim como outras atividades administra-

[60] Conforme: Cretella Neto, José. **Manual Jurídico do *Franchising*.** São Paulo: Atlas, 2003, p. 123.

tivas por meio da Administração Pública, de forma a garantir a execução da lei e produção de atos complementares.

O art. 2º da Constituição Federal prevê que "*são Poderes da União, independentes e harmônicos entre si, o Legislativo, o Executivo e o Judiciário*" e ao definir as atribuições de cada um confere funções básicas, bem como a possibilidade intervenções entre os poderes para garantir o sistema de freios e contrapesos.[61]

De forma simplificada, as funções estatais clássicas são exercidas pelos poderes estatais – Legislativo, Executivo e Judiciário – na qual a função legislativa compreende a elaboração de leis, a função judicial a aplicação das leis ao caso concreto e a função executiva envolve as atividades de administração pública e decisão política.

O sistema de freios e contrapesos e a divisão funcional dos três poderes adveio das revoluções sociais ocorridas no século XVIII, com a ideia de limitar o exercício do poder do Estado e impedir que o poder absolutista remanescesse na mão de somente uma pessoa ou órgão. A obra mais conhecida que trata da divisão dos poderes e a necessidade de sua divisão é *O espírito das leis* de Montesquieu.[62]

As atividades estatais podem ser divididas em: (i) fomento; (ii) polícia administrativa; (iii) intervenção no domínio econômico; e (iv) serviço público.[63] A atividade de fomento é aquela de auxílios financeiros, subvenções, financiamentos, favores

[61] Conforme: Di Pietro, Maria Sylvia Zanella. **Direito Administrativo.** 32. ed. São Paulo: Grupo GEN, 2019, p. 76. (Minha Biblioteca).

[62] Conforme: Montesquieu, Charles Louis de Scondat, Baron de La Brède et de. **O espírito das leis.** Tradução de Fernando Henrique Cardoso e Lôncio Martins Rodrigues. Brasília: Editora da Universidade de Brasília, 1982, cap. VI, Livro XI.

[63] Conforme: Pozas, Luis Jordana de. Ensayo de una teoría del fomento en el derecho administrativo. **Revista de Estudios Políticos**, Madrid, n. 48, p. 41-54, 1949. Disponível em: Http://www.cepc.es/es/rap/Publicaciones/Revistas/2/REP_048_040.pdf. Acesso em: 24 jun. 2020.

fiscais, desapropriações. A atividade polícia é a imposição de restrições aos direitos e liberdades do indivíduo, no "*uso e gozo de bens, atividades e direitos individuais, em benefício da coletividade ou do próprio Estado*".[64]

A intervenção do Estado no domínio econômico poderá ser jurídica (regulação e fiscalização) ou material (atuação direta), previstas nos artigos 174 e 173 da Constituição Federal, respectivamente:

> Art. 174. Como agente normativo e regulador da atividade econômica, o Estado exercerá, na forma da lei, as funções de fiscalização, incentivo e planejamento, sendo este determinante para o setor público e indicativo para o setor privado.
>
> Art. 173. Ressalvados os casos previstos nesta Constituição, a exploração direta de atividade econômica pelo Estado só será permitida quando necessária aos imperativos da segurança nacional ou a relevante interesse coletivo, conforme definidos em lei.
>
> § 1º A lei estabelecerá o estatuto jurídico da empresa pública, da sociedade de economia mista e de suas subsidiárias que explorem atividade econômica de produção ou comercialização de bens ou de prestação de serviços, dispondo sobre:

2.1. Características e conceito de serviços públicos

Por sua vez, o serviço público é um tipo de atividade administrativa estatal, que poderá ser realizada pela própria administração pública ou delegada para terceiros, sempre respeitados os princípios da legalidade, impessoalidade, moralidade, publicidade e eficiência. Conforme dispõe o art. 37, § 6º, da Constituição Federal:

[64] MEIRELLES, Hely Lopes. **Direito administrativo brasileiro.** 20. ed. São Paulo: Malheiros, 1990, p. 115.

> Art. 37. A administração pública direta e indireta de qualquer dos Poderes da União, dos Estados, do Distrito Federal e dos Municípios obedecerá aos princípios de legalidade, impessoalidade, moralidade, publicidade e eficiência e, também, ao seguinte:
>
> § 6º As pessoas jurídicas de direito público e as de direito privado prestadoras de serviços públicos responderão pelos danos que seus agentes, nessa qualidade, causarem a terceiros, assegurado o direito de regresso contra o responsável nos casos de dolo ou culpa.

Como bem explicado por Hely Lopes Meirelles, em sentido amplo o serviço público é: "todo aquele prestado pela Administração ou por seus delegados, sob normas e controles estatais, para satisfazer necessidades essenciais ou secundárias da coletividade, ou simples conveniências do Estado".[65]

O conceito de serviço público também possui previsão no artigo 2º, II, da Lei nº. 13.460/17, que define como serviço público a "atividade administrativa ou de prestação direta ou indireta de bens ou serviços à população, exercida por órgão ou entidade da administração pública".

Tal conceito diferencia-se do conceito amplo apresentado por Hely Lopes Meirelles, pois não inclui as atividades judiciais e legislativas em sua definição.[66] Este entendimento mais restrito, é inclusive adotado por Celso Antônio Bandeira de Mello:[67]

[65] MEIRELLES, Hely Lopes. **Direito administrativo brasileiro.** 20. ed. São Paulo: Malheiros, 1990, p. 319.

[66] Conforme: DI PIETRO, Maria Sylvia Zanella. **Direito Administrativo.** 32. ed. São Paulo: Grupo GEN, 2019, p. 132. (Minha Biblioteca).

[67] MELO, Celso Antônio Bandeira de. **Prestação de serviços públicos e administração indireta.** São Paulo: Revista dos Tribunais, 1978, p. 679.

> serviço público é toda atividade de oferecimento de utilidade ou comodidade material fruível diretamente pelos administrados, prestado pelo Estado ou por quem lhe faça as vezes, sob um regime de direito público – portanto consagrador de prerrogativas de supremacia e de restrições especiais – instituído pelo Estado em favor dos interesses que houver definido como próprios no sistema normativo.

Maria S. Di Pietro argumenta que a definição no sentido amplo permite a distinção do serviço público das outras atividades administrativas, como polícia, fomento e intervenção, diante disso ela define o serviço público como: "toda atividade material que a lei atribui ao Estado para que a exerça diretamente ou por meio de seus delegados, com o objetivo de satisfazer concretamente às necessidades coletivas, sob regime jurídico total ou parcialmente público".[68]

Em contrapartida, segundo Alexandre de Aragão o conceito mais restrito é mais operacional, de forma que inclui os serviços públicos econômicos e sociais, que possuem *"um mínimo satisfatório de pontos em comum"*. Em sua visão, o melhor conceito de serviço público seria:[69]

> serviços públicos são as atividades de prestação de utilidades econômicas a indivíduos determinados, colocadas pela Constituição ou pela Lei a cargo do Estado, com ou sem reserva de titularidade, e por ele desempenhadas diretamente ou por seus delegatários, gratuita ou remuneradamente, com vistas ao bem-estar da coletividade.

[68] Conforme: DI PIETRO, Maria Sylvia Zanella. **Direito Administrativo.** 32. ed. São Paulo: Grupo GEN, 2019, p. 136. (Minha Biblioteca).

[69] ARAGÃO, Alexandre de. **Direito dos Serviços Públicos.** 3. ed. Rio de Janeiro: Forense, 2013, p. 151. VitalBook file.

De qualquer forma, é importante avaliarmos que os serviços públicos são aquelas atividades de responsabilidade do Estado, que podem ser exercidas diretamente ou delegadas a terceiros, de forma a atender as necessidades coletivas essenciais descritas na nossa Constituição Federal ou legislação infraconstitucional.

Nesse sentido, o art. 21 da Constituição Federal enumera as atividades que deverão ser exercidas pela União, estas, que o legislador acredita serem necessidades essenciais da coletividade e bem comum. No presente trabalho, serão analisadas as atividades dos incisos XI e XII do referido artigo, quais sejam:

> Art. 21. Compete à União:
> [...]
> XI – explorar, diretamente ou mediante autorização, concessão ou permissão, os serviços de telecomunicações, nos termos da lei, que disporá sobre a organização dos serviços, a criação de um órgão regulador e outros aspectos institucionais;
> XII – explorar, diretamente ou mediante autorização, concessão ou permissão:
> a) os serviços de radiodifusão sonora, e de sons e imagens;
> b) os serviços e instalações de energia elétrica e o aproveitamento energético dos cursos de água, em articulação com os Estados onde se situam os potenciais hidroenergéticos;
> c) a navegação aérea, aeroespacial e a infra-estrutura aeroportuária;
> d) os serviços de transporte ferroviário e aquaviário entre portos brasileiros e fronteiras nacionais, ou que transponham os limites de Estado ou Território;
> e) os serviços de transporte rodoviário interestadual e internacional de passageiros;
> f) os portos marítimos, fluviais e lacustres;

Como é facilmente constatado pela análise dos termos do referido artigo, os serviços de telecomunicação e de radiodifusão sonora, e de sons e imagens são serviços públicos de competência da União, que poderão ser explorados diretamente ou delegados para terceiros mediante autorização, concessão ou permissão.

Deste modo, a prestação de serviço público poderá ser centralizada, também conhecida como a Administração Direta, na qual o ente federativo cumula a posição de titular e prestador do serviço ou de forma descentralizada, na qual a entidade da Administração Indireta outorga ou delega a execução ao particular.

Na prestação de serviço público descentralizada, caso haja a transferência da execução para pessoa jurídica pública (fundações públicas de direito privado, empresas públicas e sociedades de economia mista), haverá também a transferência da titularidade do serviço. No entanto, se a transferência da execução for para pessoa jurídica privada haverá apenas a transferência da execução do serviço.[70]

Esta transferência da execução do serviço público poderá ocorrer pela promulgação de lei, por contrato ou por ato administrativo. Quando for realizada por lei com possível criação de novo ente da Administração Indireta, será conhecida como outorga. E, quando a transferência ocorrer por contrato (concessão) ou ato administrativo (permissão ou autorização) será chamada de delegação.[71]

[70] Conforme: Almeida, Fabricio de. **Manual de direito administrativo.** 3. ed. São Paulo: Saraiva, 2019, p. 423. VitalBook file.

[71] Conforme: Aragão, Alexandre de. **Direito dos Serviços Públicos.** 3. ed. Rio de Janeiro: Forense, 2013, p. 532. VitalBook file.

2.2. A delegação dos serviços públicos: a concessão, permissão e autorização

No século XX, os serviços públicos eram normalmente prestados diretamente pela Administração Pública, mas não atendiam a todas as necessidades dos usuários e da sociedade.

Assim sendo, no século XXI, de forma a atender a sociedade de forma mais satisfatória e diminuir o tamanho do Estado, foram reintroduzidas as ideias de delegação da execução dos serviços públicos aos particulares, mediante os institutos da concessão, permissão e autorização.[72]

Esta transferência da atividade pelo Estado, diante da retração da atividade estatal e proposta de desestatização, é permitida expressamente pelo art. 175 da Constituição Federal[73] e corroborada pela Lei nº 8.987, de 13 de fevereiro de 1995[74] e da Lei nº 9.074 de 7 de julho de 1995.[75]

Além das legislações supracitadas, merece destaque no presente trabalho o art. 223, *caput,* da Constituição Federal: "Compete ao Poder Executivo outorgar e renovar concessão, permissão e autorização para o serviço de radiodifusão sonora e de sons e imagens, observado o princípio da complementaridade dos sistemas privado, público e estatal."

Dessa forma, o Estado deverá determinar a melhor forma de gestão do serviço público, seja diretamente pelos órgãos da administração direta ou entidades da administração indireta

[72] Conforme: MARQUES, Fábio Ferraz. **A prestação privada de serviços públicos no Brasil.** 2009.143 f. Dissertação (Mestrado em Direito) – Faculdade de Direito da Universidade de São Paulo, São Paulo, 2009, p. 10.

[73] Art. 175. Incumbe ao Poder Público, na forma da lei, diretamente ou sob regime de concessão ou permissão, sempre através de licitação, a prestação de serviços públicos.

[74] "Dispõe sobre o regime de concessão e permissão da prestação de serviços públicos previsto no art. 175 da Constituição Federal, e dá outras providências."

[75] "Estabelece normas para outorga e prorrogações das concessões e permissões de serviços públicos e dá outras providências."

ou indiretamente por meio dos "*contratos de concessão e permissão de serviços públicos, concessão patrocinada e concessão administrativa (parcerias público-privadas) ou por meio de contratos de gestão com organizações sociais.*"[76]

De qualquer forma, o objetivo deve sempre ser atender o bem comum da sociedade e poderá optar pelas seguintes formas de gestão, como resumido por Maria Zanella Di Pietro:[77]

> a) por meio de empresas estatais: necessidade de lei (art. 37, XIX, da CF);
>
> b) por meio de delegação a entidade privada, com cobrança de tarifa, de serviços comerciais e industriais, concessão comum, concessão patrocinada ou franquia; forma inadequada para: atividades exclusivas do Estado (porque são indelegáveis), serviços sociais (porque prestados gratuitamente), e serviços uti universo, não usufruíveis diretamente pelo cidadão;
>
> c) por meio de delegação a entidade privada, sem cobrança de tarifa: concessão administrativa;
>
> d) para os serviços sociais: contratos de gestão e concessão administrativa. Verifique as citações para exatidão antes de usar.

Em relação à delegação dos serviços públicos pelo Estado, ela poderá ocorrer de três formas: concessão, permissão e autorização.

2.2.1. A concessão de serviço público

As concessões de serviço público são espécies de contratos administrativos de adesão,[78] *intuito personae,* com prazo certo,

[76] Di Pietro, Maria Sylvia Zanella. **Direito Administrativo**. 32. ed. São Paulo: Grupo GEN, 2019, p. 148. (Minha Biblioteca).

[77] Di Pietro, Maria Sylvia Zanella. **Direito Administrativo**. 32. ed. São Paulo: Grupo GEN, 2019, p. 148. (Minha Biblioteca).

[78] "todo contrato administrativo já é, de certa forma, de adesão, pois a quase totalidade das suas cláusulas não são negociadas com o particular, mas sim pre-

precário, oneroso, de delegação para uma empresa particular ou consórcio de empresas a exploração de certo serviço público. A empresa é remunerada mediante a imposição de tarifas, que serão pagas pelos usuários que utilizam tal serviço público.[79]

Nas palavras de Fabrício de Almeida:[80]

> Pode-se definir concessão de serviço público como contrato administrativo em que ocorrerá a delegação de sua prestação, feita pelo Poder concedente, mediante licitação, na modalidade de concorrência, à pessoa jurídica ou consórcio de empresas que demonstre capacidade para seu desempenho, por sua conta e risco e por prazo determinado (inciso II do art. 2º da Lei n. 8.987/95). De fato, poder concedente é aquele que possui a titularidade do serviço público delegado, e pode ser traduzido na União Federal, no Distrito Federal, num Estado-membro ou num Município. E concessionário é o particular que presta o serviço público mediante contrato de concessão.

Ocorre, portanto, uma relação simbiótica entre empresa particular e o Estado, na qual o Estado presta serviços públicos mais satisfatórios à sociedade, cumprindo com o seu dever constitucional, enquanto a empresa terá direito ao proveito econômico desta exploração de atividade econômica.

Tal relação é descrita por Celso Antonio Bandeira de Melo:

> Para o concessionário, a prestação do serviço é o meio através do qual obtém o fim que almeja: o lucro. Reversamente, para o

fixadas na minuta contratual anexa ao edital de licitação." ARAGÃO, Alexandre de. **Direito dos Serviços Públicos,** 3. ed. Rio de Janeiro: Forense, 2013, p.686. VitalBook file.p. 686.

[79] Conforme: FORTINI, Cristiana. **Contratos administrativos:** franquia, concessão, permissão e PPP. 2. ed. São Paulo: Atlas, 2009, p. 41.

[80] ALMEIDA, Fabricio de. **Manual de direito administrativo.** 3. ed. São Paulo: Saraiva, 2019, p. 423. VitalBook file.

Estado, o lucro que propicia à concessionária é o meio por cuja via busca a sua finalidade, que é a boa prestação do serviço público.[81]

Nesse sentido, a remuneração dos serviços públicos exercidos por particulares é de extrema importância, até porque, diverso do poder público, a empresa privada almeja o lucro e não investiria ou se interessaria pela atividade gratuita, sem qualquer contraprestação.

É importante destacar, porém, que embora haja a busca do lucro pela concessionária, os serviços públicos "*não perdem a sua natureza pública: à iniciativa privada é delegado o seu mero exercício, permanecendo o serviço sob a titularidade estatal exclusiva*", uma vez que é assegurada pela Constituição e a Lei Federal nº. 8.987/1995 diversas prerrogativas ao Estado, "*tais como a de alterar as condições de sua prestação, encampá-lo, intervir e controlas as tarifas cobradas pela concessionária*".[82]

O pagamento de uma remuneração ao particular é essencial para que as empresas privadas possuam o interesse em exercer o serviço público. Isso porque, além de visarem o lucro, terão que aportar investimentos financeiros e material humano especializado de forma a prestar um serviço público de qualidade.

Verifica-se, portanto, outro motivo para o Estado delegar o serviço público ao particular. Além de ser uma forma de diminuição do Estado e tentativa de melhoramento do serviço público para atender o bem comum, o Estado opta pelo instituto quando constata a insuficiência de material humano especializado e a insuficiência de recursos financeiros para atender o crescente número de prestações públicas.

[81] MELO, Celso Antônio Bandeira de. **Curso de Direito Administrativo.** 24. ed. São Paulo: Malheiros, 2007, p. 696.

[82] ARAGÃO, Alexandre de. **Direito dos serviços públicos,** 3. ed. Rio de Janeiro: Forense, 2013, p. 543-544. VitalBook file.

Diante disto, como bem descrito por Fábio Ferraz o Estado se livra dos "riscos próprios e inerentes à atividade econômica".[83] Portanto, a remuneração do particular, mediante tarifas pagas pelos usuários ou mesmo receitas alternativas, nada mais é do que a compensação pelos vultuosos investimentos e risco da atividade assumida pela empresa privada.

Além disso, embora seja usual a remuneração da concessionária por meio de tarifas pagas pelos usuários, é possível que seja fixado à concessionária outras receitas alternativas, de forma a remunerar a prestação de serviço público.[84] Conforme dispõe o art. 11 da Lei 8.987/95:

> Art. 11. No atendimento às peculiaridades de cada serviço público, poderá o poder concedente prever, em favor da concessionária, no edital de licitação, a possibilidade de outras fontes provenientes de receitas alternativas, complementares, acessórias ou de projetos associados, com ou sem exclusividade, com vistas a favorecer a modicidade das tarifas, observado o disposto no art. 17 desta Lei.
>
> Parágrafo único. As fontes de receita previstas neste artigo serão obrigatoriamente consideradas para a aferição do inicial equilíbrio econômico-financeiro do contrato.

Destaca-se, ainda, que neste instituto a relação entre concessionário e concedente é pessoal, por prazo determinado e precário. Isso porque, o poder público concede a exploração do serviço público a uma pessoa determinada escolhida em procedimento licitatório, após comprovadas as condições necessárias

[83] MARQUES, Fábio Ferraz. **A prestação privada de serviços públicos no Brasil.** 2009.143 f. Dissertação (Mestrado em Direito) – Faculdade de Direito da Universidade de São Paulo, 2009, p. 39.

[84] FORTINI, Cristiana. **Contratos administrativos:** franquia, concessão, permissão e PPP. 2. ed. São Paulo: Atlas, 2009, p. 43.

que atenderão ao interesse público. Ou seja, "*[a] subconcessão ou a transferência da concessão não serão permitidas, salvo se cumpridos preceitos legais fixados nos arts. 26 e 27 da Lei 8.987/95*".[85]

Em relação ao prazo, não existe concessão por prazo incerto ou indefinido, pois se assemelharia ao instituto da permissão. Trata-se de relação precária, porque a Administração Pública poderá rescindir o contrato quando entender que a manutenção do contrato não atende mais ao interesse público.

Por fim, os contratos de concessão devem possuir cláusula de equilíbrio econômico-financeiro, uma vez que o concessionário poderá sofrer prejuízos por motivos imprevisíveis e que não pode controlar, conhecidamente chamados de caso fortuito ou força maior. Tal cláusula permitirá ao concessionário manter-se em pé de igualdade com os outros empresários da área.

No entanto, haja vista a assunção pelo concessionário do risco da atividade, o evento deverá ser realmente imprevisível, não relacionado ao risco da atividade, não poderá ser imputável ao concessionário e deverá ser comprovado que não foi possível antever o seu acontecimento na época do edital. Segundo Fábio Ferraz Marques:[86]

> Os fatos imprevisíveis são aqueles que não poderiam ser antevistos ou previstos no momento inicial da elaboração do edital ou da celebração do contrato; trata-se de fatos que não tenham relação com o comportamento das partes e que influenciem substancial e diretamente o contrato de concessão de forma a ensejar a aplicação da cláusula do equilíbrio econômico-financeiro.

[85] FORTINI, Cristiana. **Contratos administrativos:** franquia, concessão, permissão e PPP. 2. ed. São Paulo: Atlas, 2009, p. 79.

[86] MARQUES, Fábio Ferraz. **A prestação privada de serviços públicos no Brasil.** 2009.143 f. Dissertação (Mestrado em Direito) – Faculdade de Direito da Universidade de São Paulo, 2009, p. 70.

Além dos fatos imprevisíveis, a doutrina entende que os contratos também poderão ser revisados em caso de alteração unilateral das cláusulas pela Administração Pública e pelo denominado "fato do príncipe", conforme previsto no art. 9º, § 4º, da Lei 8.987/95.

Em todo caso, a onerosidade excessiva e a frustração da legítima expectativa do concessionário, deverão ser comprovadas pela concessionária para conseguir uma revisão das cláusulas contratuais.

No final, a concessão será extinta nas seguintes situações: (i) prazo contratual; (ii) encampação; (iii) caducidade; (iv) rescisão; (v) anulação; (vi) falência ou extinção da empresa concessionária; ou (vii) falecimento ou incapacidade do titular.

2.2.2. A permissão

A permissão é definida nos artigos, 21, XI e XII, e 175 da Constituição Federal e na Lei 8.987/95, como contrato administrativo de delegação de serviço público, *"a título precário, mediante licitação, da prestação de serviços públicos, feita pelo Poder concedente à pessoa física ou jurídica que demonstre capacidade para seu desempenho, por sua conta e risco"*.[87]

Tendo em vista a limitação de previsão específica aos artigos 2º, IV e 40 da Lei 8.987/95, aplica-se subsidiariamente à concessão os dispositivos da concessão. De acordo com Maria Sylvia Zanella Di Pietro, a melhor forma de distinguir a concessão da permissão é a possibilidade de revogação unilateral e instituição de prazo contratual:[88]

[87] ALMEIDA, Fabricio de. **Manual de direito administrativo.** 3. ed. São Paulo: Saraiva, 2019, p. 430. VitalBook file.

[88] DI PIETRO, Maria Zanella. **Parcerias administração pública.** 12. ed. Rio de Janeiro: Forense, 2019, p. 169. VitalBook file.

Para fins de distinção entre concessão e permissão é preciso considerar dois sentidos do vocábulo precariedade: (a) de um lado, significa ato que o o ato é revogável a qualquer tempo, por iniciativa da Administração Pública. (b) de outro lado, significa outorga sem prazo estabelecido e, portanto, revogável a qualquer momento pela Administração sem direito a indenização.

Ou seja, na hipótese de ser inserido prazo contratual na permissão essa será, na realidade, uma concessão, uma vez que desapareceria qualquer diferença entre estes institutos. Como visto no capítulo acima, na concessão há necessariamente a fixação de um prazo contratual.

Alexandre de Aragão foi além e pormenorizou as peculiaridades da permissão em comparação à concessão como:[89]

> (a) o permissionário pode ser pessoa física; (b) não há referência expressa à necessidade de possuir prazo determinado; (c) não demandam necessariamente a modalidade licitatória da concorrência, devendo o procedimento cabível ser determinado nos termos da escala de valores do art. 23 da Lei no 8.666/1993;8 (d) são qualificadas como contratos de adesão; (e) são precárias e revogáveis unilateralmente; (f) não há previsão de permissões de obras públicas.

Dessa forma, diante dessa possibilidade de revogação a qualquer tempo da permissão, sem necessidade de indenização do particular, bem como menor formalidade e complexidade, entende-se que a permissão será utilizada em serviços que envolvem investimentos de baixo vulto, por curto período de duração e com bens não reversíveis.

[89] ARAGÃO, Alexandre de. **Direito dos Serviços Públicos.** 3. ed. Rio de Janeiro: Forense, 2013, p. 685. VitalBook file.

2.2.3. A autorização de serviço público

A autorização é definida pelos artigos 21, XI e XII da e 175 da Constituição Federal. Na acepção jurídica de delegação de serviço público ela é "o ato administrativo unilateral e discricionário pelo qual o Poder Público delega ao particular a exploração de serviço público, a título precário."[90] A autorização é ato precário e a rigor é outorgada sem prazo certo, podendo ser revogada a qualquer tempo sem direito de indenização.

Diferentemente dos outros institutos, a autorização de serviço público pode ser delegada sem a necessidade de licitação, mas é limitada a serviços específicos expressamente admitidos pela Constituição Federal ou por leis específicas, como, por exemplo, serviços de telecomunicações (art. 21, XI, da CF e Lei n. 9.472/97), serviços de radiodifusão sonora e de sons e imagens (arts. 21, XII, a, e 223, ambos da CF) e serviços e instalações de energia elétrica (art. 21, XII, b, da CF e Leis n. 9.074/95 e 9.427/96).

Os três institutos de delegação, portanto, devem ser avaliados em termos de gradação segundo a participação e controle do Poder Público nos bens e serviços. Conforme leciona Maria Zanella Di Pietro:[91]

> Com efeito, ao afirmar que a permissão se constitui como se fora autorização, o jurista está apontando uma característica comum aos dois institutos: ambos são outorgados por ato administrativo unilateral, discricionário e precário. E, ao afirmar que a permissão é exercida como se fora concessão, está apontando também uma característica comum a ambas que não existe na autorização: a outorga de prerrogativas públicas ao concessionário e ao permissionário (ver item 5.3.1.2).

[90] Di Pietro, Maria Zanella. **Parcerias administração pública.** 12. ed. Rio de Janeiro: Forense, 2019, p. 173. VitalBook file.

[91] Di Pietro, Maria Zanella. **Parcerias administração pública.** 12. ed. Rio de Janeiro: Forense, 2019, p. 174. VitalBook file.

> Isto ocorre porque a autorização de serviço público (da mesma forma que a autorização de uso de bem público) é dada no interesse exclusivo do particular que a obtém; ele não exerce uma atividade que vá ser usufruída por terceiros, mas apenas por ele mesmo. Vale dizer que aquela mesma atividade que, na concessão e permissão, constitui serviço público no duplo aspecto de titularidade do Estado e de prestação ao público (no interesse geral), quando se trata de autorização perde essa segunda característica porque, embora continue de titularidade da União (como decorre do art. 21, XI e XII, da Constituição), não é prestada ao público, no interesse geral, mas no interesse restrito do próprio beneficiário da autorização. Não se pode incluir as atividades previstas nesse dispositivo da Constituição entre as atividades privadas, abertas à livre-iniciativa, exatamente pelo fato de serem constitucionalmente atribuídas à titularidade da União.

Por fim, diferentemente dos outros dois institutos, na autorização não são delegados as prerrogativas públicas, tendo em vista o interesse exclusivo do titular. É um ato precário e normalmente outorgada sem prazo. O Poder Público pode revogá-la a qualquer momento, sem direito à indenização da empresa autorizada.

Na hipótese de ser fixado um prazo, o beneficiário da autorização terá um direito subjetivo oponível à Administração, em caso de revogação extemporânea, consistente em perdas e danos.[92]

Sendo assim, como foi bem resumido por Fabricio de Almeida, os institutos da concessão, permissão e autorização poderão classificados da seguinte forma:[93]

[92] Conforme: Di Pietro, Maria Zanella. **Parcerias administração pública.** 12. ed. Rio de Janeiro: Forense, 2019, p. 174. VitalBook file.

[93] Conforme: Almeida, Fabricio de. **Manual de direito administrativo.** 3. ed. São Paulo: Saraiva, 2019, p. 431. VitalBook file.

Tabela 5 – Institutos de Delegação do Serviço Público

	Concessão	Permissão	Autorização
Natureza	Contrato	Contrato (precário)	Ato administrativo
Licitação	Obrigatória na modalidade concorrência	Obrigatória	Não há obrigatoriedade (pode ocorrer)
Particular	Pessoa jurídica ou consórcio de empresas.	Pessoa jurídica ou pessoa física	Pessoa jurídica ou pessoa física.
Objeto	Serviço público em geral.	Serviço público em geral.	Alguns serviços públicos.

Fonte: Almeida (2019)

2.3. A autorização e a lei geral e telecomunicação

No Brasil, todos os serviços públicos de telecomunicação, radiodifusão sonora de sons e imagens, rádio e televisão são de titularidade da União, mas prestados indiretamente por empresas privadas.

Conforme previsto nos arts. 21, XI e XII e 22, IV, da Constituição Federal, a competência privativa para legislar sobre telecomunicações e radiodifusão é da União e ela poderá explorar direta ou indiretamente esse serviço público. Diante disso, foi criado o Ministério das Comunicações e a Anatel que auxiliam na legislação, fiscalização e regulação do setor de telecomunicação.

A Anatel foi criada pela Lei 9.472/97 e é o órgão regulador competente pela fiscalização da execução, comercialização e uso dos serviços e da implantação e funcionamento de redes de telecomunicações, bem como da utilização dos recursos de órbita e espectro de radiofreqüências, como descreve o art. 1º e 8º da referida lei:

> Art. 1º Compete à União, por intermédio do órgão regulador e nos termos das políticas estabelecidas pelos Poderes Executivo e Legislativo, organizar a exploração dos serviços de telecomunicações.
>
> Parágrafo único. A organização inclui, entre outros aspectos, o disciplinamento e a fiscalização da execução, comercialização e uso dos serviços e da implantação e funcionamento de redes de telecomunicações, bem como da utilização dos recursos de órbita e espectro de radiofreqüências.
>
> Art. 8º Fica criada a Agência Nacional de Telecomunicações, entidade integrante da Administração Pública Federal indireta, submetida a regime autárquico especial e vinculada ao Ministério das Comunicações, com a função de órgão regulador das telecomunicações, com sede no Distrito Federal, podendo estabelecer unidades regionais.

De acordo com Floriano Marques Neto[94], a competência da Anatel seria:

> [...] adotar as medidas necessárias para atendimento do interesse público e para o desenvolvimento das telecomunicações brasileiras e, bem assim, implementar a política nacional de telecomunicações, expedir normas, atos de outorga, celebrar e gerenciar contratos, fiscalizar a prestação de serviços de telecomunicações em regime público ou privado, controlar, administrar o espectro de radiofrequências e o uso de órbitas, deliberar na esfera administrativa quanto à interpretação da legislação de telecomunicações e sobre os casos omissos, acompanhar e proceder à revisão tarifária e compor administrativamente os conflitos de interesses entre prestadores de serviços de telecomunicações (art. 19 da LGT)

[94] MARQUES NETO, Floriano. **Coleção direito econômico:** telecomunicações. São Paulo: Saraiva, 2011, p. 36. VitalBook file.

Além de criar a legislação pertinente ao setor e a Anatel, a Lei 9.472/97 inverteu o sentido atribuído pelo art. 21, XI da Constituição Federal, uma vez que tratou o serviço de telecomunicação como se fosse de regime privado em seu art. 226: "*a exploração de serviço de telecomunicações no regime privado será baseada nos princípios constitucionais da atividade econômica*".

Com essa alteração gritante e inconstitucional, o serviço de telecomunicação se submeteu aos princípios dos artigos 170 e 173 da Constituição Federal, especialmente no que tange à livre-iniciativa e as exceções de exploração direta de atividade econômica pelo Estado. Como leciona Maria Zanella Di Pietro:[95]

> É evidente que a sistemática adotada na lei, nessa parte, afronta o art. 21, XI, da Constituição, que não permite essa distinção entre os dois tipos de serviço de telecomunicações. O que a lei fez foi privatizar (não a execução do serviço, como ocorre na autorização, permissão ou concessão), mas a própria atividade ou, pelo menos, uma parte dela, o que não encontra fundamento na Constituição.
>
> Dessa distinção e da necessidade de dar uma aparência de constitucionalidade à lei resultou a opção pelo instituto da autorização e não da licença. Quando a atividade é livre à iniciativa privada, seu exercício constitui direito subjetivo do particular que satisfaça a todos os requisitos legais; à Administração Pública cabe apenas verificar se os requisitos estão presentes e, em caso afirmativo, conferir a licença, como ato vinculado, e não a autorização, que deve ser reservada aos atos discricionários.

No mais, em um primeiro momento, a Lei Geral de Telecomunicação determinou três formas de delegação dos serviços

[95] Di Pietro, Maria Zanella. **Parcerias administração pública.** 12. ed. Rio de Janeiro: Forense, 2019, p. 179. VitalBook file.

de telecomunicações: a concessão (arts. 83 a 92), a permissão (arts. 118 a 125) e a autorização (arts. 131 a 144).

No entanto, a partir da publicação da Súmula 2/98 da Anatel, a exploração de serviços de telecomunicações em regime privado passou a ocorrer tão somente por meio de autorizações, conforme determina o art. 131, § 1º, da Lei Geral de Telecomunicações determina que o instituto de delegação do serviço de telecomunicação pela União é a autorização:

> Art. 131. A exploração de serviço no regime privado dependerá de prévia autorização da Agência, que acarretará direito de uso das radiofreqüências necessárias.
>
> § 1º Autorização de serviço de telecomunicações é o ato administrativo vinculado que faculta a exploração, no regime privado, de modalidade de serviço de telecomunicações, quando preenchidas as condições objetivas e subjetivas necessárias. Verifique as citações para exatidão antes de usar.

Tal previsão é confirmada pelo artigo 10 da Resolução n. 272, que determina que a exploração dos serviços de telecomunicação depende de autorização da Anatel e basta que o requerente cumpra com certos requisitos para a outorga. A autorização é tratada como uma mera licença de funcionamento pela legislação pátria, embora a doutrina do direito administrativo sempre faça a distinção entre licença e autorização.

De forma a obter a autorização de funcionamento no setor a empresa privada deverá cumprir com certos requisitos objetivos, conforme delineado por Floriano Marques Neto:[96]

> [...] disponibilidade de radiofrequência necessária, no caso de serviços que a utilizem; e (ii) apresentação de projeto viável

[96] MARQUES NETO, Floriano. **Coleção direito econômico:** telecomunicações. São Paulo: Saraiva, 2011, p. 64. VitalBook file.

tecnicamente e compatível com as normas aplicáveis (art. 132 da LGT). São condições subjetivas para obtenção de autorização de serviço de interesse coletivo pela empresa: (i) estar constituída segundo as leis brasi-leiras, com sede e administração no país; (ii) não estar proibida de licitar ou contratar com o Poder Público, não ter sido declarada inidônea ou não ter sido punida, nos dois anos anteriores, com a decretação da caducidade de concessão, permissão ou autorização de serviço de telecomunicações, ou da caducidade de direito de uso de radiofrequência; (iii) dispor de qualificação técnica para bem prestar o serviço, capacidade econômico-financeira, regularidade fiscal e estar em situação regular com a Seguridade Social; e (iv) não ser, na mesma região, localidade ou área, encarregada de prestar a mesma modalidade de serviço (art. 133 da LGT).

A Lei 9.472/97 ou Lei Geral de Telecomunicação foi um marco importante para o setor, visto que estabeleceu as formas de atuação dos agentes no mercado de telecomunicações, como a exigência de prévia autorização para a prestação de serviços de telecomunicações, a obrigação de universalização e continuidade de prestação de serviço (art. 63, parágrafo único), a estipulação de critérios para a outorga de licenças e transferência destas, a limitação de número de prestadoras e a assimetria regulatória, exigência de licitação (art. 68), regulação sobre tarifas.[97]

O serviço de telecomunicação é ainda organizado por serviço, sendo que cada um possui a sua própria regulamentação, conforme determinado pela Resolução n. 73/98 (Regulamento dos Serviços de Telecomunicação). Ou seja, são sujeitas as regulamentações gerais (LGT, Plano Geral de Outorgas – PGO,

[97] Conforme: Marques Neto, Floriano. **Coleção direito econômico:** telecomunicações. São Paulo: Saraiva, 2011. VitalBook file.

Regulamento de Serviços de Telecomunicações, Regulamento de Fiscalizações, Regulamento de Sanções, dentre outros), aos regramentos específicos (Regulamentos de Termos de Autorização ou Contratos de Concessão próprios de cada serviço de telecomunicações) e a uma licença específica.[98]

A autorização dos serviços de telecomunicação somente poderá ser revogada "por cassação, caducidade, decaimento, renúncia ou anulação", conforme dispõe o art. 138 da Lei Geral de Telecomunicação.

Diferentemente do instituto tradicional da autorização, ainda, a autorização de telecomunicação não possui a característica de precariedade. Isso porque, o art. 141 da Lei Geral de Telecomunicação é claro ao fixar que, na hipótese de extinção da autorização por razões de interesse público, a autorizatária terá direito a continuar explorando o serviço por prazo mínimo de cinco anos. E, na hipótese de paralisação imediata, a autorizatária terá direito à indenização.

2.4. As redes de telecomunicação: a radiodifusão e os serviços de televisão

Como bem definido no art. 4º do Código Brasileiro de Telecomunicações – CBT, os serviços de telecomunicação são aqueles *de: "transmissão, emissão ou recepção de símbolos, caracteres, sinais, escritos, imagens, sons ou informações de qualquer natureza, por fio, rádio, eletricidade, meios óticos ou qualquer outro processo eletromagnético".*

Por conseguinte, as redes de telecomunicação poderão ser classificadas em: (i) radiodifusão, compreendidas a televisão digital e radiodifusão pública e a (ii) televisão por assinatura, compreendidas a televisão a cabo, o Serviço de Distribuição de Sinais Multiponto Multicanais – MMDS e O Serviço de Dis-

[98] Conforme: Marques Neto, Floriano. **Coleção direito econômico:** telecomunicações. São Paulo: Saraiva, 2011, p. 47. VitalBook file.

tribuição de Sinais de Televisão e de Áudio por Assinatura via Satélite – DTH.

Em relação aos serviços de radiodifusão, eles se submetem em grande parte ao Código Brasileiro de Telecomunicações – CBT e às normas do Ministério da Comunicação. Há certa restrição na atuação da Anatel nessa rede de telecomunicação. De qualquer forma, a sua previsão legislativa de atuação encontra-se nos artigos 223, *caput*, 49, XIII, e 223, §1º, da Constituição Federal, bem como no art. 211, parágrafo único da LGT e Lei n. 4.117/62 (Código Brasileiro de Telecomunicações – CBT).

Conforme previsto no art. 6º, alínea "d", e 32 do CBT, o serviço de radiodifusão pode ser definido como: "destinado a ser recebido direta e livremente pelo público em geral, compreendendo radiodifusão sonora e televisão;".

Por sua vez, o art. 32 do CBT determina o funcionamento dos serviços de radiodifusão compreendidos como televisão aberta: "*Os serviços de radiodifusão, nos quais se compreendem os de televisão, serão executados diretamente pela União ou através de concessão, autorização ou permissão.*"

Dentre outras conquistas do setor, houve a transição do sistema analógico para o digital da televisão aberta a partir de 2013, após a promulgação do decreto 5.820/2006, bem como a criação da Empresa Brasil de Comunicação – EBC (Lei 11.652/2008).

No que tange à televisão por assinatura, a resolução 411/2005 determinou em seu art. 1º, que os serviços de televisão a Cabo, MMDS, DTH e Televisão por assinatura, seriam denominados "serviços de televisão por assinatura" e consolidou o Plano Geral de Metas de Qualidade – PGMQ.

Posteriormente, ainda, este tipo de serviço foi ainda mais desenvolvido a partir da resolução 488/2007 que fixou o Regulamento de Proteção e Defesa dos Direitos dos Assinantes dos Serviços de Televisão por Assinatura, Resolução n. 190/99 fixou o Regulamento para Uso de Redes de Serviços de Comunicação de Massa por Assinatura para Provimento de Serviços de Valor Adicionado e a Resolução 551/2020 da Anatel, que permitiu o aumento de outorgas de TV a cabo para aumentar a concorrência.

Por fim, o MMDS e o DTH foram regulamentados, respectivamente, pelo Decreto 2.196/1997, complementado pela Norma n. 002/94-VER/97 e o Decreto n. 2.196/97, complementado pela Norma 008/97.

3. Os contratos das empresas de telecomunicação: as emissoras e suas afiliadas

Com efeito, as empresas privadas que possuem o interesse em exercer o serviço público de telecomunicação precisam primeiramente obter a autorização específica da Anatel, que outorgará a licença de comercialização e uso dos serviços, implantação e funcionamento de redes de telecomunicações, bem como da utilização dos recursos de órbita e espectro de radiofrequências.

Como visto no capítulo anterior, as empresas privadas que exercem os serviços de telecomunicação terão maior espaço de atuação do que outros serviços públicos, considerando a atribuição de regime privado atribuída pelo art. 131, § 1º, da Lei Geral de Telecomunicações.

Sem embargo, estão sujeitas a maior regulamentação e fiscalização da Anatel e regulamentos específicos, tais como: LGT, Plano Geral de Outorgas – PGO, Regulamento de Serviços de Telecomunicações, Regulamento de Fiscalizações, Regulamento de Sanções, dentre outros, Regulamentos de Termos de Autorização ou Contratos de Concessão próprios de cada serviço de telecomunicações.

Após a obtenção da licença para funcionamento, as empresas poderão buscar formas de otimizar a sua atividade econômica e maximizar os seus lucros. A opção mais comum buscada por estas empresas é a celebração de "Contratos de Parceria" ou "Contratos de Afiliadas" com outras empresas que possuem uma marca estabelecida e know-how estabelecido, mas que estão restritas a uma área de atuação pela sua própria autorização do Poder Público.

Diante disso, de um lado existe a empresa privada com autorização de atuação em certa área, com marca reconhecida e modelo de negócio estabelecido ("Emissora") e de outro lado, há uma empresa privada com autorização de funcionamento em área diversa, sem muita atuação no mercado e em busca de maximizar os seus lucros ("Afiliada").

Sendo assim, a Emissora que possui interesse em aumentar a sua atuação geográfica e concretizar melhor a sua marca no território nacional, atingindo um maior número de usuários deste serviço público, celebra o Contrato de Afiliadas com essa empresa menor, concedendo a ela o know-how necessário de atuação e licença da utilização da sua marca e outros produtos de sua propriedade intelectual.

É de se notar que muitas vezes a Emissora inclusive promove diversos treinamentos e exige o atendimento de padrões de qualidade específicos da atuação das Afiliadas, além de auxiliar nas operações diárias e implementação de sistemas.

Como exemplo, cita-se a promulgação do decreto 5.820/2006, no qual exigiu a transição do sistema analógico para o digital da televisão aberta a partir de 2013. Nesse decreto, as Emissoras exigiram de suas Afiliadas a efetivação dessa transição, com o aporte de todos os investimentos necessários em determinado tempo. Além de prestarem todo o suporte técnico e know-how para auxiliar em sua realização.

A maior parte do material de transmissão é formulado pela Emissora e a Afiliada apenas retransmite o material. No entanto, em horários específicos de programação, a Afiliada produz material da região em que atua, possibilitando um alcance melhor da marca e identificação regional.

O lucro obtido pela Afiliada e pela Emissora é por meio de venda de comercial em períodos de transmissão. No Contrato de Afiliadas, normalmente é inserida uma fórmula da remuneração de cada uma. A Emissora recebe uma porcentagem do valor de propagandas vendidas pelas Afiliadas e as Afiliadas recebem uma porcentagem do valor de propagandas vendidas pela Emissora, normalmente esse pagamento é chamado de "repasse".

Outra característica importante deste tipo contratual, é a autonomia e independência das empresas. Embora a Afiliada se submeta à supervisão da Emissora e a regramentos específicos, com certa ingerência em seus negócios, a Afiliada tem responsabilidades próprias trabalhistas, cíveis, tributárias, entre outras que não afetam a Afiliada.

No final do dia, todos os investimentos nas unidades específicas, seja financeiro, material humano, clientela da região ou material regional, é realizado pela própria Afiliada sob a sua conta e risco.

Esse tipo contratual de características únicas, admissível dentro do nosso ordenamento jurídico, permite a expansão da atividade econômica de telecomunicação que não seria possível em caso de total ausência de colaboração entre Afiliada e Emissora.

3.1. A classificação do contrato das emissoras com as suas afiliadas

Os contratos celebrados entre as grandes Emissoras de telecomunicação, com marca, modelo de negócio e programação bem estabelecida no mercado, e as empresas menores regionais com autorização do poder público para a transmissão de radiodifusão sonora, sons e imagens, são normalmente nomeadas pelas partes como "Contratos de Parceria" ou "Contratos de Afiliadas" e tratados pelas partes empresárias como contratos atípicos.

Ocorre que, embora não haja na nossa legislação a tipificação deste "Contrato de Afiliadas" é possível notar semelhanças gritantes com o Contrato de Franquia, especialmente no que tange à divulgação da marca, modelo de negócio, qualidade de serviços, treinamentos, assessoria, limitação de poder de negociação da Afiliada, percentual de remuneração e limitação do material produzido pelas Afiliadas.

É importante notar que além do "Sentimento de parceria comercial", que há nas duas figuras contratuais, autonomia empresarial e risco de investimento apenas da Afiliada, a Afiliada possui certa vulnerabilidade em relação à franqueadora, seja na negociação de renovação anual, inclusive da fórmula de remuneração, como limitação na atividade empresarial, que deve sempre ser regida e supervisionada pela Emissora.

Nesse sentido, o Contrato de Afiliadas não se limita apenas à utilização da marca e possui pouco ou quase nenhuma semelhança com contratos limitados à transferência de *know-how*.

Em contratos como "Contrato de transferência de *know-how*" ou "Contrato de licença" não há participação ativa no uso da marca ou nos negócios, não há necessariamente uma organização de marketing homogênea e não há participação em qualquer operação comercial ou supervisão próxima, diferentemente do Contrato de Afiliadas:[99], [100]

[99] Conforme: Cretella Neto, José. **Manual Jurídico do *Franchising*.** São Paulo: Atlas, 2003.

[100] Conforme: Martins, Fran. **Curso de Direito Comercial**: contratos e obrigações comerciais, v. 3, 19. ed. Rio de Janeiro: Forense, 2019, cap. XXXII. VitalBook file.

Tabela 6 – Comparação Contrato de licença e Transferência de *Know-how*

Contrato de Afiliadas	Contrato de transferência de *know-how*	Contrato de licença
O objeto principal é o fornecimento de técnicas, *know how*, modelo de negócio, utilização da marca e reprodução de programação da Emissora para a Afiliada.	O objeto do contrato é somente a transferência do *know-how*.	O objeto do contrato é o próprio licenciamento.
Uso de marca obrigatório.	Uso do *know-how* é facultativo.	Uso da marca facultativo.
Orientações precisas da Emissora, de cumprimento obrigatório pelas Afiliadas, sobre o emprego da marca, técnicas e conceitos de comercialização.	Unidade da rede, elementos de presença eventual, mas não essenciais.	Inexistência de instruções sobre o emprego de marketing ou comercialização.
Pode existir previsão de ajuste do contrato, regras para manutenção de imagem institucional.	Não há instruções sobre marketing ou comercialização. Condições mercadológicas mais flexíveis.	Não há previsão de ajuste mercadológico ou regras para a manutenção de determinada imagem institucional.
A Emissora se envolve diretamente na operação.	O detentor de *know-how* não se obriga ao uso.	O detentor da marca não se envolve na operação.
Supervisão e controle no marketing e sistemas operacionais.	O detentor do *know-how* não supervisiona e controla a atividade da empresa, apenas em restrições específicas.	Organização da rede não relevante. Não há supervisão da atividade do licenciado, exceto restrições específicas de uso.
Controle detalhado sobre as atividades.	Abrangência contratual mais limitada.	O licenciador não exerce controle sobre a operação comercial do licenciado.

Fonte: Cretella Neto (2003) e Martins (2019)

Não há dúvidas, portanto, que independentemente de ser um contrato atípico com elementos próprios ou um contrato de franquia travestido com outro nome, o "Contrato de Afiliadas" é necessariamente um contrato de colaboração.

Isso porque, os contratos de colaboração são aqueles relacionados ao escoamento de mercadorias (sejam bens ou serviços), no qual contratante se obriga a criar, consolidar ou ampliar o mercado para o produto do outro contratante, mediante uma contraprestação.

Tais contratos poderão ser de aproximação ou de intermediação. Eles serão de intermediação quando o núcleo da operação é a mediação entre o vendedor e o possível comprador em determinada área, como, por exemplo, agência/ representação comercial, agência/distribuição típico, mandato e comissão mercantil.

Por outro lado, o contrato será de intermediação quando o objetivo é a compra e posterior revenda da mercadoria em área determinada, como é o caso do contrato atípico de distribuição e concessão mercantil.

A melhor forma de entender as características dos Contratos de Afiliadas e a sua similaridade com outros contratos de colaboração é mediante a análise de suas principais características, veja-se: [101, 102, 103,104,105]

[101] Conforme: CARVALHOSA, Modesto. **Tratado de Direito Empresarial**, v. 4, 2016. Capitulo I. Agência ou representação comercial, n.p. e Capítulo VIII. Propriedade Intelectual e Contratos Intelectuais, n.p.

[102] Conforme: CRETELLA NETO, José. **Manual Jurídico do *Franchising*.** São Paulo: Atlas, 2003.

[103] Conforme: THEODORO JR., Humberto. Do contrato de agência e distribuição no novo código civil. **Revista dos Tribunais**, São Paulo, v. 812, ano 92, jun. 2003.

[104] Conforme: VENOSA, Sílvio de Salvo. **Direito Civil:** contratos em espécie, v. 3. 16. ed. São Paulo: Atlas, 2016.

[105] Conforme: DUFLOTH, Rodrigo. **Contratos de Distribuição:** questões controversas e tentativa de sistematização. **Revista dos Tribunais online. Revista de Direito Recuperacional e Empresa,** v. 5, jul./set. 2017.

Tabela 7 – Comparação Contratos Colaborativos

Contrato de Afiliadas Telecomunicação	**Contrato de Franquia**	**Comissão Mercantil**	**Contrato de Representação**	**Contrato de Distribuição**	**Contrato de Concessão Mercantil**
O objeto principal é o fornecimento de técnicas, *know how*, modelo de negócio, utilização da marca e reprodução de programação da Emissora para a Afiliada.	O objeto principal é o fornecimento de técnicas, *know how*, modelo de negócio e utilização da marca pelo franqueador ao franqueado.	O comissário adquire ou vende bens à conta do comitente, mas contrata em nome próprio, e não em nome da empresa a que presta colaboração (art. 693).	O objeto principal é a intermediação da venda do produto ou serviço, sem relação de emprego, de modo a criar,ampliar ou consolidar as relações comerciais do representado.	O objeto principal é a compra e venda continuada de produtos do distribuidor.	O objeto principal é a colocação do produto do fabricante para a venda.
Compreende serviços relacionados ao jornalismo e reprodução de som e imagens.	Compreende bens e serviços variados.	Compreende bens.	Não há representação comercial de serviços, apenas de bens.	Compreende bens e serviços.	Compreende principalmente venda de bens.
Autonomia e independência da Emissora e Afiliada.	Autonomia e independência da franqueadora e franqueada.	Autonomia e independência do comissionário.	Autonomia e independência da representante e representada.	Autonomia e independência das empresas.	Autonomia e independência das empresas.
Contrato de duração continuada.	Contrato de duração continuada.	Contrato de duração continuada.	Contrato de duração continuada.	Contrato de duração continuada.	Contrato de duração continuada.
Sujeição à supervisão de outra empresa, mas não controle rígido.	Sujeição à supervisão de outra empresa, mas não controle rígido.	Sujeição à supervisão de outra empresa, mas não controle rígido.	Sujeição à supervisão de outra empresa, mas não controle rígido.	Sujeição à supervisão de outra empresa, mas não controle rígido.	Sujeição à supervisão de outra empresa, mas não controle rígido.

Continua...

Continuação ...

Contrato de Afiliadas Telecomunicação	Contrato de Franquia	Comissão Mercantil	Contrato de Representação	Contrato de Distribuição	Contrato de Concessão Mercantil
A Afiliada também produz material próprio.	O franqueado pode ser também fabricante.	O comissionário atua em nome próprio por conta de terceiros, não produz produto próprio.	O representante atua em nome da marca e não fabrica material próprio.	Uma das partes deve ser necessariamente o fabricante do produto a ser distribuído.	O concessionário apenas revende, não fabrica.
Há o pagamento periódico de % sobre venda de comerciais em espaços de transmissão.	A remuneração é prevista na forma de uma taxa inicial de entrada ou de pagamentos periódicos, até o término da relação contratual.	O comissário recebe pagamentos pelas vendas.	O representante comercial recebe uma comissão sobre cada venda.	O distribuidor recebe a diferença do valor do produto e sua venda ao consumidor final, que ele mesmo poderá fixar.	O concessionário recebe a diferença do valor do produto e sua venda ao consumidor final, que ele mesmo poderá fixar.
Transmissão de modelo de negócio, know-how da Emissora.	Transmissão de método de produção e comercialização (licença de *know-how*).	Não há transmissão de *know-how*.	Não há transmissão de *know-how*. O representante poderá concretizar as vendas da forma que entender melhor. No entanto, não poderá desviar do sistema geral do fabricante para padronizar e controlar a qualidade da rede.	Não há transmissão de *know-how*. A atividade econômica é de exclusiva responsabilidade do distribuidor. No entanto, não poderá desviar do sistema geral do fabricante para padronizar e controlar a qualidade da rede.	Não existe cessão de licença para uso da marca ou transmissão de know-how. Relação limitada a compra e venda para revenda.

Continua...

Continuação...

Contrato de Afiliadas Telecomunicação	Contrato de Franquia	Comissão Mercantil	Contrato de Representação	Contrato de Distribuição	Contrato de Concessão Mercantil
Outorga de uso de marca e outros produtos de propriedade intelectual da Emissora.	Outorga de uso de marca e outros produtos de propriedade intelectual do franqueador.	O comissário adquire ou vende bens à conta do comitente. Os produtos do comitente são postos à disposição do comissário, por meio de uma consignação, que o credencia a vendê-los aos consumidores em nome próprio.	O representante atua em nome da marca e não em nome próprio, inexistindo a necessidade de outorga de uso.	O distribuidor atua em nome da marca e não em nome próprio, inexistindo a necessidade de outorga de uso.	Não há outorga de uso de marca.
Grande ingerência da Emissora sobre os sistemas operacionais e comerciais da Afiliada.	Grande ingerência da Franqueadora sobre os sistemas operacionais e comerciais da franqueada.	Pouca ingerência nos negócios.	Não há ingerência sobre a forma que o representante comercial fará a venda.	O distribuidor possui independência econômica e autonomia jurídica, visando apenas a comercialização da produção, excluindo a imposição de preços e o domínio monopolístico e anticompetitivo do mercado.	Pouca ingerência da concedente nos sistemas operacionais e comerciais do concessionário.

Continua...

Continuação...

Contrato de Afiliadas Telecomunicação	Contrato de Franquia	Comissão Mercantil	Contrato de Representação	Contrato de Distribuição	Contrato de Concessão Mercantil
Relação abrangente que envolve cessão de marca, emprego de *know-how* e treinamento específico.	Relação abrangente que envolve cessão de marca, emprego de *know-how* e treinamento específico.	Não há transferência de *know-how*, cessão de marca ou treinamento específico. Eventual transmissão de know-how é elemento acessório e informal.	Não há transferência de *know-how*, cessão de marca ou treinamento específico. Eventual transmissão de know-how é elemento acessório e informal.	Relação limitada à compra e venda para revenda. A transmissão de *know-how* é elemento acessório e informal.	Relação limitada à compra e venda para revenda. A transmissão de *know-how* é elemento acessório e informal.
Necessidade de Autorização do Poder Publico.	Desnecessidade de relação com o poder público. Embora não haja nenhum impedimento.	Desnecessidade de relação com o poder público. Embora não haja nenhum impedimento.	Desnecessidade de relação com o poder público. Embora não haja nenhum impedimento.	Desnecessidade de relação com o poder público. Embora não haja nenhum impedimento.	Desnecessidade de relação com o poder público. Embora não haja nenhum impedimento.
Conceitos rígidos e unitários de marketing e organização, incluindo detalhamento procedimental.	Conceitos rígidos e unitários de marketing e organização, incluindo detalhamento procedimental.	Pouca ingerência nos negócios, o produto é apenas colocado à disposição. No entanto, O comissário é obrigado a agir de conformidade com as ordens e instruções do comitente.	Pouca interferência do representado sobre os negócios do representante. Embora o representante não possa desviar do sistema geral de padrão de qualidade.	Pouca interferência nos negócios do distribuidor. Embora o distribuidor não possa desviar do sistema geral de padrão de qualidade.	Não há conceitos rígidos e indicações de procedimento.

Continua...

Continuação...

Contrato de Afiliadas Telecomunicação	Contrato de Franquia	Comissão Mercantil	Contrato de Representação	Contrato de Distribuição	Contrato de Concessão Mercantil
Homogeneidade da rede, imagem e identidade. Exclusividade com uma Emissora.	Homogeneidade da rede, imagem e identidade. Exclusividade com uma franquia.	O produto é apenas colocado à disposição para revenda. Não há necessariamente exclusividade de marca.	O representante poderá representar mais de uma empresa, caso não esteja expressamente delimitado a sua exclusividade.	O distribuidor poderá representar mais de uma empresa, caso não esteja expressamente delimitado a sua exclusividade.	Não há homogeneidade da rede, se imagem ou de identidade; cada concessionário pode realizar, por sua conta, e individualmente, promoções de venda descontos ou campanhas publicitárias. Não há necessariamente exclusividade de marca.
Assistência nas operações diárias, inclusive com treinamentos eventuais.	Assistência nas operações diárias, inclusive com treinamentos eventuais.	Poderá instruir o comitente, mas não haverá assistências diárias.	Pouca interferência do representado sobre os negócios do representante, não há treinamentos ou transferência de *know-how*, embora o representado possa oferecer cursos e auxilio para a maximização dos lucros e comissões, e a consequente diminuição de riscos.	Pouca interferência do fabricante sobre os negócios do distribuidor, não há treinamentos ou transferência de *know-how*, embora a fabricante possa oferecer cursos e auxilio para a maximização dos lucros.	A concedente não se envolve nas operações diárias.
Exclusividade Territorial.	Pode haver a exclusividade territorial, embora não seja elemento essencial.	Pode haver exclusividade territorial.	Pode haver exclusividade territorial ou de determinado produto, grupo de pessoas.	Deve ocorrer certa delimitação geográfica, exclusiva ou não.	A exclusividade territorial é elemento essencial.

Continua...

Continuação...

Contrato de Afiliadas Telecomunicação	Contrato de Franquia	Comissão Mercantil	Contrato de Representação	Contrato de Distribuição	Contrato de Concessão Mercantil
A remuneração é por meio de uma fórmula contratual em contrato de adesão, determinando a porcentagem sobre a venda de comerciais em horários de transmissão específicos.	O franqueador ajusta uma remuneração percentual em contrato.	O comissário receberá uma remuneração percentual pela venda.	O representante receberá o pagamento de comissão (percentual sobre a venda).	O distribuidor possui o proveito econômico da diferença entre o preço da aquisição e o preço da venda (revenda).	A remuneração é a cada unidade vendida ao concessionário. O fabricante projeto seu lucro no preço unitário do produto vendido ao distribuidor, e este projeta o seu no preço de revenda ao consumidor.
Normalmente contrato de adesão, com pouco a nenhum espaço de negociação.	Normalmente contrato de adesão, com pouco a nenhum espaço de negociação.	Normalmente contrato de adesão, com pouco a nenhum espaço de negociação.	Normalmente contrato de adesão, com pouco a nenhum espaço de negociação.	Normalmente contrato de adesão, com pouco a nenhum espaço de negociação.	Normalmente contrato de adesão, com pouco a nenhum espaço de negociação.
A Afiliada assume o integral risco do negócio, aportando capital novo e obtendo a autorização de serviço público do Estado, essencial para a operação.	O franqueado assume integralmente o risco do negócio, aportando o capital, tempo e material humano.	O comissário não assume o risco do negócio e pouco investe.	O investimento do representante é apenas no *know-how* do mercado, estrutura e clientela. Não há investimento expressivo.	O distribuidor assume o risco dos produtos comprados para revenda.	O concessionário assume o risco dos produtos comprados para revenda.
Recebimento direto e indireto de pagamentos, conforme determinado na fórmula contratual.	O franqueado recebe os pagamentos diretamente dos clientes e remunera o franqueador de forma proporcional.	O pagamento é realizado diretamente pelo comprador ao fabricante.	Os pagamentos são realizados diretamente ao representado, que depois remunera o representante, mediante o pagamento de comissão (percentual sobre a venda)	O pagamento é recebido diretamente pelo distribuidor e o lucro corresponde à diferença entre o valor do produto e da revenda.	O pagamento é recebido diretamente pelo concessionário e o lucro corresponde à diferença entre o valor do produto e da revenda.

Fonte: Cretella Neto (2003), Theodoro Jr. (2003), Carvalhosa (2016), Venosa (2016), Dufloth (2017).

Sendo assim, como é facilmente constatado pela tabela acima, todos os contratos de colaboração possuem diversas similaridades. No entanto, o "Contrato de Afiliadas de Telecomunicação" possui quase todos as mesmas características de um Contrato de Franquia, merecendo destaque as diferenças de (i) necessária contratação com o poder público, nos termos delineados no **Capítulo 3**; (ii) limitação de tipo de serviço; e (iii) forma de recebimento de pagamentos.

Tais diferenças, no nosso entendimento, não são suficientes para afastar a aplicação da legislação dos Contratos de Franquia. Até porque, o conteúdo das cláusulas contratuais leva a crer se tratar de um contrato de franquia travestido como um contrato de parceria de partes equânimes. Possível estratégia comercial das próprias Emissoras para afastar a análise do contrato pelo judiciário como de "autonomia privada mínima".

Não obstante, na hipótese do Contrato de Afiliadas de Telecomunicação ser tratado como um contrato atípico, ainda assim o judiciário poderá utilizar a legislação e aplicação análoga dos contratos de franquia e outros contratos colaborativos, da mesma forma que ocorre entre os próprios contratos colaborativos, quando há uma lacuna que dificulta a interpretação.

É claro que a interpretação não poderá ser realizada de forma a alterar completamente a intenção das partes e o risco de transação. Como em todos os outros contratos empresariais, o ativismo judicial deverá limitar-se aos abusos contratuais diante da vulnerabilidade da Afiliada perante à Emissora.

3.2. A importância de análise do conteúdo do contrato

Com efeito, como visto no capítulo anterior, os Contratos de Afiliadas são contratos que possuem cláusulas extremamente similares àquelas dos Contratos de Franquia. Diante disto, é possível que o judiciário o interprete como um Contrato de Franquia ou mesmo aplique por analogia as legislações existentes dos contratos colaborativos.

É importante mencionar, neste ínterim, o art. 170 do Código Civil[106] que autoriza a conversão do negócio jurídico em outro, para que sejam aproveitados os seus elementos prestantes, quando o negócio jurídico for nulo, princípio da conservação dos atos jurídicos).[107]

Como bem destacado por Pontes de Miranda em seu livro Tratado de Direito Privado:[108]

> Pela conversão, o conteúdo do negócio, passando a outra forma, produz os mesmos resultados que se queriam. Não se quis o novo negócio: o que se dá é que os resultados queridos são os mesmos. (...) Todo querer é querer de resultado e de maneira: se o resultado é lícito, nada obsta a que se procure a forma, em que se possam meter os resultados queridos. Varia-se de forma, converte-se. O escopo econômico é o mesmo; mas não se consegue pelo modo que o disponente quis, e sim por outro que ele talvez não tenha querido. A vontade é a mesma, o actus varia. (...) Conversão é transformação do negócio jurídico nulo em outro que possa valer. (...) É preciso que o declarante tenha querido, ainda tácita ou eventualmente, o que se substituiu.

No seu livro Teoria Geral dos Contratos Típicos e Atípicos, Álvaro Villaça Azevedo, expõe os resultados de um parecer, no qual analisou o contrato de uma confeitaria para revenda de doces. Em tal parecer, sustentou que o contrato era, na realidade, uma franquia comercial combinada com outros con-

[106] Art. 170. Se, porém, o negócio jurídico nulo contiver os requisitos de outro, subsistirá este quando o fim a que visavam as partes permitir supor que o teriam querido, se houvessem previsto a nulidade.

[107] Julgado conversão substancial. REsp 1225861. Ministra Nancy Andrighi.

[108] MIRANDA, Pontes de. **Tratado de Direito Privado.** Tomos 3 e 4. Atualizado por Vilson Rodrigues Alves. Campinas: Bookseller, 2000, p. 325.

tratos atípicos, diante do teor das cláusulas que haviam sido pactuadas.[109]

Isso porque, havia cláusula de exclusividade, fixação de zona comercial e, ainda, continha os elementos essenciais do contrato de franquia descritos por Italo Giorgio Minfuzzi[110], quais sejam:

> (1) 'existência de um contrato que regule em detalhe todos os aspectos do acordo de colaboração entre a empresa e o operador comercial'; (2) 'autorização do operador, por parte da empresa, ao uso da marca e/ou da denominação ou razão social desta última', (3) 'transferência ao operador do conhecimento técnico de propriedade da empresa e do 'know-how" comercial idealizado e experimentado pela mesma'; (4) 'pagamento à empresa de uma cota da parte do varejista ou do investidor: tal cota representa um correspectivo pelo uso do nome, da marca e da imagem e pelo acesso imediato, oferecido a cada indivíduo, ao know-[h]ow comercial, à assistência, à instrução, à técnica e a todos aqueles serviços que são de propriedade da empresa'; (5) 'necessidade de um investimento inicial por parte do operador, para cobertura das despesas de construção, transformação, e equipamento do exercício da distribuição'; (6) 'interesse contínuo da empresa ao fornecer ao operador toda ajuda possível em todos os campos da gestão comercial; 'layout' do ponto-de-venda, aquisição, rotação do 'stock', 'display', promoção, 'merchandising', publicidade contabilidade, consulência fiscal, instrução do pessoal, atualização periódica' etc; (7) 'adestramento fornecido pelos técnicos da empresa ao operador logo ao início da atividade do ponto-de-

[109] Conforme: AZEVEDO, Álvaro Villaça. **Teoria geral dos contratos típicos e atípicos:** curso de direito civil. 2. ed. São Paulo: Atlas, 2004, p. 159-161.

[110] MINFUZZI, Italo Giorgio. Lezioni sui contratti commerciali. Rimini: Maggiolo, 1981.p. 167-168 citado por AZEVEDO, Álvaro Villaça. **Teoria geral dos contratos típicos e atípicos:** curso de direito civil. 2. ed. São Paulo: Atlas, 2004, p. 160/161.

-venda'; (8) 'processo e disponibilidade, por parte do operador, da unidade de venda e dos requisitos jurídicos pelo exercício do comércio'.

No mesmo sentido, portanto, caso o magistrado se depare com cláusulas nulas ou anuláveis do Contrato das Afiliadas de Telecomunicação, poderá valer-se do princípio da conservação dos atos jurídicos e manter a intenção das partes ao aplicar a legislação dos Contratos de Franquia.

3.3. A alocação de riscos e a autonomia privada mínima

Nos Contratos de Afiliadas de Telecomunicação não há dúvidas em relação à ausência do poder de negociação da Afiliada perante a Emissora. Os contratos normalmente são de adesão com pouco ou nenhum espaço para negociação, inclusive da fórmula de retribuição que sempre se altera com os anos e se torna cada vez menos benéfica ao afiliado.

Apesar disso, os afiliados não possuem muita opção senão aceitar as condições menos benéficas das revisões anuais, para não perder os consideráveis investimentos empregados na sua atividade, o seu fundo de comércio, clientela e todo o tempo empregado em treinamentos e adequação à marca.

A perda da marca da Emissora e modelo de negócio, poderia inclusive inviabilizar toda e qualquer atividade pelo afiliado empreendedor, que muitas vezes passou anos se adequando às regras e processos operacionais impostas pela Emissora.

Há sim, no entanto, uma diferença nestes contratos que aumentam o poder de negociação da Afiliada e possibilitam até uma brecha em relação à negociação da remuneração. Este é o fato de serem limitadas as empresas que possuem autorização do poder público para o exercício do serviço público de telecomunicação e a necessidade de as grandes Emissoras atingirem todo o território nacional.

Da mesma forma que foi realizado com os Contratos de Franquia de forma geral, após a análise de cada elemento específico dentro das bases objetivas, podemos utilizar a avaliação elaborada pelo Prof. Rebouças de forma a determinar o nível de autonomia privada, que se adequará aos seguintes totais:[111]

Tabela 8 – Gradação da Autonomia Privada

Autonomia privada mínima	4 a 7
Autonomia privada média	7 a 10
Autonomia privada máxima	10 a 12

Fonte: Rebouças (2017)

Tendo em visa que no Contrato de Afiliadas de Telecomunicação, embora seja um contrato empresarial, a Afiliada é parte mais frágil perante a Emissora, o contrato é praticamente de adesão e há certa hipossuficiência econômica, sem análise de situações específicas que podem alterar a avaliação, os Contratos de Afiliadas de Telecomunicação seriam avaliadas da seguinte forma:

Tabela 9 – Autonomia Privada dos Contratos de Afiliadas

Hipossuficiência	Vulnerabilidade	Por adesão	Paritários	Total
2	2	1	1	6

Fonte: Rebouças (2017)

Dessa forma, os Contratos de Afiliadas de Telecomunicação devem ser considerados como contratos de autonomia privada

[111] REBOUÇAS, Rodrigo Fernandes. **Autonomia privada e a análise econômica do contrato.** São Paulo: Almedina, 2017, p. 191. (Minha Biblioteca).

mínima, da mesma forma que os Contratos de Franquia, sempre em mente que o dirigismo contratual não poderá ser excessivo, de modo que o judiciário apenas deverá ser acionado em caso de abusos e violações dos princípios contratuais.

Conclusões

Por todo exposto, as atividades das empresas de telecomunicação, embora estejam sujeitas a maior regulamentação e fiscalização do poder público, por meio da Anatel, possuem diversas características do regime privado.

Após atender todos os requisitos para a outorga da autorização para funcionamento, as empresas privadas que exercem o serviço público de telecomunicação possuem amplo espaço de atuação e podem inclusive firmar contratos comerciais com as mais variadas empresas.

Isso possibilita a celebração do Contrato de Afiliadas, no qual a Emissora expande a sua marca e sua atividade econômica, atingindo regiões e usuários do Brasil que não conseguiria caso não celebrasse tal contrato e, por outro lado, a Afiliada utiliza-se da marca bem sedimentada e *know-how* da Emissora para otimizar a sua atividade econômica e produzir mais lucro.

O Contrato de Afiliadas é um contrato colaborativo com características praticamente idênticas ao Contrato de Franquia, uma vez que preza pela autonomia das partes, há certa supervisão e ingerência nos negócios pela Emissora, ambas partes criam material, ocorre a transmissão de *know-how*, ocorre a concessão de utilização de marca e outros produtos de propriedade intelectual, entre outras características.

As características que realmente são diferentes nestes sistemas são (i) a remuneração de forma direta ou indireta; e (ii) a necessária autorização de funcionamento do serviço de telecomunicação concedida pelo poder público, nos termos delineados no **Capítulo 3**. Diferenças mínimas, especialmente se considerarmos que o contrato de franquia é um contrato misto, com cláusulas atípicas a depender do negócio específico.

Dessa forma, o Contrato de Afiliadas deverá ser tratado como um Contrato de Franquia e, em eventual intervenção do judiciário, o magistrado deverá considerar a disparidade na negociação e vulnerabilidade da Afiliada perante a Emissora, especialmente por se tratar um Contrato de Adesão com pouco a nenhum espaço de negociação.

O dirigismo contratual neste contrato, deverá ser apenas para conter os abusos e garantir à Afiliada parte de seus investimentos financeiros, material humano, clientela e fundo de comércio, de volta em caso de uma extinção contratual abrupta, que poderá inclusive inviabilizar a sua atividade.

Referências

AGUIAR JUNIOR, Ruy Rosado. **Extinção dos contratos por incumprimento do devedor**. Rio de Janeiro: Aide, 2003, 326 p.

ALMEIDA, Fabricio de. **Manual de Direito Administrativo.** 3. ed. São Paulo: Saraiva, 2019. 656 p. VitalBook file.

ARAGÃO, Alexandre de. **Direito dos serviços públicos,** 3. ed. Rio de Janeiro: Forense, 2013. 826 p. VitalBook file.

ASSOCIAÇÃO BRASILEIRA DE FRANCHISING – ABF. **Atuação e objetivos.** Publicado em 10 maio 2013. Disponível em: https://www.abf.com.br/a-abf/atuacao-e-objetivos-da-abf/. Acesso em: 08 jun. 2020.

ASSOCIAÇÃO BRASILEIRA DE FRANCHISING – ABF. **Números do *franchising*.** 2019. Disponível em: https://www.abf.com.br/numeros-do-*franchising*/. Acesso em: 08 jun. 2020.

AZEVEDO, Álvaro Villaça. **Teoria geral dos contratos típicos e atípicos:** curso de direito civil. 2. ed. São Paulo: Atlas, 2004. 210 p.

BANDEIRA, Paula Greco. **Contrato incompleto.** São Paulo: Atlas, 2015, p. 44.

BUSANI, Mauro. I Contratti Nuovi. Milão: Giuffré, 1989, p. 400-401 citado por CRETELLA NETO, José. **Manual jurídico do *franchising*.** São Paulo: Atlas, 2003, 241 p.

CARVALHOSA, Modesto. **Tratado de Direito Empresarial**, v. 4, 2016. Capitulo I: Agência ou representação comercial, n.p. e Capítulo VIII: Propriedade Intelectual e Contratos Intelectuais, n.p.

COELHO, Fábio Ulhoa. Considerações sobre a Lei de Franquia. Revista da ABPI, p. 15. citado por FORTINI, Cristiana. **Contratos administrativos:** franquia, concessão, permissão e PPP. 2. ed. São Paulo: Atlas, 2009. 166 p.

COELHO, Fábio Ulhoa. **Curso de Direito Comercial**. 21. ed. São Paulo: Saraiva, 2009. 511 p.

COSTA, Judith Martins. **A boa-fé no Direito Privado.** 1. ed. 2ª tiragem. São Paulo: Revista dos Tribunais, 2000. 896 p.

CRETELLA NETO, José. **Manual jurídico do *franchising*.** São Paulo: Atlas, 2003. 241 p.

DI PIETRO, Maria Sylvia Zanella. **Direito Administrativo.** 19. ed. São Paulo: Malheiros, 2005. 1063 p.

DI PIETRO, Maria Sylvia Zanella. **Direito Administrativo**. 32. ed. São Paulo: Grupo GEN, 2019. 1102 p. (Minha Biblioteca).

DI PIETRO, Maria Zanella. **Parcerias administração pública.** 12. ed. Rio de Janeiro: Forense, 2019. 410 p. VitalBook file.

DUFLOTH, Rodrigo. **Contratos de distribuição:** questões controversas e tentativa de sistematização. **Revista dos Tribunais online**. **Revista de Direito Recuperacional e Empresa,** v. 5, jul./set. 2017.

FORTINI, Cristiana. **Contratos administrativos:** franquia, concessão, permissão e PPP. 2. ed. São Paulo: Atlas, 2009. 166 p.

GOMES, Orlando. **Contratos.** 27. ed. Rio de Janeiro: Forense, 2019. 495 p. VitalBook file.

GONÇALVES, Carlos Roberto. **Direito Civil Brasileiro:** contratos e atos unilaterais, v. 3. 14. ed. São Paulo: Saraiva, 2017. 728 p.

MARQUES, Fábio Ferraz. **A prestação privada de serviços públicos no Brasil.** 2009.143 f. Dissertação (Mestrado em Direito) – Faculdade de Direito da Universidade de São Paulo, São Paulo, 2009.

MARQUES NETO, Floriano. **Coleção direito econômico:** telecomunicações. São Paulo: Saraiva, 2011. 399 p. VitalBook file.

MARTINS, Fran. **Curso de Direito Comercial**: contratos e obrigações comerciais, v. 3, 19. ed. Rio de Janeiro: Forense, 2019. 425 p. VitalBook file.

MEIRELLES, Hely Lopes. **Direito administrativo brasileiro.** 20. ed. São Paulo: Malheiros, 1990. 1016 p.

MELO, Celso Antônio Bandeira de. **Prestação de serviços públicos e administração indireta.** São Paulo: Revista dos Tribunais, 1978. 182 p.

MELO, Celso Antônio Bandeira de. **Curso de Direito Administrativo.** 24. ed. São Paulo: Malheiros, 2007. 1179 p.

MINFUZZI, Italo Giorgio. Lezioni sui contratti commerciali. Rimini: Maggiolo, 1981.p. 167-168 citado por AZEVEDO, Álvaro Villaça. **Teoria geral**

dos contratos típicos e atípicos: curso de direito civil. 2. ed. São Paulo: Atlas, 2004. 210 p.

MIRANDA, Pontes de. **Tratado de Direito Privado.** Tomos 3 e 4. Atualizado por Vilson Rodrigues Alves. Campinas: Bookseller, 2000. 670 p.

MONTESQUIEU, Charles Louis de Scondat, Baron de La Brède et de. **O espírito das leis.** Tradução de Fernando Henrique Cardoso e Lôncio Martins Rodrigues. Brasília: Editora da Universidade de Brasília, 1982, cap. VI, Livro XI.

NERY JÚNIOR, Nelson; NERY, Rosa Maria de Andrade Nery; NERY, Ana Luiza (coord.). **Manual de Direito Civil:** contratos. 1. ed. São Paulo: Editora Revista dos Tribunais, 2014. 221 p.

POZAS, Luis Jordana de. Ensayo de una teoría del fomento en el derecho administrativo. **Revista de Estudios Políticos**, Madrid, n. 48, p. 41-54, 1949. Disponível em: Http://www.cepc.es/es/rap/Publicaciones/Revistas/2/REP_048_040.pdf. Acesso em: 24 jun. 2020.

REBOUÇAS, Rodrigo Fernandes. **Autonomia privada e a análise econômica do contrato.** São Paulo: Almedina, 2017. 222 p. (Minha Biblioteca).

RICHTER, Marina Nascimbem Bechtejew. **A relação de franquia no mundo empresarial e as tendências da jurisprudência brasileira**. São Paulo: Almedina, 2015. 207 p. (Minha Biblioteca).

ROQUE, Sebastião José. **Do contrato de franquia empresarial.** São Paulo: Ícone, 2012. 224 p.

SHERMAN, Andrew J. *Franchising* & licensing. New York: American Management Association, 1991, p. 10-11. citado por CRETELLA NETO, José. **Manual jurídico do *franchising*.** São Paulo: Atlas, 2003. 241 p.

SILVA, Bianca Maria da. **Monitoramento e incentivos em rede de franquias brasileiras.** 2015. 70 f. Dissertação (Mestrado em Ciências) – Programa de Pós-Graduação em Controladoria e Contabilidade, Faculdade de Economia, Administração e Contabilidade de Ribeirão Preto da Universidade de São Paulo, 2015.

SIMÃO FILHO, Adalberto. ***Franchising*:** aspectos jurídicos e contratuais. 2. ed. São Paulo: Atlas, 1997. 157 p.

THEODORO JR., Humberto. Do contrato de agência e distribuição no novo código civil. **Revista dos Tribunais**, São Paulo, v. 812, ano 92, jun. 2003.

VENOSA, Sílvio de Salvo. **Direito Civil:** contratos em espécie, v. 3. 16. ed. São Paulo: Atlas, 2016. 736 p.

WALD, Arnoldo. **Obrigações e contratos:** curso de direito civil brasileiro, v. 20. 14. ed. São Paulo: Revista dos Tribunais, 2000. 392 p.

Legislação e jurisprudência

BRASIL. Constituição (1988). Constituição da República Federativa do Brasil. Brasília, DF, 1988. Disponível em: http://www.planalto.gov.br/ccivil_03/constituicao/constituicao.htm. Acesso em: 26 jun. 2020.

BRASIL. Lei nº 4.117, de 27 de agosto de 1962. Institui o Código Brasileiro de Telecomunicações. **Palácio do Planalto Presidência da República**, Brasília, DF, 14 dez. 1962. Disponível em: http://www.planalto.gov.br/ccivil_03/LEIS/L4117.htm. Acesso em: 26 jun. 2020.

BRASIL. Lei nº 8.987, de 13 de fevereiro de 1995. Dispõe sobre o regime de concessão e permissão da prestação de serviços públicos previsto no art. 175 da Constituição Federal, e dá outras providências. **Palácio do Planalto Presidência da República**, Brasília, DF, 13 fev. 1995. Disponível em: http://www.planalto.gov.br/ccivil_03/leis/l8987cons.htm. Acesso em: 26 jun. 2020.

BRASIL. Lei nº 10.406, de 10 de Janeiro de 2002. Institui o Código Civil. **Diário Oficial da União**, Brasília, 11 jan. 2002, p.1. Disponível em: http://www.planalto.gov.br/ccivil_03/leis/2002/l10406.htm. Acesso em: 26 jun. 2020.

BRASIL. Lei nº 9.472, de 16 de julho de 1997. Dispõe sobre a organização dos serviços de telecomunicações, a criação e funcionamento de um órgão regulador e outros aspectos institucionais, nos termos da Emenda Constitucional nº 8, de 1995. **Palácio do Planalto Presidência da República**, Brasília, DF, 16 jul. 1997. Disponível em: http://www.planalto.gov.br/ccivil_03/Leis/L9472.htm. Acesso em: 26 jun. 2020.

BRASIL. Lei nº 9.074, de 7 de julho de 1995. Estabelece normas para outorga e prorrogações das concessões e permissões de serviços públicos e dá outras providências. **Palácio do Planalto Presidência da República**, Brasília, DF, 7 jul. 1995. Disponível em: http://www.planalto.gov.br/ccivil_03/leis/l9074compilada.htm. Acesso em: 26 jun. 2020.

BRASIL. Lei nº 13.460, de 26 de junho de 2017. Dispõe sobre participação, proteção e defesa dos direitos do usuário dos serviços públicos da administração pública. **Palácio do Planalto Presidência da República**, Brasília, DF, 26 jun. 2017. Disponível em: http://www.planalto.gov.br/ccivil_03/_ato2015-2018/2017/lei/l13460.htm. Acesso em: 26 jun. 2020.

BRASIL. Lei nº 13.966, de 26 de dezembro de 2019. Dispõe sobre o sistema de franquia empresarial e revoga a Lei nº 8.955, de 15 de dezembro de 1994 (Lei de Franquia). **Palácio do Planalto Presidência da República**, Brasília, DF, 26 jun. 2017. Disponível em: http://www.planalto.gov.br/ccivil_03/_ato2019-2022/2019/lei/L13966.htm

BRASIL. Superior Tribunal de Justiça. Conversão Substancial. Recurso Especial nº 1.225.861/RS. Eni Chaves Carvalho, Carmem Chaves Carvalho – Espólio e Outro. Relatora: Ministra Nancy Andrighi. Brasília, 22 abr. 2014.

Obras consultadas

AGÊNCIA BRASIL. **Lei das telecomunicações faz 21 anos em meio a crescimento da internet.** 2018. Brasília. Disponível em: http://agenciabrasil.ebc.com.br/geral/noticia/2018-07/lei-das-telecomunicacoes-faz-21-anos-em-meio-crescimento-da-internet. Acesso em: 17 ago. 2019.

ASSOCIAÇÃO BRASILEIRA DE ADMINISTRADORAS DE CONSÓRCIO. Disponível em: https://abac.org.br/imprensa/imprensa-consorcio-na-midia&midia=tv&inicio=40 . Acesso em: 17. ago. 2019.

ASSOCIAÇÃO BRASILEIRA DE *FRANCHISING* – ABF. Disponível em: http://www.portaldo*franchising*.com.br/numeros-do *franchising*/evolucao-do-setor-de-*franchising*. Acesso em: 17 ago. 2019.

CORREIO BRAZILIENSE. **Nova Lei de telecomunicação pode ser aprovada nesta semana. Brasília.** 2018. Disponível em: https://www.correiobraziliense.com.br/app/noticia/economia/2018/11/18/internas_economia,720064/nova-lei-de-telecomunicacao-pode-ser-aprovada-nesta-semana-entenda.shtml. Acesso em: 17 ago. 2019.

GONÇALVES, Pedro. **A concessão de serviços públicos:** uma aplicação da técnica concessória. Coimbra: Almedina, 1999.

PEREIRA, Caio Mário da Silva. **Instituições de Direito Civil:** contratos, v. 3. Rio de Janeiro: Forense, 2010.

RIZZARDO, Arnaldo. **Contratos.** 12. ed. Rio de Janeiro: Forense, 2011.

SILVA, Anne Aparecida Porto da; VICENTE, Camila Marques; KHAUAJA, Daniela. *et al.* **Teoria e prática do *franchising*:** estratégia e organização de redes de franquias. São Paulo: Atlas, 2012.

SILVA, Fabiana Carsoni Alves Fernandes da. **Consórcios de empresas:** aspectos jurídicos relevantes. 1. ed. São Paulo: Quartier Latin do Brasil, 2015.

SPINELLI JUNIOR, Stephen; ROSENBERG, Robert M.; BIRLEY, Sue. ***Franchising*:** pathway to wealth creation. New Jersey: FT Prentice Hall Financial Times, 2004.

VASCONCELOS, Pedro Pais de. **Contratos atípicos.** Coimbra: Almediana, 1995.

WALD, Arnoldo (org.). **Doutrinas essenciais:** direito empresarial: contratos mercantis e outros temas. São Paulo: Revista dos Tribunais, 2011.

ZANCHIM, Kleber Luiz. **Contratos empresarias.** São Paulo: Quartier Latin, 2012. (Categoria – Interface com Contratos de Consumo e Paritários – Revisão Judicial).

LINGUAGEM CONTRATUAL: A SIMPLICIDADE EFICAZ COMO FERRAMENTA DE SEGURANÇA JURÍDICA

ANTONIO ALVES DE OLIVEIRA NETO

Introdução

O contrato é um vínculo entre duas ou mais pessoas que se obrigam a cumprir o que foi entre elas combinado sob determinadas condições.

Das diversas formas de representação deste combinado, a mais utilizada com larga vantagem é a linguagem escrita. Apesar do uso corriqueiro, a linguagem contratual carrega toda uma bagagem linguística histórica que à torna, de regra, pouco amigável. É difícil, é pesada e (muitas vezes) prolixa.

Para o contratualista, como o autor, o parágrafo acima pode soar quase ofensivo. Se eu escrevo e entendo tudo que está sendo reproduzido, como a linguagem contratual pode ser considerada inadequada? A resposta que foge ao contratualista muitas vezes foge à maioria dos operadores do direito: o advogado não escreve para si, escreve para o mundo.

Historicamente a linguagem escrita revolucionou a interação humana, mas evoluiu em certos âmbitos mais para segregar do que para agregar. O âmbito jurídico é um deles. Guardar na ponta da língua jargões e brocardos já foi um sinal de erudição, que distanciava – e ainda distancia – o operador do direito do homem médio. Hoje, essa complexidade é tanto inadequada quanto ineficaz, pois na prática a linguagem pouco simples atua contra os interesses das partes, sendo, portanto, fonte de insegurança jurídica.

Esse trabalho visa justamente abordar essas nuances e a necessidade de atingir uma simplicidade eficaz da linguagem escrita, porém ciente de que desconstruir a linguagem desnecessariamente culta para alcançar a coloquialidade é um desafio diário. Essa busca demanda do próprio operador do direito um engajamento, pois mesmo a linguagem escrita deste trabalho carrega maneirismos típicos da escrita legal e científica tradicional, o que a priori pode soar paradoxo, mas que apenas evidencia a simplicidade como um processo de transformação que pouco a pouco muda o *estado das coisas*.

Porém, é inegável que textos e normas têm que ser objetivos e efetivos no que se propõem, principalmente considerando que atualmente o ambiente digital é simbiótico com as interações humanas em diversos níveis e é moldado sobre essas mesmas premissas de objetividade e efetividade.

Todos os canais de comunicação hoje estão sendo remodelados para aproximar interesses, porém, nos contratos o desafio atual ainda é maior, pois além de entregar uma ideia em texto, tem-se que assegurar a compreensão das partes sem que isto traga (mais) insegurança jurídica.

Dentro de um contexto probatório maior, a linguagem é um recurso que aproxima interlocutores. No caso dos contratos, os interlocutores são as partes que veem suas expectativas reduzidas a termo. A defesa da coloquialidade e da objetividade da linguagem contratual tem, portanto, o objetivo prático de aumentar a segurança jurídica nos negócios jurídicos representados por vínculos contratuais, seja em relações não paritárias, cujo desequilíbrio das partes é intrínseco – a despeito do âmbito consumerista – seja em relações paritárias, oportunidade em que a linguagem simples irá reduzir custo e tempo de todos os atores envolvidos.

Para lastrear o "problema" da linguagem contratual, contextualizaremos aspectos da estrutura da comunicação que leva uma mensagem de um ponto a outro, e como essa estrutura pode ser pensada e usada para entregar uma mensagem mais clara, simples e mais eficaz. O conteúdo tem que ser pensado para um terceiro, as vezes identificável, as vezes não, mas sempre no centro de qualquer metodologia de criação.

Como abordado, a linguagem escrita é intrínseca aos contratos por razões lógicas. Porém, há uma relação ainda mais profunda, pois o viés interpretativo do contrato, principalmente quando o Estado é invocado, passa necessariamente pelo que pode ser medido como intenção e expectativa das partes contratantes no momento da contratação.

Ao levantarmos o contexto da linguagem aos já comentados contratos não paritários, abordaremos a intenção da norma aplicável de gerar compreensão e que essa compreensão pode ser uma ferramenta de mitigação de erro da parte que absorve o conteúdo contratual e, consequentemente, de mitigação de passivos.

Mesmo em cenários judicializados, iremos abordar a possível mitigação da vulnerabilidade da contraparte que alega desconhecimento, justamente em razão das iniciativas de compreensão do texto legal posto a aceite. Neste cenário, gerar compreensão e, por consequência, uma correta expectativa, é fundamental para que o contrato cumpra sua função social, e nesse contexto a linguagem é um requisito imprescindível dessa expectativa.

Necessário esclarecer que de nenhum modo a abordagem do tema visa apresentar a linguagem como um recurso objetivo contra a letra da lei, a qual sugere direta ou indiretamente a vulnerabilidade como algo inerente a certas espécies de relações contratuais, ou que de outra forma se afaste por completo a vulnerabilidade, o que é inconcebível eis que o contexto social, econômico e cognitivo é desproporcional por natureza, o que demanda também um tratamento desproporcional.

Avançaremos pois na questão do método de resolução de problemas complexos hoje conhecido como *legal design*, que auxiliará o operador do direito à enxergar o ser humano "usuário" da informação como centro da solução, desprendendo-se de conceitos pré-estabelecidos para alcançar uma estrutura da comunicação efetiva e não necessariamente textual, pois ao largar a bagagem densa da linguagem legal ainda costumeira, o operador do direito vê ai a oportunidade de expandir o seu leque de soluções, em diferentes canais e formatos, oportunidade em que desaguaremos nos recursos visuais cognitivos impulsionados pela concepção do *visual law*.

Num último cenário dentro da problemática que envolve a linguagem contratual, é necessário considerar o usuário-máquina como parte da equação de uma estrutura da comunicação.

Em um primeiro plano envolvendo o aprendizado sistêmico, a objetividade da linguagem contratual visará facilitar a cognição do sistema ao invés de focar apenas no destinatário humano, considerando a notável facilidade que a máquina tem de estruturar dados da linguagem escrita concebida sem dubiedade ou com construção semântica indireta.

Em um segundo plano, a estrutura da comunicação fará o caminho inverso, onde a linguagem codificada da máquina tomará o lugar de boa parte da linguagem humana natural, sendo focada então na linguagem de programação dos contratos auto executáveis conhecidos como *smart contracts*.

Mesmo tratado sob ângulos variados, o tema deste trabalho sempre convergirá para apontar que a linguagem contratual – sob sustento de uma ciência já sólida – deve buscar reproduzir a real interação entre as partes, embora nunca de forma isolada, sendo considerada como um fator que sustentará o entendimento do homem médio e sua plena capacidade em entender a situação na qual foi inserido e a natureza dos vínculos que eventualmente firmou, o que no caso concreto se traduzirá em solidez do negócio jurídico representado e consequentemente em segurança jurídica para todos os atores envolvidos.

1. Comunicação, linguagem escrita e formalismo jurídico-contratual

Direito é pensar a problemática. É, ao mesmo tempo, agregar interesses convergentes e resolver pontos de vista potencialmente contraditórios. O operador do direito está para este contexto como quem rema do ponto A ao ponto B, o que do ponto de vista contratual pode significar morosas negociações sobre os tons de azul do mar e, do ponto de vista contencioso, longos anos de travessia cujo porto é uma sentença pouco amigável.

O que se segue desde o estabelecimento da primeira Assembleia Constituinte em 1822 – ou da civilização – é uma batalha de erudição entre procuradores das partes e magistrados cujo objetivo é inócuo, mas a consequência é tangível: a prática do direito tem afastado a *pessoa* da equação.

Esse microcosmo que o sistema legal criou para si paradoxalmente se opõe ao próprio princípio constitucional de acesso à justiça, pois enquanto fundamentalmente promove o acesso amplo e não discriminatório de todos ao judiciário[1], afasta o homem médio com a utilização e o referendo de uma linguagem predominantemente hostil à este mesmo homem médio, o que naturalmente se reflete nos instrumentos contratuais que são frutos da autonomia privada.

[1] Constituição Brasileira, art. 5º, inciso XXXV: "XXXV – a lei não excluirá da apreciação do Poder Judiciário lesão ou ameaça a direito"

Nesse cenário o próprio contratualista se vê comprimido pela necessidade de transparecer "profissionalismo", mas também é afastado do direto quando suprime a real intenção de seu texto em detrimento de verbetes e construções semânticas (inutilmente) eruditas.

Como exemplo, citamos uma característica gramatical que remeterá o destinatário da informação diretamente ao contexto legal: os chamados "brocardos jurídicos", a exemplo de *in dúbio pro reu*[2] e periculum in mora[3], muito embora nem sempre escritos em latim. A relevância dos brocardos é incontestável, pois sintetiza em uma curta e única frase uma conclusão reconhecida como verdade consolidada[4] sendo intimamente associada à princípios gerais do direito[5], todavia, à que servirá o brocardo em língua estrangeira senão para codificar – e restringir – uma ideia entre interlocutores que já são íntimos da linguagem jurídica rebuscada?

[2] A expressão personifica o princípio da presunção de inocência, estabelecendo que quando houver dúvida, a decisão deverá favorecer o réu.

[3] Significa "Perigo da demora" e representa o risco de que uma decisão tardia não impeça um dano grave ou de difícil reparação.

[4] FREITAS, Vladimir Passos de Freitas. Os pouco conhecidos e lembrados brocardos jurídicos, 24 mar. 2013. Disponível em: <https://www.conjur.com.br/2013-mar-24/segunda-leitura-conhecidos-lembrados-brocardos-juridicos>. Acesso em: 12 jun. 2020

[5] Segundo Edmundo Dantés Nascimento, "enquanto ciência dedutiva, a Ciência do direito deve apoiar-se nos princípios gerais de direito descritos no art. 4º da Lei de Introdução às Normas do Direito Brasileiro. Esses princípios apresentam-se, muitas vezes, sob a forma de brocardos, quase sempre em latim e, antigamente, denominados axiomas jurídicos. O brocardo é elemento da linguagem forense utilizado em razões, acórdãos, arestos e doutrinas. O brocardo jurídico é uma proposição breve que contém um princípio de direito ou regra de interpretação. A validade desses brocardos, hora apreciada com excesso, hora depreciada também com exagero, situa-se no meio-termo das opiniões extremadas." Cf. Linguagem forense: redação forense e a língua portuguesa aplicada à linguagem do foro. 13. ed. São Paulo: Saraiva, 2013.

A rejeição de expressões pouco coloquiais como as exemplificadas em nada prejudicaria a interpretação do conteúdo contratual que traduz a vontade das partes, pois pode ser simplificada com seu equivalente em português ou com o conteúdo sintetizado do princípio que se deseja reproduzir, além de democratizar a interpretação do dispositivo.

Ressalte-se que a estrutura linguística pouco simples de instrumentos contratuais também não é uma exclusividade da língua portuguesa. A globalização exige dos operadores do direito das mais variadas áreas alguma incursão em instrumentos que vão além da fronteira territorial brasileira, e ali também encontram muita dificuldade com o formalismo inerente ao meio.

Como exemplo temos a língua inglesa, mesmo mundialmente praticada e ligeiramente menos complexa que o nosso português, é também excessivamente rebuscada e singular quando trabalhada dentro de um contrato. Rossini[6] assim comenta sobre o tema:

> [...] parece-me ser a linguagem e não necessariamente o sentido dos termos técnico-jurídicos o maior obstáculo para o profissional brasileiro que lida com este tipo de documento. Em outras palavras, um bom dicionário pode resolver problemas relacionados à equivalência de termos do Inglês para o Português e vice versa. Entretanto, ser capaz de ler e interpretar cláusulas contratuais requer um conhecimento maior do funcionamento da léxico-gramática utilizada nos contratos internacionais.
>
> [...] A linguagem contratual é marcada pelo formalismo. O uso freqüente da voz passiva e a ausência de pronomes são alguns dos fatores que mostram a preocupação do redator em manter o dis-

6 Rossini, Adriana M. Z. P. A linguagem dos contratos internacionais em Inglês. Jornal Carta Forense, 06 dez. 2006. Disponível em: <http://www.cartaforense.com.br/conteudo/colunas/a-linguagem-dos-contratos-internacionais-em-ingles/581>. Acesso em: jun. 2020.

tanciamento e a impessoalidade. A pontuação é outro fator que dificulta a leitura desses textos redigidos em um único bloco, com pouco espaçamento, sem parágrafos, tampouco vírgulas ou pontos finais.

As intricadas relações internacionais também fomentam esse tipo de abordagem rebuscada quando traduzem situações sociais complexas em complexidade de escrita, como observa Susete Gomes[7]:

> Sendo o direito um fenômeno comunicacional e sendo o contrato o veículo e a língua do mercado globalizado, a adequação da comunicação (linguagem) contratual à complexidade social pode implicar a complexidade objetiva e a complexidade normativa, gerando contratos cada vez mais complexos.

Esse desafio global também não é recente. A linguagem escrita é um objeto de cultura secular, muito embora métodos de simplificação da escrita jurídica que militam por um texto mais claro e objetivo tenham ganhado impulsão com a crescente simbiose entre *design* e produção legal.

Este movimento também se observa na norma nacional, vez que diversos dispositivos de nossa legislação já evocam a clareza e a compreensão do texto legal como característica intrínseca de conformidade legal dos atores ali relacionados.

Como exemplo, temos a recente Lei Geral de Proteção de Dados (LGPD), que em seu artigo 6º expressamente institui como princípio das atividades de tratamento de dados a *transparência*, definida pela própria norma como a "garantia, aos titulares, de informações claras, precisas e facilmente acessíveis

[7] GOMES, Susete. Paradigmas para a interpretação dos contratos complexos. São Paulo: Editora IASP, 2018, p. 216.

sobre a realização do tratamento e os respectivos agentes de tratamento, observados os segredos comercial e industrial".

A mesma legislação de proteção de dados pessoais ainda vai além, quando em seu artigo 9º, § 1º, imputa *nulo* o consentimento de um titular[8] "caso as informações fornecidas ao titular tenham conteúdo enganoso ou abusivo ou não tenham sido apresentadas previamente com transparência, de forma clara e inequívoca", o que necessariamente obriga a avaliação dos instrumentos contratuais direcionados a esse público específico.

Entender a estrutura da comunicação dos dispositivos do contrato se mostra então essencial ao contratualista, que terá naquele estímulo visual a ferramenta mais preciosa da sua produção intelectual e da segurança jurídica dos atores relacionados.

1.1. Estrutura da comunicação

Uma estrutura da comunicação é formada por três elementos essenciais: o *remetente*, o *destinatário* e a *mensagem*. Enquanto os dois primeiros são atores, a última refere-se ao conteúdo. Em qualquer cenário, remetente e destinatário serão as duas ponta da comunicação, portanto, a eficácia da mensagem – e consequentemente da comunicação – será medida por essa interação.

O papel do remetente será de grande importância na comunicação, pois ele moldará a mensagem e as condições de envio da mensagem de modo que o destinatário entenda o que foi emitido a ponto de reagir do modo esperado, ou seja, respondendo adequadamente. Qualquer desequilíbrio nessa equação, seja quanto a mensagem em si, seja quanto ao fato de os atores não estarem cientes e atentos aos papeis que exercem, deixará a estrutura da comunicação vulnerável a ruídos[9].

[8] LGPD, artigo 5º, V – "titular: pessoa natural a quem se referem os dados pessoais que são objeto de tratamento;"

[9] Blikstein, Izidoro. Técnicas de comunicação escrita. 23. ed. São Paulo: Contexto, 2016, p. 40.

O destinatário por sua vez tem participação relevante na comunicação, vez que tem que estar atento e se esforçar para entender a mensagem em todo seu contexto. No âmbito contratual, nem sempre é possível contar com a dedicação do destinatário, vez que o remetente pode estar elaborando dispositivo que comunicará ideia em um momento futuro para destinatários potencialmente não conhecidos, o que é comum em contratos de adesão e/ou celebrados entre partes que não possuem o mesmo – ou, unilateralmente, nenhum – calibre negocial.

Portanto, o remetente-redator do contrato terá para si dois pesos: criar uma mensagem efetiva e fazê-la sem saber ao certo o perfil do destinatário.

Quanto a mensagem, em nenhum momento devemos nos ater apenas a noção de "caractere", pois esta mensagem pode ser moldada e reproduzida utilizando-se de diversos e variados estímulos físico-cognitivos, a exemplo de letras, imagens e sons; que é o que Blikstein define como *signos*:

> A mensagem, portanto, é um conjunto de unidades menores que resultam de uma associação entre um estímulo físico e uma ideia. Cada uma dessas unidades denominada signo, e a mensagem pode ser formada por um ou mais signos.
>
> [...] O signo é a unidade formada por um estímulo físico (sons, letras, imagens, gestos e etc.) e uma ideia. O estímulo físico é o significante, e a ideia é o significado; significante e significado são as duas faces da mesma unidade que é o signo. [...] São noções fundamentais, uma vez que a estrutura de todos os sistemas de comunicação (escritos, orais, visuais, etc.) está apoiada em signos. As palavras escritas ou orais, por exemplo, são significantes, e as ideias ou conceitos a elas associados são os significados. Num sistema de comunicação visual, como a sinalização rodoviária, diremos que a seta cortada por uma barra oblíqua é o significante, e o "sentido proibido" constitui significado [...].

O signo é, portanto, um procedimento de codificação, pois quando o remetente vincula uma ideia – ou *significado* –, a um estímulo físico – ou *significante* –, a ideia será transformada em mensagem. O destinatário estaria, portanto, decodificando a mensagem ao captar o significante e extrair dali o significado[10].

Note-se que não há aqui ainda um juízo de valor sobre a eficácia, apenas uma conceituação da estrutura da comunicação, de seu conteúdo e de seus atores.

A mensagem só será eficaz dentro de uma estrutura da comunicação quando o destinatário que recebê-la conseguir também absorvê-la e compreendê-la, gerando então a resposta esperada pelo remetente. Quanto ao elemento textual especificamente, segundo Cláudio Moreno e Túlio Martins[11], "o principal fator para a eficácia é a legibilidade, isto é, a rapidez com que o texto pode ser lido e a facilidade com que pode ser compreendido e memorizado", o que constituiria, portanto, um *texto eficaz*.

Embora precisa, a definição de eficácia atribuída a linguagem escrita não pode ser contida num único fluxo de comunicação. Ao menos não no cenário contratual.

Se dois advogados acostumados ao denso vocábulo legal negociam um contrato, com certeza terão menos atritos interpretativos do que qualquer outra pessoa que leia um clausulado construído de maneira tradicional.

Desta forma, os advogados do parágrafo acima se entendem e são atores da estrutura da comunicação perfeitamente formada, portanto, seria confortável deduzir que naquela comunicação houve o emprego de um texto eficaz.

Porém, o contrato não é uma conversa entre advogados. Outras pessoas também precisarão absorver o conteúdo daquela

[10] Ibid., p. 50.

[11] MORENO, Cláudio; MARTINS, Túlio. Português para convencer: comunicação e persuasão em direito. 2. ed. São Paulo: Ática, 2011, p. 78.

mensagem de forma direta ou indireta. A área de vendas, o cliente, um magistrado, outro colega, enfim, há uma infinidade de outros atores durante todo ciclo de vida de um negócio jurídico, assim sendo a estrutura da comunicação será replicada por e para cada um deles.

Nesse cenário, será verdadeiramente eficaz o texto que gerar compreensão e resposta adequada em todo o espectro de destinatários, daí advém a necessidade de se perseguir a simplicidade do signo, ou "simplicidade eficaz", tomando emprestado o já objetivo conceito de Moreno e Túlio Martins.

A simplicidade nunca deve ser entendida como unicamente visual, considerando apenas uma linguagem escrita mais enxuta, mais limpa e melhor apresentável, mas uma revisão de toda estrutura de semântica, de diagramação e de apresentação daquela informação.

É necessário tornar a ideia ou significado acessível a qualquer público com uma cognição minimamente madura. Considerando que cada pessoa possui um *repertório* único, ou seja, uma bagagem de experiência, valores e grau de conhecimento[12], o remetente deve atentar-se para um mínimo denominador comum ao estruturar os signos daquela mensagem.

Se, pela inteligência dos artigos 3º[13] e 4º[14] do Código Civil, a capacidade civil[15] relativa se inicia aos 16 anos e converte-se plena aos 18, o texto contratual deveria ao menos considerar

[12] Blikstein, 2016, p. 62-63.

[13] Código Civil, art. 3º: "São absolutamente incapazes de exercer pessoalmente os atos da vida civil os menores de 16 (dezesseis) anos"

[14] Código Civil, art. 4º: "São incapazes, relativamente a certos atos ou à maneira de os exercer: I – os maiores de dezesseis e menores de dezoito anos"

[15] A capacidade civil neste caso é um marco quanto a capacidade de realizar o negócio jurídico e não deve ser confundida com a capacidade natural do indivíduo, que pode ser diminuída ou aumentada pelo seu repertório ou pelo estado mental deste indivíduo.

que o destinatário se encontra nesta faixa etária e cognitiva, considerando então um repertório de um adolescente no fim do ensino médio regular. Essa capacidade civil é inclusive requisito de validade do próprio negócio jurídico que encontrará representação no instrumento contratual[16]. Portanto, se nosso hipotético destinatário adolescente conseguir compreender a mensagem, conseguirão também as partes, os vendedores, os CEOs e os advogados.

Revivendo outro ponto da citação de Blikstein, o exemplo da sinalização de trânsito que serviu de ilustração para a estrutura da comunicação parece distante do âmbito contratual, vez que evoca a simbologia de uma comunicação visual direta. Porém, é exatamente essa percepção de distanciamento que nos suga para a mesma cômoda e inefetiva espiral de clausulados arcaicos, afinal, por que uma cláusula não pode ser objetiva e eficaz como uma placa de trânsito?

A estrutura da comunicação é universal e aplicável à variados cenários, incluindo o sistema legal consolidado que rege nossos vínculos contratuais, como se observa:

[16] Código Civil, art. 104: "A validade do negócio jurídico requer:
I – *agente capaz*;
II – objeto lícito, possível, determinado ou determinável;
III – forma prescrita ou não defesa em lei."

Figura 1 – Estrutura da comunicação visual comparada ao contrato

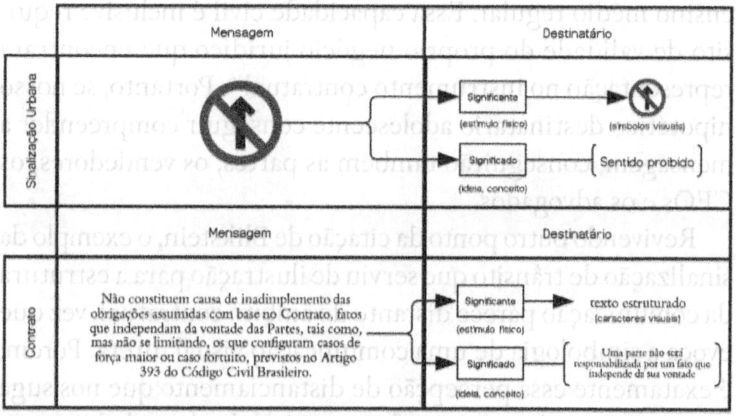

Fonte: Bliksten (2016)[17]

Para Dondis[18], quando ocorre uma comunicação visual (por simbologia ou caractere) o conteúdo da mensagem nunca está dissociado da forma, mudando de forma sutil de um meio a outro ou de um formato a outro, de acordo com a circunstância e com os diversos suportes e mídias; vai desde uma cartilha, um comunicado, um jornal, um contrato ou qualquer outro formato impresso, agregando ai toda a dependência de palavras e símbolos, até concepções mais abstratas, como uma foto ou uma pintura. Em comum está o conteúdo, que pode ser muito parecido em todos os exemplos, mas que deve adaptar-se ao meio utilizado.

[17] Blikstein, 2016, p. 46. (Adaptado e expandido pelo autor)

[18] Dondis, Donis A. Sintaxe da linguagem visual. Tradução Jefferson Luiz Camargo. 3. ed. São Paulo: Martins Fontes-selo Martins, 2015, p. 131.

Sobre a mensagem, Dondis[19] ainda sintetiza o seguinte:

> Uma mensagem é composta tendo em vista um objetivo: contar expressar, explicar, dirigir, inspirar, afetar. Na busca de qualquer objetivo fazem-se escolhas através das quais se pretende reforçar e intensificar as intenções expressivas, para que se possa deter o controle máximo das resposta. Isso exige uma enorme habilidade. A composição é o meio interpretativo de controlar a reinterpretação de uma mensagem visual por parte de quem a recebe. O significado se encontra tanto no olho do observador quanto no talento do criador.

Deste ponto se extrai uma segunda reflexão. Porque a ideia ou conceito do remetente – que na Figura 1 acima está representado como significado – não está, no mínimo, representada no texto contratual de uma forma mais fiel? Certamente qualquer contratualista terá um porquê e uma justificativa detalhada do motivo pelo qual a cláusula está redigida daquela maneira, incluindo o autor deste trabalho. Porém, o remetente em uma estrutura da comunicação não elabora a mensagem para si, elabora para o(s) destinatário(s).

A escrita, numa cadeia de comunicação, tem que ser, prioritariamente, *altruísta.*

1.2. Linguagem em contratos não paritários

No contrato, a linguagem escrita é – ou deveria ser – a representação mais próxima da vontade das partes à época da contratação. Numa visão ideal, a palavra escrita esgotaria o que a avença realmente significa, sem que as partes ou terceiros fossem à outras fontes. Porém, as relações que não se presumem paritárias, ou seja, em que se presume razoavelmente que não

[19] Ibid, p. 131-132.

há igualdade, demandam outros tipos de indícios que traduzam a vontade das partes na análise do caso concreto.

Como exemplo, contratos firmados no âmbito consumerista raramente trazem indícios de grande reflexão de ambas as partes sobre o que se tenta contratar, não sendo possível garantir de forma inequívoca que se leu e entendeu o que ali estava reduzido a termo.

O próprio Código Civil de 2002 já nos traz em seu artigo 112 que "*nas declarações de vontade se atenderá mais à intenção nelas consubstanciada do que ao sentido literal da linguagem*", pendendo para um cenário muito mais interpretativo de qual era o estado mental das partes contratantes do que do sentido literal da linguagem escrita.

Ainda no âmbito consumerista, quando o contrato é firmado por adesão, ou seja, quando seu conteúdo do contrato é pré-constituído por uma das partes, eliminada a livre discussão que precede normalmente a formação dos contratos[20]; essa necessidade de focar a estrutura da comunicação no destinatário ficará latente, pois nesse caso a simplicidade eficaz emana do próprio Código de Defesa do Consumidor, que em seu artigo 54, em seus parágrafos 3º e 4º, que impõe a compreensão como condição intrínseca de todos os dispositivos contratuais firmados por adesão:

> Art. 54. Contrato de adesão é aquele cujas cláusulas tenham sido aprovadas pela autoridade competente ou estabelecidas unilateralmente pelo fornecedor de produtos ou serviços, sem que o consumidor possa discutir ou modificar substancialmente seu conteúdo.
>
> § 3º Os contratos de adesão escritos serão redigidos em **termos claros e com caracteres ostensivos e legíveis**, cujo tama-

[20] GOMES, Orlando. Atualizado por BRITO, Edivaldo; BRITO, Reginalda Paranhos de. Contratos. 27. ed. Rio de Janeiro: Forense, 2019, p. 107.

nho da fonte não será inferior ao corpo doze, **de modo a facilitar sua compreensão pelo consumidor.**

§ 4° As cláusulas que implicarem limitação de direito do consumidor deverão ser **redigidas com destaque**, permitindo sua **imediata e fácil compreensão**. (grifo nosso)

O mesmo artigo 54 em seu parágrafo 4º ainda dá especial destaque às cláusulas que impliquem limitação de direitos do consumidor, que além de fácil compreensão devem ser redigidas em destaque, não bastando apenas a linguagem escrita objetiva, mas recurso visual significante que à destaque de outros caracteres, mesmo que a níveis mais básicos, como caixa alta, negrito ou sublinhado.

Neste cenário, a linguagem pouco comum ou de difícil compreensão só agrava a situação quando estabelece um indício em sentido oposto, ou seja, que nada ou muito pouco poderia ter sido compreendido daquele contrato específico, o que é um convite para que o Estado intervenha na relação para apurar, a seu critério, o que seria a vontade das partes ou se a intenção reduzida a termo no instrumento contatual foi quebrada.

Ratificando este mesmo ponto, os artigos 46 e 47 do mesmo CDC também expressamente resguardam o destinatário-consumidor quando o *desobriga* diante da dificuldade de compreensão e entendimento dos dispositivos contratuais e resolve qualquer conflito de interpretação de modo mais favorável ao consumidor:

Art. 46. Os contratos que regulam as relações de consumo não obrigarão os consumidores, se não lhes for dada a oportunidade de tomar conhecimento prévio de seu conteúdo, ou **se os respectivos instrumentos forem redigidos de modo a dificultar a compreensão** de seu sentido e alcance. (grifo nosso)

Art. 47. As cláusulas contratuais serão interpretadas de maneira mais favorável ao consumidor.

A jurisprudência inclusive já vem se valendo dos dispositivos expostos, tendo se manifestado reiteradamente sobre o tema sob um ponto de vista pró-consumidor:

> [...] a estipulação de taxa de juros anual superior ao duodécuplo da mensalmente praticada, não representa, se assim isoladamente considerada, prática ilegal, ressaltando-se que este entendimento coaduna-se com a jurisprudência do E. Superior Tribunal de Justiça, firmada em sede de recurso repetitivo: [...] **No entanto, conforme acima ressaltado, para que a prática seja legítima, é necessário que seja previamente pactuada, de forma expressa e clara, o que não ocorre no caso em tela**. A única menção que o instrumento contratual faz à indexação dos juros é na cláusula 14 das intituladas 'CLÁUSULAS E CONDIÇÕES GERAIS DO CONTRATO DE ARRENDAMENTO MERCANTIL FINANCEIRO REAL LEASING S.A ARRENDAMENTO MERCANTIL', com a seguinte redação: [...] **Fica evidente, pela leitura do contrato, que o instrumento utiliza-se de linguagem confusa, não fazendo menção alguma ao percentual de juros que efetivamente se contratou. Assim, foi escorreita a Sentença guerreada ao afastar a capitalização, não merecendo, por isso, reforma.**[21] (grifo nosso)

Ainda:

> [...] Todavia, e inobstante o pagamento das primeiras parcelas, o crédito prometido não foi liberado, sem qualquer justificativa, contrariando, assim, o que fora pactuado. 3. **Verifica-se que as cláusulas contratuais que estipulam as restrições à liberação**

[21] BRASIL. Superior Tribunal de Justiça. Agravo em Recurso Especial nº 1.125.043, ES 2017/0152434-5. Relator: Ministro Ricardo Villas Bôas Cueva. Brasília, 17 ago. 2017. Disponível em <https://scon.stj.jus.br/SCON/>. Acesso em 10 jan. 2020.

> **do crédito não foram redigidas de forma clara e precisa, mas sim em linguagem confusa e repleta de termos pouco usuais, o que dificulta o entendimento de qualquer pessoa.** Resultado disso é a indução do consumidor ao erro e a frustração de sua legítima expectativa de obtenção de financiamento para a compra de sua casa própria, valendo destacar o perfil dos associados que, como a Autora, são consumidores de baixa renda que aplicam suas economias confiando na futura liberação do crédito.[22] (grifo nosso)

Ora, quanto mais inapropriada e mais obscura a linguagem contratual empregada, mais a análise da intenção das partes se afastará da escrita, correndo para o lado da subjetividade, o que por si só é o combustível de conflitos de intenção ou de interpretação. O "erro" de compressão do destinatário da mensagem pode estar – e provavelmente estará – diretamente vinculado à uma construção de linguagem escrita densa e pouco eficaz.

Donald Norman logo no prefácio de seu livro "*the design of everyday things*[23]", introduz a questão do erro do destinatário em um caso real envolvendo uma falha humana que acarretou um acidente nuclear:

> Antes de escrever este livro, eu era um cientista cognitivo, interessado em como a mente funciona. Eu estudei a percepção, memória e atenção humanas. Eu examinei como as pessoas aprendem e como desempenham atividades que requerem habilidade.

[22] BRASIL. Tribunal de Justiça do Estado do Rio de Janeiro. 11º Câmara Cível. Apelação Cível nº 22071047420118190021. 2ª Vara Cível de Duque de Caxias. Relator: Desembargador Claudio de Mello Tavares. Rio de Janeiro, 21 nov. 2012. Disponível em <http://www4.tjrj.jus.br/EJURIS/ConsultarJurisprudencia.aspx>. Acesso em 10 jan. 2020.

[23] Em português intitulado "o design do dia a dia" (2016) em tradução de Ana Deiró. Publicado pela Anfiteatro, 1ª ed. 2016.

> Durante esta jornada, eu fiquei interessado em falha humana, na esperança de que meu conhecimento da falha poderia prover meios de ensinar as pessoas sobre como evitar erros. Porém sobreveio o acidente da usina nuclear de Three Mile Island, nos Estados Unidos, e eu estava no grupo de cientistas sociais e comportamentais que foram chamados com o fim de determinar porque os operadores da sala de controle tinham cometido erros tão terríveis. Para minha surpresa, nós concluímos que eles não deveriam ser culpabilizados: a culpa reside no design da sala de controle. De fato, os painéis de controle de muitas usinas parecerem que são deliberadamente projetados para causar falhas. (tradução do autor)[24]

Como atribuir culpa integral à um usuário de um sistema de difícil interação? Por certo o painel de controle da usina de Three Mile Island conseguia controlar todas as funções que lhe cabia. No entanto, tanto em um contrato quanto na usina, o mal *design* pode contribuir para um desastre.

Então, num primeiro momento, a importância da compreensão do texto contratual visa diminuir a possibilidade de rejeição do vínculo firmado de um ponto de vista cognitivo, contribuindo para o sucesso do negócio e evitando a judiciali-

[24] *"Before I wrote this book, I was a cognitive scientist, interested in how the mind works. I studied human perception, memory, and attention. I examined how people learned, how they performed skilled activities. Along the way, I became interested in human error, hoping that my understanding of error would provide ways to teach people how to avoid mistakes. But then came the nuclear power plant accident at Three Mile Island in the United States, and I was among a group of social and behavioral scientists who were called in to determine why the control-room operators had made such terrible mistakes. To my surprise, we concluded that they were not to blame: the fault lay in the design of the control room. Indeed, the control panels of many power plants looked as if they were deliberately designed to cause errors."*
NORMAN, Donald A. Norman. The design of everyday things. Basic Books. Reprint edition. New York: Basic Books. 2002, p. viii.

zação da situação. Chamaremos este momento de *uso cognitivo da linguagem*.

Nesse momento a coloquialidade se alia com diversos recursos cognitivos, como interatividade ou humor, para gerar literal compreensão do que se leu e uma resposta adequada do destinatário. Um bom exemplo que congrega humor, tecnologia e coloquialidade é o da plataforma de imagens "Tumblr"[25], que em seus termos de uso passa a mensagem sobre suas regras de modo claro e sob essas premissas cognitivas abordadas, como transcrevemos:

> Inatividade da conta. Use o Tumblr! Use o Tumblr o tempo todo! Ou pelo menos uma vez por ano. Senão, temos que marcar sua conta como inativa. Seu conteúdo não vai a lugar nenhum – será arquivado exatamente como você o deixou – mas sua(s) URL(s) será(ão) liberada(s) para que outras pessoas utilizem.

Ou ainda:

> Spam. Não envie Spam para as pessoas. Não crie spam, não publique respostas com spam, não envie spam para as pessoas. Seja uma pessoa normal. Não inclua marcadores nos seus posts para enganar as pessoas e os resultados de busca. Por exemplo, não coloque o marcador "Doctor Who" na foto do seu gato, a não ser que o seu gato se chame mesmo "Doctor Who". Não entupa os seus posts com #muitas #hashtags #completamente #irrelevantes. Claro, tags com significado são sempre bem-vindas (por exemplo, tags com ironia ou eufemismos que ajudem a entender ou contextualizar um post). Não inclua códigos duvidosos nos seus posts. Não use, por exemplo, JavaScript para forçar redire-

[25] TUMBLR. Regras da comunidade. 2018. Disponível em: <https://www.tumblr.com/policy/br/community>. Acesso em: 28 nov. 2018.

cionamentos ou inserir anúncios indesejáveis em blogs. Não use métodos ilegítimos para gerar visitas ou tráfego. Não crie blogs com o intuito principal de fazer marketing de afiliação. Spam não tem lugar aqui no Tumblr.

Como se observa, o texto do documento que vincula o usuário é extremamente coloquial, até para quem não tem afinidade com tecnologia, dirimindo, na prática, o grau de dúvida que aquela regra pode gerar.

Num segundo momento, que chamaremos *uso probatório da linguagem*, se mesmo assim o cenário for levado a juízo, seja por dolo (onde se busca a tutela do Estado sob falsos pretextos) seja por insuficiência do texto escrito em dirimir a dúvida interpretativa, a linguagem coloquial vai surgir como uma ferramenta que diminuirá a situação de vulnerabilidade de quem alega desconhecer o sentido da escrita, ao mesmo tempo em que municiará o Estado interpretador quanto a real vontade das partes.

Quanto ao *uso probatório da linguagem*, é essencial que o próprio Estado não presuma uma vulnerabilidade absoluta da parte que alega desconhecimento da avença. Seria inclusive uma afronta à própria evolução trazida pelo Código Civil de 2002 no sentido de priorizar a autonomia privada, eis que o Estado só deve ser convidado a participar das relações negociais sob condições específicas, ainda assim "tocando" as condições pactuadas no que for estritamente necessário.

A recente modificação no artigo 421 do Código Civil, trazida pela Lei 13.874 de 2019, ratifica exatamente este ponto de vista quando assim estabelece:

> Art. 421. A liberdade contratual será exercida nos limites da função social do contrato.
>
> Parágrafo único. Nas relações contratuais privadas, prevalecerão o princípio da **intervenção mínima** e a **excepcionalidade da revisão contratual**. (grifo nosso)

Nesse sentido, invocamos novamente o Código de Defesa do Consumidor. Das polêmicas que esta norma traz nos ateremos as que qualificam a vulnerabilidade (presumida) anteriormente levantada, eis que pertinente ao uso probatório da linguagem.

No campo consumerista, a redação do artigo 4º, inciso I, não hesita em presumir a vulnerabilidade do consumidor:

> Art. 4º A Política Nacional das Relações de Consumo tem por objetivo o atendimento das necessidades dos consumidores, o respeito à sua dignidade, saúde e segurança, a proteção de seus interesses econômicos, a melhoria da sua qualidade de vida, bem como a transparência e harmonia das relações de consumo, atendidos os seguintes princípios:
>
> I **reconhecimento da vulnerabilidade do consumidor no mercado de consumo;** (grifo nosso)

A redação do enunciado foi atualizada pela Lei no 9.008 de 1995, e a do inciso I é peça de fábrica, estando expressa no texto original da Lei de 1990. Objetivamente, é uma redação que não congrega completamente com o código civil de 2002 em tempo, em forma e em espírito, caso seja levada a literalidade.

Uma vulnerabilidade contratual absoluta seria uma prerrogativa pouco coerente com a autonomia privada e a liberdade de contratar, desde que a formação da relação tenha sido estabelecida sem vícios (coação, dolo, lesão ou estado de perigo).

Por ser questão intrinsicamente ligada à defesa da autonomia privada e à função do Estado como garantidor da execução harmônica do contrato (e da consequente função social do mesmo) o professor Rodrigo Fernandes Rebouças[26] conclui nessa direção:

[26] Rebouças, Rodrigo Fernandes. Autonomia privada e a análise econômica do contrato. 1. ed. São Paulo: Almedina, 2017, p. 200-201.

> [...] Assim como os princípios norteadores do Código Civil de 2002 não admitem uma aplicação estática da lei, inclusive pela introdução de um sistema semiaberto e impregnando de conceitos legais indeterminados e cláusulas gerais, não se pode admitir que a interpretação dos contratos seja estática e não acompanhe o sistema do próprio Código Civil de 2002 e as transformações da sociedade.
>
> [...] A análise isolada do direito, sem observar os critérios de eficiência econômica e consciente do contrato conforme os preceitos socioeconômicos e respectivos requisitos jurídicos de existência, validade e eficácia, pode resultar em um contrato que não irá atender a sua função social de gerar e circular riquezas para a sociedade.

Embora o equilíbrio absoluto seja utópico, ou seja, sempre há alguma porção de desequilíbrio entre prestações e contraprestações firmadas em qualquer âmbito, o Estado deve intervir exclusivamente para corrigir o desequilíbrio excessivo ou viciado, porém nunca munido de uma vulnerabilidade pré-concebida.

Há, porém, um caminho para mitigação de vulnerabilidade dentro do próprio artigo 4º:

> Art. 4º A **Política Nacional das Relações de Consumo tem por objetivo** o atendimento das necessidades dos consumidores, o respeito à sua dignidade, saúde e segurança, a proteção de seus interesses econômicos, a melhoria da sua qualidade de vida, bem como **a transparência e harmonia das relações de consumo, atendidos os seguintes princípios:**
>
> **III harmonização dos interesses dos participantes das relações de consumo e compatibilização da proteção do consumidor com a necessidade de desenvolvimento econômico e tecnológico, de modo a viabilizar os princípios nos quais se**

> **funda a ordem econômica** (art. 170, da Constituição Federal), sempre com base na boa-fé e equilíbrio nas relações entre consumidores e fornecedores;
>
> IV educação e informação de fornecedores e consumidores, quanto aos seus direitos e deveres, com vistas à melhoria do mercado de consumo; (grifos nossos)

Nos dois incisos se percebe a vontade de estabelecer um equilíbrio entre a proteção do consumidor e ordem econômica, o que invoca uma análise sempre circunstancial do caso concreto. Não há nem deveria haver fórmula consumerista. As circunstâncias devem reger as relações não paritárias, em especial a de consumo, intervindo o Estado apenas para garantir o acordado e manter a base no qual foi firmado o contrato.

Então, a interpretação do inciso I do artigo 4º do Código de Defesa do Consumidor teria que considerar, no mínimo, que há vulnerabilidade, mas que não necessariamente é uma vulnerabilidade que demanda um posicionamento estatal.

Nesse sentido, o judiciário já vem (gradativamente) abdicando de presunções. No ano de 2009 o Superior Tribunal de Justiça editou a Súmula no 381[27], ratificando que "*nos contratos bancários, é vedado ao julgador conhecer, de ofício, da abusividade das cláusulas*". Tal norma é plenamente harmônica com a análise das circunstâncias.

Saltando o possível obstáculo doutrinário de uma vulnerabilidade absoluta, o uso probatório da linguagem ganha força, servindo ao contexto judicial como freio à necessidade de intervenção estatal, pois aponta que de fato pode ter havido compreensão e concordância plena ou substancial dos termos

[27] BRASIL. Superior Tribunal de Justiça. Súmula nº 318. Inteiro Teor de Súmulas, Brasília, 05 dez. 2005. Disponível em: <http://www.stj.jus.br/docs_internet/SumulasSTJ.pdf>. Acesso em: 13 jun. 2020.

contratados, sendo suficiente, portanto, os limites intrínsecos da própria autonomia privada.

Apurando-se o caso concreto, a linguagem será uma ferramenta que colaborará para manutenção do fim último visado pelo contrato, pois segundo Orlando Gomes[28], o fim que não pode ser mais atingindo, por qualquer motivo, faz com que o contrato perca sua função social, tornando-o juridicamente ineficaz.

Portanto, ainda que a função social seja observada no desenvolvimento da atividade privada, a linguagem escrita pensada de modo conciso como parte de uma estrutura da comunicação mais inclusiva poderá ser arguida no momento oportuno para que, em paráfrase de Miguel Reale[29], o negócio jurídico seja concluído em benefício dos contratantes e sem conflito com o interesse público.

1.3. Linguagem em contratos paritários

Contratos paritários são contratos em que as partes contratantes estão em razoável igualdade de condições e podem discutir os termos do futuro vínculo em situação de equivalência por haver ali uma paridade de condições e informações, distinguindo-se, portanto, da relação de desequilíbrio abordada no tópico imediatamente anterior que encadearia uma verificação de hipossuficiência, seja absoluta, seja relativa.

Para Lorenzetti[30]:

> a característica definidora [dos contratos paritários] não é a adesão ou o consumo final, mas a posição material das partes

[28] Gomes, 2019, p. 40.

[29] Reale, Miguel. Função Social do Contrato. 23 nov. 2003. Disponível em: <http://www.miguelreale.com.br/artigos/funsoccont.htm>. Acesso em: 10 jul. 2020.

[30] Lorenzetti, 1999 citado por Zanchim, Kleber Luiz. Contratos Empresariais. Categoria – Interface com Contratos de Consumo e Paritários – Revisão Judicial. São Paulo: Quartier Latin, 2012, p. 114.

contratantes no momento da celebração. Faz-se referência com este termo [contratos paritários] aos contratos em que as partes estão em igualdade de negociação, ou pelo menos não existe uma desigualdade juridicamente relevante.

Relembramos que igualdade neste cenário é sempre "razoável", pois o conceito de equilíbrio absoluto é predominantemente utópico, eis que em qualquer negócio jurídico certa parte sempre estará em situação mais vulnerável, porém não por característica intrínseca ao seu perfil, mas porque o risco pende mais para um lado dependendo do sopeso entre direitos e obrigações de um contrato.

Mesmo neste cenário de equivalência, o uso cognitivo da linguagem não pode deixar de ser perseguido. Embora o contratualista seja o tradutor das vontades das partes e o principal idealizador de cenários de risco daquele negócio jurídico, a gana pela oportunidade em comum vem das partes e de seus representantes, que comumente carregam outros pontos de vista na bagagem. O instrumento contratual deveria, de regra, servir de apoio a gestão de quem de fato detém o interesse no objeto do negócio.

Porém, o que observamos é uma batalha de jargões e modelos-padrão que mais serve ao formalismo do sistema legal estabelecido do que às partes.

Shawn Burton, diretor jurídico da unidade de serviços digitais da GE Aviation, conduz desde 2014 uma iniciativa ostensiva que prese pela linguagem clara e acessível dos instrumentos contratuais empresariais. O próprio Burton[31] esclarece o objeto da iniciativa:

[31] BURTON, Shawn. A vantagem de contratos com linguagem clara. **Harvard Business Review Brasil**, 01 mar. 2018. Disponível em: <https://hbrbr.com.br/contratos-com-linguagem-clara/>. Acesso em: 02 jul. 2020. (Traduzido pela

> Contratos não deveriam exigir inúmeras horas de negociação. Líderes empresariais não precisariam chamar advogado para interpretar um acordo que eles mesmos devem gerir. Viveríamos num mundo onde os contratos seriam escritos em linguagem acessível – onde potenciais parceiros de negócio, durante almoços breves e sem seus advogados, leriam, entenderiam e se sentiriam confortáveis assinando contratos. Um mundo onde as disputas causadas pela ambiguidade desapareceriam.

No mesmo artigo, Burton[32] defende uma simplificação muito mais ampla do que a simples sanitização do texto, inclusive representando como algo que um aluno de ensino médio entenderia sem contexto ou explicação, o que casa de forma harmônica com o conceito de simplicidade eficaz discutido no tópico 2.1:

> Para ficar claro, não estou falando de acordos 'simplificados', com menos palavras, títulos melhores e fontes mais limpas. Estou falando de contratos que um aluno do ensino médio poderia entender sem nenhum contexto ou explicação. Como disse Robert Eagleson, especialista no assunto, a linguagem clara 'permite que a mensagem seja absorvida com mais facilidade'.

A complexidade linguística em contratos se traduz negativamente em morosidade e custo. Este impacto é multiplicado em contratos complexos com partes múltiplas ou contratos coligados, que dependem da harmonia de seus dispositivos para que o objeto se cumpra sem traumas.

revista do original em inglês "The Case for Plain-Language Contracts", disponível em: <https://hbr.org/2018/01/the-case-for-plain-language-contracts>)

[32] Ibid.

Um exemplo real que traduz esse impacto é também narrado por Burton[33] em detalhes e envolve a consolidação, pela GM Aviation, de três empresas com objetos similares que procuravam analisar dados para otimizar operações dos clientes. Muito embora a estratégia de negócio fosse sólida, as negociações se arrastavam por muito tempo e as oportunidades de novos e aprimorados modelos de negócio se perdiam, pois a equipe de vendas concentrava a maior parte dos seus esforços discutindo contratos densos com uma linguagem arcaica.

Neste *case* específico, embora o modelo de negócio das empresas consolidadas fosse similar, cada contrato tinha em média 25 páginas de um conteúdo extenuante, como descreve Burton[34]:

> Embora vendessem serviços muito similares, as três empresas tinham seus próprios contratos, um legado de seus dias pré-GE. Havia sete contratos no total. O número de páginas era 25 em média, o mais longo tinha 54. Eles incluíam cláusulas extensas (que explicam os motivos – às vezes com detalhes excruciantes e desnecessários – pelos quais as partes assinam o contrato) e definições longuíssimas. Um contrato continha 33 definições que abrangiam duas páginas. **Cada contrato tinha estrutura única e usava linguagem distinta. Esses documentos tinham apenas uma coisa em comum: nenhum deles usava linguagem simples – estavam impregnados de jargão legal e complexidade.** (grifo nosso)

A equipe legal de Burton se viu diante de um pretenso dilema constantemente levantado no dia a dia de qualquer contratualista: linguagem clara, eficiente e acessível para qualquer

33 BURTON, 2018.

34 Ibid.

público versus proteção dos interesses da empresa a qual representa. De plano indicamos que este é um falso dilema – ou falsa dicotomia – pois estes dois princípios são colocados como barreira um do outro como se fossem antagônicos, porém, não o são.

Tais princípios podem inclusive ser complementares, como é o caso do uso cognitivo da linguagem ou do uso probatório da linguagem daquela informação reduzida a termo. A clareza nesse plano está sendo utilizada em favor dos interesses da parte, não contra.

A simplicidade eficaz também não precisa ser produto de um processo simplista, pois pode ser resultado de um processo complexo, afinal ela é o objetivo em si, não o meio.

A solução para o caso narrado não foi simples, como não é simples representar um negócio jurídico com tantas nuances. Retorcer e quebrar hábitos enraizados em culturas coorporativas – e fomentados por um sistema educacional jurídico engessado – exige bem mais que a pura boa vontade. Repensar linguagem é repensar uma série de estruturas seculares.

Nesse sentido, rever a metodologia de elaboração de documentos e cláusulas contratuais é apenas uma fase de um longo processo cujo fruto é, como já abordado, redução de tempo, esforço e custo. Podemos sintetizar o caminho para a simplicidade eficaz em contratos paritários pelos seguintes passos:

a) *Mudar a cultura* – instigar e convencer os líderes envolvidos com o negócio (não apenas o corpo jurídico alocado) de que a iniciativa é viável e rentável;
b) *Evitar vício intrínseco* – abdicar de modelos pré-concebidos de documentos e clausulados durante todo o processo de restruturação de linguagem;
c) *Ouvir os atores do negócio* – formar um corpo multidisciplinar com o objetivo de indicar as características do serviço ou produto que será objeto do contrato;

d) *Mapear cenários* – identificar riscos operacionais;
e) *Iniciar a elaboração* – elaborar as cláusulas sem referência e concentrando-se apenas nos serviços/produtos e nos riscos identificados; e
f) *Avaliar o resultado* – submeter cada ponto descrito à um teste de cognição do homem médio não jurídico (como autorreflexão ou com o auxílio de um grupo focal), pois não adianta o remetente considerar a linguagem simples e clara, o destinatário precisa ter sozinho esta mesma conclusão. Você não é o público da sua comunicação.

Do pontapé ao primeiro rascunho, muito do necessário à uma quebra de paradigma linguístico já vai ter sido preenchido, resultando em um primeiro esboço muito mais preciso quanto ao mérito do negócio, seja qual for o âmbito do contrato.

Abolir "jurisdiquês", brocardos ou voz passiva tampouco irá extinguir o trabalho especializado, muito pelo contrário, irá refinar a *expertise* do contratualista a ponto de refletir no instrumento exatamente o que lhe cabe como perito de determinado assunto. Tributaristas, civilistas e especialistas em tecnologia continuaram relevantes, com a vantagem de que serão trazidos pelo que podem contribuir ao negócio, não pelos clausulados impessoais que replicam.

Novamente se valendo de Burton[35] para uma síntese de todo este capítulo, "a contratação em linguagem clara exige coragem e compromisso. É preciso colocar-se no lugar do cliente. É preciso paciência. Mas vale a pena o esforço."

2. *Legal design* e o pensamento centrado no humano

Legal design é uma metodologia que propõe pensar a problemática legal pelo ponto de vista do usuário, focando o processo que

[35] Burton, 2018.

resolverá a solução sob a ótica de quem afinal tem – ou potencialmente pode vir a ter – participação em um problema que decorre de um negócio jurídico.

Ressalte-se que o termo problema não deve ser visto em sua característica de *transtorno*, mas como um cenário complexo que demanda resolução, o que é perfeitamente aplicável à dinâmica contratual.

O *legal design*, tal como a definição semântica do *design* em si, foca muito mais no processo de *criar* algo, do que em seu resultado. Aos contratos, pensar o processo de criação no caso a caso é essencial para a liberdade do remetente quanto ao aspecto final dos signos daquele instrumento. Se não nos atentarmos ao processo, o método de criação vai ser replicar modelos já consolidados de clausulas e contratos.

Neste ponto, não há juízo de valor sobre a consolidação. A necessidade é de reavaliar o caso a caso para encontrar a melhor linguagem sob o ponto de vista do destinatário da mensagem, principalmente porque, em contraste, o contratualista tende aplicar uma metodologia mais instrumentalizada.

Esta abordagem centrada no ser humano é em muito é influenciada por Margareth Hagan, pioneira no campo e diretora do conceituado laboratório de Legal Design de Stanford. Hagan[36] apresenta o *design* centrado no humano como uma metodologia que propõe um outro modo de lidar com problemas complexos, focando de modo profundo na pessoa a quem um serviço, um produto ou um sistema – como o legal – tende a servir. É focar no público alvo.

[36] HAGAN, Margaret. A Human-Centered Design Approach to Access to Justice: Generating New Prototypes and Hypotheses for Intervention to Make Courts User-Friendly. Indiana Journal of Law and Social Equality, v. 6, Iss. 2, Article 2. p. 199-239, 2018. Disponível em: <https://ssrn.com/abstract=3186101>. Acesso em: 28 jun. 2020.

Ao incluir e priorizar qualquer destinatário daquela informação – sejam as partes de um contrato, seja um magistrado que apreciará o conteúdo de peças processuais, seja o cidadão médio que será impactado por novas normas legais – o remetente-designer, que Dondis[37] define como *compositor visual*, deve compreender os destinatários e mais intimamente os complexos procedimentos através dos quais o organismo humano *vê*, para a partir deste ponto aprender a influenciar a resposta adequada daquele destinatário, mesmo – ou principalmente – se consideramos a simplicidade eficaz.

É comum pensar a concepção de um instrumento contratual absorvendo primeiro o objetivo do cliente e a partir dali juntar toda informação pertinente. Identificados os problemas legais "relevantes" – ainda sob o ponto de vista do cliente – o contratualista concentra a maioria de seus esforços neles pois podem expor o cliente a maiores riscos, relegando problemas "irrelevantes" ao segundo plano. Seriam distrações. Portanto, a metodologia mais "bagunçada" do *designer* sempre foi posta como um contraponto das habilidades analíticas do operador do direito[38].

Embora a abordagem analítica continue tendo relevância e valor dentro do pensamento jurídico, a atividade de quem opera o direito no dia a dia não está restrita apenas a resolver problemas analiticamente. É esperado do contratualista que o problema seja resolvido de modo criativo, instrumentalizando os riscos do negócio jurídico de modo eficaz, o que não se resume a replicar cláusulas de situações análogas.

37 DONDIS, 2018, 134.

38 BERGER-WALLISER, Gerlinde; BARTON, Thomas D.; HAAPIO, Helena. From Visualization to Legal Design: A Collaborative and Creative Process. American Business Law Journal, [s. l.], v. 54, n. 2, p. 347–392, 2017. DOI10.1111/ablj.12101. Disponível em: <http://search.ebscohost.com/login.aspx?direct=true&db=bth&AN=122636857&lang=pt-br&site=ehost-live>. Acesso em: 8 jul. 2020.

Técnicas exploratórias como esboçar e mapear uma variedade de soluções, ou então se criar um "protótipo" de um documento contratual preliminar são meios de testar soluções diferentes ou cenários em potencial. Essas estratégias são tipicamente utilizadas por *designers* e não só auxiliam na resolução de problemas de modo mais efetivo, mas também ajudam os clientes a entender as soluções disponíveis sob a ótica de quem absorverá o resultado[39], seja o próprio cliente, seja a contraparte, seja qualquer outro ator da estrutura da comunicação estabelecida pelo instrumento contratual.

Então, considerando que sob a ótica do *legal design* o vértice principal é o destinatário, é essencial que este processo criativo que antecede a concepção da estrutura da comunicação seja flexível, sem engessamento de modelos e estruturas pré-constituídas ou constituídas sob diferentes circunstâncias, pois embora o foco seja o mesmo – o destinatário – a problemática muda. Dondis[40] também desenvolve seu pensamento neste sentido, quando discorre acerca da inteligência visual aplicada:

A pré-visualização é um processo flexível. Idealmente, é etapa do design em que o artista-compositor manipula o elemento visual pertinente com técnicas apropriadas ao conteúdo e à mensagem, ao longo de uma série de livres tentativas. Por serem considerados desnecessários, nesta fase de desenvolvimento de uma ideia visual são abandonados os detalhes, e talvez até mesmo as associações já identificáveis com o resultado final.

Esse abandono de preceitos e estéticas preconcebidas será essencial na aplicação da metodologia, pois o foco do *legal design* não é propor que tipo de abordagem melhor se aplica à um problema (se texto, se gráfico ou se imagem), pois a aplicação pode seguir diversos caminhos que não necessariamente são

[39] Berger-Walliser, Barton, Haapio, 2017.
[40] Dondis, 2015, p. 135.

excludentes entre si. Segundo Hagan[41], a abordagem não está limitada a um formato específico ou a um canal de submissão específico, pois o foco são as atividades que o time responsável pela criação da mensagem deve empregar para criar a solução mais apropriada para o contexto.

Com esse ponto em mente, segundo o *legal design* não poderíamos estipular que um vídeo seria a melhor abordagem para explicar um contrato de crédito ou que certo conjunto de cores e de *layout* seja mais apropriado a um contrato de locação, mesmo se em caso análogo aquela abordagem obteve êxito. Nesse ponto já estamos um passo a frente da simplificação da linguagem escrita, pois resolveremos o problema quebrando inclusive os paradigmas do que já foi considerado inovação.

Este impacto caso a caso também possui diversas facetas, pois não está ligado somente à "estética" da informação apresentada. Segundo a metodologia apresentada por Hagan e no sentido do que reiterado em diversos pontos deste trabalho, decidir qual informação será apresentada – e como ela será apresentada – é parte não apenas de um processo necessário de engajamento cognitivo, mas de uma *jornada*.

Legal design agrega inclusive o momento no tempo em que a informação é mostrada, pois o contrato é tão inerente à um produto ou serviço quanto o preço, o *marketing*, o fluxo de cobrança ou uma imagem ilustrativa. É pensar cada potencial dor de um usuário ao longo de da jornada de interação e organizar diversos pontos desta jornada com o fim de mitigar essas dores, momento em que o *legal design* servirá ao propósito do uso cognitivo da linguagem (incluindo a contratual). O método também pode ser ferramenta de segurança jurídica.

[41] HAGAN, 2018.

2.1. *Visual law* e a quebra de rigidez linguagem escrita

Visual law é por sua vez parte natural de uma estrutura pensada sob a ótica do *legal design*, transformando informação de cunho jurídico em algo compreensível por quem absorve aquela informação, sem limitar-se a suporte ou meio.

Enquanto uma cláusula pode – e deve – ser escrita da maneira mais objetiva possível, o *visual law* expande o horizonte de possibilidades ao converter o caractere em imagem, vídeo, gráfico, gamificação, ou qualquer outro recurso de multimídia que dialogue de forma natural com o destinatário que absorverá a informação, ou seja, é construir o signo de modo a entregar a mensagem ao destinatário de modo mais efetivo, independente do estímulo físico ou significante ser ou não um caractere visual.

Se considerarmos um sistema legal que se define pelo fomento de uma comunicação arcaica e densa, pensar novas maneiras de "persuadir" o destinatário a uma resposta satisfatória com recursos de linguagem não visual pode encontrar resistência cultural latente, porém, lembremos que a disrupção de uma estrutura não precisa ser abrupta, pode ser um recurso introduzido como apoio à linguagem escrita, servindo tanto ao uso cognitivo quanto ao uso probatório da informação, para depois influenciar o *estado das coisas* de modo definitivo.

A linguagem escrita ainda será o significante no qual se apoia todo o nosso sistema legal, bem como será o meio pelo qual o Estado faz valer direitos e deveres. Por essa razão, qualquer aplicação da metodologia de *legal design* e/ou de *visual law* raramente vai desprezar por completo a linguagem escrita, porém, pensar em como entregar essa "linguagem legal" de forma mais objetiva e simplificada deverá ser um passo natural numa metodologia de desenvolvimento contratual que seja centrada no destinatário[42].

[42] Berger-Walliser, Barton, Haapio, 2017.

Berger-Walliser, Barton e Haapio, estudiosos do *legal design* e de aplicações de *visual law,* seguem essa linha de convivência entre a linguagem escrita de textos legais e outros tipos de recursos visuais, utilizando inclusive diretrizes de uma organização britânica sem fins lucrativos denominada "Centro de Simplificação"[43], que visa facilitar o acesso e a compreensão da informação. Embora centrada em um estudo da língua inglesa, os direcionamentos de Berger-Walliser, Barton e Haapio se amoldam perfeitamente à qualquer estrutura de simplificação da linguagem legal escrita:[44]

> [...] Nós reconhecemos que alguns conceitos legais que estão embutidos em um vocabulário técnico especializado perdem suas nuances se traduzidas para palavras do dia a dia. Porém, sempre que possível, jargões legais devem ser evitados. O Centro de Simplificação sugere o seguinte critério que poderá guiar a etapa atual do nosso framework (i.e., linguagem simplificada): **use lin-**

[43] <https://www.simplificationcentre.org.uk

[44] "[...] We recognize that some legal ideas are embedded in a specialized professional vocabulary that loses nuance if translated into everyday words. Wherever possible, however, legal jargon should be avoided. The Simplification Centre suggests the following criteria that may guide the current step of our framework–(i.e., simplified language): use direct language to assign responsibilities; use plain words to make the document easily understandable; use grammar and punctuation in conformity with the practice of good standard English; and make it easy for the reader to follow the argument of the text. Once the legal text is created pursuant to these criteria, the remaining steps of Legal Design are meant to supplement this formal language with graphics, not to supplant or modify the words of a negotiated contract or legislative directive. As stated in the Introduction, virtually all Legal Design will result in a hybrid between words and images; the text constitutes the formal law, but good layout and graphics can facilitate its easy access, understanding, and implementation. [...] For Legal Design to be effective, drafters need to choose carefully what type of information is conveyed in which form, and adapt it to multiple audiences." Ibid.

> **guagem direta para designar responsabilidades; use palavras simples para tornar o documento fácil de ser entendido; use gramática e pontuação em conformidade com o bom Inglês padrão; e deixe fácil para o leitor seguir o argumento do texto.**
>
> Uma vez que o texto legal for criado sob estes critérios, as outras etapas do Legal Design terão a função de complementar a linguagem formal com gráficos [símbolos visuais], não de suprimir ou modificar palavras de um contrato negociado ou da legislação. Como dito na Introdução, **o Legal Design resultará em um híbrido entre palavras e imagens; o texto constituirá a lei formal, mas bom layout e gráficos podem facilitar o acesso fácil, o entendimento e a implementação.** [...] Para o Legal Design ser efetivo, redatores precisam escolher cuidadosamente que tipo de informação será transmitida em determinada forma e adaptada à múltiplas audiências [ou múltiplos destinatários]. (tradução o autor, grifo nosso)

Seguindo esse caminho, iniciativas de *visual law* já não são incomuns no nosso sistema legal. Conteúdo adicional disponível em QR Code[45], vídeos explicativos e infográficos já ganham espaço entre as páginas de contratos e petições, num movimento que não tende a retroceder, afinal, além de compreensão a iniciativa gera *engajamento* do destinatário com a mensagem.

3. O futuro: eu, usuário-máquina

A língua e a linguagem são mutáveis e evoluem em paralelo com a própria sociedade. Neologismos, gírias, abreviações e sínteses gráficas de um sentimento – os já corriqueiros emoticons – nascem, crescem, popularizam e desaparecem com a velocidade de uma mensagem de 140 caracteres.

[45] QR Code é um recurso gráfico similar à um código de barras que contém um *link* embebido e pode ser lido por um aplicativo de celular através da câmera, redirecionado o leitor ao endereço eletrônico de destino.

Em comum, temos estes signos como um motor da interação humana. Os humanos ainda são prioritariamente os remetentes e destinatários na maioria das estruturas de comunicação conhecidas, mas, em razão de uma crescente simbiose com a tecnologia, não os únicos. É hora de reconhecer a máquina como parte desta equação.

3.1. Humano para máquina – aprendizado sistêmico e processamento de linguagem natural

Poder computacional utilizado para estruturar e dar significado sistêmico à linguagem humana (escrita ou falada) não é inédito, porém sempre se mostrou um desafio complicado, dada a complexidade e a variedade da linguagem humana. Porém este processo chamado "Processo de Linguagem Natural" (PNL) ganha evidência exponencial quando tecnologias de leitura, captura, extração e estruturação de dados são absorvidas na cadeia de processamento.

Um PLN robusto pode ser dividido de modo objetivo em quatro etapas.

a) *A entrada* – onde ocorre a leitura de caracteres, seja por processamento de texto, seja por meio de OCR[46];
b) *A estruturação* – oportunidade em que ocorre o armazenamento e a estruturação lógica dos dados capturados, que ficam aptos a serem analisados em momento presente ou futuro – o que conhecemos como *big data*[47];

[46] Acrônimo para a expressão em inglês "*Optical Character Recognition*", uma tecnologia capaz de reconhecer caracteres escaneados como imagem e convertê-los a texto editável ou entender o conteúdo escrito do arquivo de origem.

[47] Campo da ciência de dados que extrai grandes quantidades de dados de uma ou mais fontes de modo sistemático para análise e processamento posterior, com o fim de encontrar padrões e associações que possam ser estruturados.

c) *O tratamento* – momento em que a inteligência artificial que "entende" o contexto e agrega juízo de valor ao conteúdo; e
d) *A aplicação* – onde o dado capturado, estruturado e tratado ganha uma finalidade, seja engatilhando uma ação, seja gerando um subproduto oriundo de seu tratamento.

Em suma, a PNL versa sobre a comunicação entre o humano em sua linguagem natural e a máquina, com todo o poder oriundo da ciência de dados. Essa interação mudará impositivamente a forma como contratos são redigidos e formalizados, pois ao pôr ordem em informações não estruturadas de documentos contratuais, a PLN tem o potencial de gerar inteligência sobre cada ponto ali retratado, conduzindo e aprimorando a gestão daquele contrato.

O quão mais objetivo for a letra do dispositivo contratual, mais fácil será de seu conteúdo ser entendido e padronizado pelo usuário-máquina, sem prejuízo da própria máquina analisar padrões de repetição não intencionais e igualmente estruturar esse conteúdo.

Tal qual acontece com o interlocutor humano, quão mais abstrata, peculiar e não usual for a linguagem, mas difícil será para o usuário máquina interpretar termos ou contextos.

Considerando uma estrutura de cognição própria da inteligência artificial, a aplicação de PNL no caso concreto pode ainda suplantar a compreensão pura, passando a sugerir para as partes contratantes estruturas textuais aplicáveis a certos cenários.

Em perspectiva, a linguagem escrita de leis e normas de mercado regulado teriam hoje uma estrutura já consolida de forma, mesmo que não necessariamente acessível em termos de mensagem, possuindo, portanto, um conteúdo muito mais previsível, o que certamente facilita a análise de ferramentas de

PNL, porém, a norma está presa ao seu conteúdo basilar não indo muito além de seu próprio âmbito.

O contrato por sua vez é um conjunto de cenários oriundos ou vinculados à um negócio jurídico. Segundo John Nay[48], o desafio da PNL neste âmbito será exponencialmente maior, porém o retorno do tratamento do dado será proporcionalmente mais rico em termos de aprendizagem da máquina. Portanto, considerando apenas a aplicação da PNL, contratos serão mais propensos a sair de um cenário de linguagem natural ambígua e desestruturada do que normas e regulações de caráter público.

Deste modo, o remente também – ou exclusivamente – pensará na máquina como destinatário da mensagem pretendida no dispositivo contratual, satisfazendo o princípio da simplicidade eficaz não por altruísmo ou expectativa de ganho cognitivo da sua contraparte humana, mas pela necessidade de se dirigir a um interlocutor que possui regras próprias e impositivas de interpretação.

3.2. Máquina para humano – *smart contracts* e a linguagem de programação

Os *smart contracts,* ou "contratos inteligentes", são contratos que se auto celebram e/ou se auto executam. Em instrumentos contratuais clássicos, certas cláusulas são redigidas de modo robusto e com linguagens pesadas para representar a coação da parte potencialmente infratora quanto ao inadimplemento no contrato, pois caso o inadimplemento de fato aconteça, a parte inocente se socorrerá naquele dispositivo coercitivo para reparar dano que entenda ter sofrido[49].

[48] NAY, John. Natural Language Processing and Machine Learning for Law and Policy Texts, 07 abr. 2018. Disponível em: <http://dx.doi.org/10.2139/ssrn.3438276>. Acesso em: 03 jul. 2020.

[49] PINHEIRO, Patrícia Peck; WEBER, Sandra Paula Tomazi, OLIVEIRA NETO, Antonio Alves de. Fundamentos dos Negócios e Contratos Digitais. São Paulo: Thomson Reuters Brasil, 2019, p. 119-120.

Nesse ponto, discorrem Pinheiro, Weber e Oliveira Neto[50] sobre o tema:

> Esse jogo desequilibrado de prevenções e reações (ao qual o mundo analógico está limitado) pode encarecer relações contratuais simplesmente por traduzir comportamento humano em risco e risco em um panteão de cláusulas-padrão voltadas a adivinhar cenários. Nesse ponto muito se assemelha o contratualista com um futurólogo.
>
> O *smart contract* em seu conceito mais puro vem otimizar e tornar o cenário observável mais objetivo, o que naturalmente dilui o risco do negócio jurídico firmado.

Embora *smart contracts* sejam constantemente vinculados à tecnologias de validação ou consenso, a exemplo do *blockchain*, a dispensa da intervenção de um terceiro alheio ao sistema em um contrato auto executável é parafraseada do conceito de *smart contracts* cunhado pelo cientista da computação e jurista Nick Szabo ainda nos anos noventa[51]. O fato do próprio Nick Szabo ser firmemente vinculado ao *blockchain* ajuda nessa percepção, porém o trabalho deste jurista já caminha a passos sólidos desde o século passado[52].

Ao trocarmos a subjetividade textual potencialmente extravagante do humano por uma objetividade prática das máquinas, estaremos diante de um outro grau de desafio, que é traduzir em linguagem computacional as intenções das partes quando da celebração daquele negócio jurídico. Neste cenário o conteúdo como conhecemos, rebuscado ou não, tende a desaparecer por completo, dando lugar à lógica das máquinas. Como exem-

[50] Ibid, 120.

[51] SZABO, Nick. The idea of smart contracts. 1997. Disponível em: <http://szabo.best.vwh.net/smart_contracts_idea.html>. Acesso em: 18 mar. 2020.

[52] PINHEIRO; WEBER, OLIVEIRA NETO, *op. cit.*

plo, uma transação banal, como uma compra de refrigerante em uma máquina de vendas, mas que ainda assim é o negócio jurídico perfeito, pode ser refletida da seguinte maneira em um *smart contract*:

```
button_pressed == "Coca Cola" and money_inserted >= 4.00:
release("Coca Cola")
return_change(money_inserted - 4.00)
else if button_pressed == "Agua" and money_inserted >= 1.50:
release("1.50")
return_change(money_inserted - 1.50)"
end
```

Note-se que o destinatário da informação apenas recebe da máquina informações pontuais (número do produto, preço e troco) numa sequência predeterminada – e pensada para gerar adesão interpretativa do cliente sob as mesmas premissas simples e efetivas do *legal design*. Tal predefinição exaure o uso cognitivo da linguagem da informação, de modo que será muito improvável que não se entenda a operação ali desenrolada ou que haja algum repúdio quanto a compra realizada. Embora o exemplo no caso concreto ainda tenha riscos "mecânicos", o que traz consigo o risco de um passivo apoiado em algum fato fora do mundo lógico, não será a informação inadequada que porá as partes em conflito.

O desafio que o *smart contract* nos traz no presente está nos levando para cenários muito mais amplos do que a simples compra de um refrigerante, vide a aplicação crescente de *smart contracts* vinculados à *blockchain* em mercados complexos como o financeiro e o securitário.

A discussão de clausulados será gradativamente sobreposta pelos códigos e o convencimento ficará a cargo da linguagem coloquial, da linguagem não falada e *do legal design*, que exigirá do remetente-programador pensar a problemática do negócio jurídico sob o ponto de vista tanto das partes diretamente relacionadas ao negócio jurídico quanto das máquinas que serão o meio e o fim de uma estrutura da comunicação puramente lógica.

Conclusões

O desenvolvimento deste trabalho possibilitou atestar que a linguagem contratual simplificada e eficaz pode servir como ferramenta de segurança jurídica para todos os atores envolvidos em um negócio jurídico que se reduz à termo na figura do contrato, pois é um recurso que aproxima interlocutores, aumenta a compreensão, potencializa o engajamento das partes e, como consequência natural, mitiga a possibilidade de passivos judicias.

A concepção de uma linguagem escrita que evoluiu no âmbito legal de modo a segregar quem não compartilhava de certo grau de erudição – o que por conseguinte distancia o homem médio do contexto jurídico – também nos permitiu identificar que a busca por essa *simplicidade eficaz* é um desafio diário do operador do direito e que demanda deste ator um engajamento explícito e contínuo, além de um desprendimento à metodologias, modelos e estruturas preconcebidas.

Em razão desta construção legal erudita, avaliamos que a simplicidade eficaz da linguagem contratual é um processo de transformação que pouco a pouco muda o *estado das coisas.*

Identificamos também que a inadequação da linguagem legal tradicional não pode ser atribuída integralmente à nós, operadores do direito, ao menos não exclusivamente, pois o próprio contratualista se vê comprimido pela necessidade de transparecer "profissionalismo", enquanto que também é afastado do direto quando suprime a real intenção de seu texto em detrimento de verbetes e construções semânticas eruditas.

Mesmo que a intenção seja esclarecida, provavelmente o será entre os contratualistas e com consumo de tempo e esforço, o que continuará prejudicando o entendimento de outras partes relacionadas ao negócio jurídico que possuem tanto ou maior interesse do que seus consultores especializados.

Ao evoluir o argumento em prol da construção de uma estrutura de comunicação, pudemos também identificar o começo do caminho pelo qual seguir na perseguição da simplicidade eficaz.

Identificamos que o contratualista é também um remetente de uma mensagem cujo destinatário é a contraparte de um negócio jurídico ou qualquer outro ator relacionado, motivo pelo qual este *remetente-redator* terá que conceber uma mensagem efetiva e fazê-la sem saber ao certo o perfil do destinatário.

Neste ponto, nos socorremos na capacidade civil estabelecida na norma para construir uma máxima aplicável num contexto amplo: se um adolescente entre 16 à 18 anos é capaz de compreender a mensagem, conseguirão também as partes, os vendedores, os CEOs e os advogados.

Essa lógica encontrou harmonia com o *case* de Shawn Burton, que ao discorrer com detalhes acerca da necessidade de reinventar contratos empresariais com linguagem clara e acessível, afirmou que não estava falando de acordos 'simplificados', com menos palavras, títulos melhores e fontes mais limpas. Estava falando de contratos que um aluno do ensino médio poderia entender sem nenhum contexto ou explicação[53], tornando o contrato um apoio à gestão de quem de fato detém o interesse (maior) no objeto do negócio e dirimindo a morosidade e o custo agregado à complexidade do instrumento.

Já quanto a relações em que se presume razoavelmente que não há igualdade, a exemplo das que se desenrolam no âmbito consumerista, identificamos que quanto mais inapropriada e

[53] Burton, 2018.

mais obscura a linguagem contratual empregada, mais a análise da intenção das partes se afastará da escrita, correndo para o lado da subjetividade.

Essa constatação nos permitiu concluir que num primeiro momento chamado *de uso cognitivo da linguagem* a compreensão do texto contratual visa diminuir a possibilidade de rejeição do vínculo firmado de um ponto de vista cognitivo, contribuindo para o sucesso do negócio e evitando a judicialização da situação. Num segundo momento identificado como *uso probatório da linguagem*, a linguagem contratual coloquial será uma ferramenta que diminuirá a percepção de vulnerabilidade de quem alega desconhecer o sentido da escrita, ao mesmo tempo em que municiará o Estado interpretador quanto a real vontade das partes.

Deste tópico extraímos, portanto, que a linguagem será uma ferramenta que colaborará para manutenção do fim último visado pelo contrato, que, segundo Orlando Gomes[54], quando não pode ser mais atingindo faz com que o contrato perca sua função social, tornando-o juridicamente ineficaz.

Ao expandir os instrumentos que definirão uma linguagem simples e eficaz, decupamos o processo de criação do conteúdo contratual, contextualizado este processo com o método de resolução de problemas complexos proposto por Margareth Hagan e que se estuda hoje como sob a alcunha de *legal design*. Ao propor um foco profundo na pessoa a quem um serviço, um produto ou um sistema – como o legal – tende a servir, concluímos que o legal design servirá ao propósito do uso cognitivo da linguagem e, portando, como ferramenta de segurança jurídica.

Abordamos também a aplicação *visual law* como parte natural de uma estrutura pensada sob a ótica do legal design, propondo que o contratualista não se agarre apenas a noção de

[54] Gomes, 2019, p. 40.

"caractere", pois a mensagem pode ser moldada e reproduzida utilizando-se de diversos e variados estímulos físico-cognitivos, a exemplo de letras, imagens e sons.

Nesse sentido, a simplicidade nunca deve ser entendida como unicamente visual, considerando apenas uma linguagem escrita mais enxuta, mais limpa e melhor apresentável, mas uma revisão de toda estrutura de semântica, de diagramação e de apresentação daquela informação, podendo inclusive resultar em um conteúdo híbrido entre palavras e imagens.

Em um último avanço dentro do contexto da linguagem contratual, incluímos o *usuário-máquina* como parte da estrutura da comunicação, onde primeiramente identificamos um fluxo de comunicação de humano para máquina, relacionando o processamento de linguagem natural humana que pode estruturar informações contratuais e gerar inteligência sobre cada ponto ali retratado, conduzindo e aprimorando a gestão daquele contrato. Neste âmbito destacamos que quão mais objetivo for a letra do dispositivo contratual, mais fácil será de seu conteúdo ser entendido e padronizado pelo usuário-máquina.

No ponto seguinte e último deste trabalho, analisamos a quebra total da estrutura clássica de linguagem contratual quanto ao conteúdo como conhecemos, rebuscado ou não, que tende a desaparecer por completo, dando lugar à lógica e à linguagem das máquinas.

Concluímos que este cenário exigirá de o remetente-programador pensar a problemática do negócio jurídico muito além da simples semântica ou da coloquialidade, direcionando uma estrutura da comunicação baseada quase puramente em lógica de programação para o ponto de vista e a conveniência das partes diretamente relacionadas ao negócio jurídico.

Referências

BERGER-WALLISER, Gerlinde; BARTON, Thomas D.; HAAPIO, Helena. From Visualization to Legal Design: A Collaborative and Creative Process. **American Business Law Journal**, [s. l.], v. 54, n. 2, p. 347–392, 2017. DOI10.1111/ablj.12101. Disponível em: <http://search.ebscohost.com/login.aspx?direct=true&db=bth&AN=122636857&lang=pt-br&site=ehost-live>. Acesso em: 8 jul. 2020.

BLIKSTEIN, Izidoro. **Técnicas de comunicação escrita**. 23. ed. São Paulo: Contexto, 2016.

BURTON, Shawn. A vantagem de contratos com linguagem clara. **Harvard Business Review Brasil**, 01 mar. 2018. Disponível em: <https://hbrbr.com.br/contratos-com-linguagem-clara/>. Acesso em: 02 jul. 2020.

DONDIS, Donis A. **Sintaxe da linguagem visual**. Tradução Jefferson Luiz Camargo. 3. ed. São Paulo: Martins Fontes-selo Martins, 2015.

FREITAS, Vladimir Passos de Freitas. **Os pouco conhecidos e lembrados brocardos jurídicos**, 24 mar. 2013. Disponível em: <https://www.conjur.com.br/2013-mar-24/segunda-leitura-conhecidos-lembrados-brocardos-juridicos>. Acesso em: 12 jun. 2020.

GOMES, Orlando. Atualizado por BRITO, Edivaldo; BRITO, Reginalda Paranhos de. **Contratos**. 27. ed. Rio de Janeiro: Forense, 2019, p. 107.

GOMES, Susete. **Paradigmas para a interpretação dos contratos complexos**. São Paulo: Editora IASP, 2018.

HAGAN, Margaret. A Human-Centered Design Approach to Access to Justice: Generating New Prototypes and Hypotheses for Intervention to Make Courts User-Friendly. **Indiana Journal of Law and Social Equality**, v. 6, Iss. 2, Article 2. p. 199-239, 2018. Disponível em: <https://ssrn.com/abstract=3186101>. Acesso em: 28 jun. 2020.

LEWIS, SZABO, Nick. **The idea of smart contracts**. 1997. Disponível em: <http://szabo.best.vwh.net/smart_contracts_idea.html>. Acesso em: 18 mar. 2020.

MORENO, Cláudio; MARTINS, Túlio. **Português para convencer: comunicação e persuasão em direito**. 2. ed. São Paulo: Ática, 2011.

NASCIMENTO, Edmundo Dantés. **Linguagem forense**: redação forense e a língua portuguesa aplicada à linguagem do foro. 13. ed. São Paulo: Saraiva, 2013.

NAY, John. **Natural Language Processing and Machine Learning for Law and Policy Texts**, 07 abr. 2018. Disponível em: <http://dx.doi.org/10.2139/ssrn.3438276>. Acesso em: 03 jul. 2020.

NORMAN, Donald A. Norman. **The design of everyday things**. Basic Books. Reprint edition. New York: Basic Books. 2002.

PINHEIRO, Patrícia Peck; WEBER, Sandra Paula Tomazi, OLIVEIRA NETO, Antonio Alves de. **Fundamentos dos Negócios e Contratos Digitais**. São Paulo: Thomson Reuters Brasil, 2019.

REALE, Miguel. **Função Social do Contrato**. 23 nov. 2003. Disponível em: <http://www.miguelreale.com.br/artigos/funsoccont.htm>. Acesso em: 10 jul. 2020.

REBOUÇAS, Rodrigo Fernandes. **Autonomia privada e a análise econômica do contrato**. 1. ed. São Paulo: Almedina, 2017.

ROSSINI, Adriana M. Z. P. A linguagem dos contratos internacionais em Inglês. **Jornal Carta Forense**, 06 dez. 2006. Disponível em: <http://www.cartaforense.com.br/conteudo/colunas/a-linguagem-dos-contratos-internacionais-em-ingles/581>. Acesso em: jun. 2020.

ZANCHIM, Kleber Luiz. Contratos Empresariais. **Categoria – Interface com Contratos de Consumo e Paritários – Revisão Judicial**. São Paulo: Quartier Latin, 2012.

Referências legislativas e jurisprudenciais

_____. Constituição 1988. **Constituição da República Federativa do Brasil**; Brasília, DF, 1988. Disponível em: <http://www.planalto.gov.br/ccivil_03/constituicao/constituicao.htm>. Acesso em: 06 jun. 2020.

_____. Lei nº 10.406, de 10 de janeiro de 2002. Institui o Código Civil. **Presidência da República**, Brasília, DF, 10 jan. 2002. Disponível em: <http://www.planalto.gov.br/>. Acesso em: 27 jun. 2020.

_____. Lei nº 13.709, de 14 de agosto de 2018. Lei Geral de Proteção de Dados Pessoais (LGPD). **Presidência da República**, Brasília, DF, 14 ago. 2018. Disponível em: <http://www.planalto.gov.br/ccivil_03/_ato2015-2018/2018/lei/L13709.htm>. Acesso em: 06 jun. 2020.

BRASIL. Lei nº 8.078, de 11 de setembro de 1990. Dispõe sobre a proteção do consumidor e dá outras providências. **Presidência da República**, Brasília, DF, 11 set. 1990. Disponível em: <http://www.planalto.gov.br/ccivil_03/leis/l8078.htm>. Acesso em: 13 jun. 2020.

_____. Superior Tribunal de Justiça. Súmula nº 318. **Inteiro Teor de Súmulas**, Brasília, 05 dez. 2005. Disponível em: <http://www.stj.jus.br/docs_internet/SumulasSTJ.pdf>. Acesso em: 13 jun. 2020.

_____. Tribunal de Justiça do Estado do Rio de Janeiro. 11ª Câmara Cível. Apelação Cível nº 22071047420118190021. Relator: Desembargador Claudio de Mello Tavares. Rio de Janeiro, 21 nov. 2012. Disponível em <http://www4.tjrj.jus.br/EJURIS/ConsultarJurisprudencia.aspx>. Acesso em 10 jan. 2020.

A PRÁTICA DO CADE EM RELAÇÃO AOS CRITÉRIOS DE NOTIFICAÇÃO OBRIGATÓRIA DE CONTRATOS ASSOCIATIVOS DA RESOLUÇÃO CADE Nº 17/2016

Bruno Herwig Rocha Augustin

1. Introdução

A obrigatoriedade de notificação de contratos associativos ao CADE foi introduzida pelo art. 90, IV, da Lei nº 12.529/2011 (Lei do CADE), que prevê que "realiza-se um ato de concentração quando (...) 2 (duas) ou mais empresas celebram **contrato associativo**, consórcio ou *joint venture*".

Embora a lei tenha inovado ao prever expressamente os contratos associativos como um tipo de ato de concentração de notificação obrigatória, ela não conceituou o termo e ele tampouco é definido em outros diplomas legais. Tal fato gerou uma grande insegurança jurídica logo após a entrada em vigor da Lei do CADE, uma vez que os atores privados não sabiam quais tipos de contratos poderiam ser considerados contratos associativos.

Na tentativa de minimizar essa insegurança, o CADE editou a Resolução nº 10/2014 e, em 2016, após um procedimento de consulta pública, a Resolução nº 17/2016, que atualmente regula a notificação de contratos associativos.

Embora a edição da Resolução nº 17/2016 tenha sido um avanço, ela trouxe desafios ao prever conceitos jurídicos abertos como a noção de "empreendimento comum" e "compartilhamento de riscos e resultados". Desde a entrada em vigor da resolução, aproximadamente 70 contratos associativos foram notificados ao CADE. Na grande maioria desses casos, as cláusulas contratuais analisadas são mantidas em sigilo, o que dificulta bastante a compreensão das avaliações do CADE sobre os conceitos dispostos na Resolução nº 17/2016.

A falta de clareza das decisões é refletida em uma postura extremamente conservadora por parte do setor privado, que tem notificado contratos ao CADE que não se constituem em contratos associativos por cautela. Em artigo publicado em 2020[1], Julia Krein analisou os contratos associativos notificados ao CADE na vigência da Resolução nº 17/2016 e identificou um alto número de contratos associativos notificados *ad cautelam* – isto é, as partes notificaram o contrato por cautela, muito embora tenham entendido que não se tratava de contrato associativo de notificação obrigatória. Além disso, a significativa representatividade de decisões de não conhecimento de contratos associativos notificados (de 27,8%) em comparação com a totalidade de atos de concentração não conhecidos pelo CADE (entre 2,2 e 4,9% nos últimos quatro anos) "indica uma discrepância entre a capacidade dos administrados de determinar a necessidade de notificação de atos de concentração em geral e de contratos associativos, fornecendo um indicativo de insegurança jurídica em descompasso com os objetivos da Lei nº12.529/11".[2] Cabe pontuar que na vigência da Resolução nº 10/2014, que previa os critérios de notificação de contratos associativos antes da entrada em vigor da Resolução nº 17/2016, o número de operações envolvendo contratos associativos não

[1] KREIN, Julia. Contratos associativos: na contramão da Lei nº 12.529/11. **Revista do Ibrac**, Revista 25, Nº 1, 2020

[2] KREIN, Julia. Contratos associativos: na contramão da Lei nº 12.529/11. **Revista do Ibrac**, Revista 25, Nº 1, 2020, p. 310.

conhecidos pelo CADE também foi muito alto (embora menor, por volta de 40%).[3]

Diante dessas incertezas, esse trabalho tem como foco principal explorar a prática do CADE no que se refere à notificação de contratos associativos na vigência da Resolução nº 17/2016, com o objetivo principal de identificar o entendimento do órgão em relação aos critérios de "empreendimento comum" e "compartilhamento de riscos", dispostos na resolução.

Para isso, na seção seguinte, o trabalho analisará as tentativas de definição dos contratos associativos pela doutrina. Na seção 3, explicaremos por que contratos podem equivaler a atos de concentração econômica e qual a base legal para a notificação dessa forma de contratos ao CADE. Na seção 4, buscaremos analisar os precedentes do CADE envolvendo contratos associativos, de modo a extrair tendências no que se refere a critérios mais objetivos que caracterizam o conceito de "empreendimento comum" e "compartilhamento de riscos", e apresentaremos nossas considerações finais na seção 5.

2. A definição de contratos associativos

Os contratos associativos foram introduzidos na legislação brasileira com o advento da Lei do CADE. A lei não definiu os denominados contratos associativos, que, segundo Ricardo Botelho é "termo vago que não havia ainda sido utilizado na legislação brasileira, não encontrava referência histórica na prática antitruste e, igualmente, não denotava categoria típica de contrato ou transação comercial."[4] Nesse contexto, antes de

[3] ROSEMBERG, Bárbara, TERNG, Vivian, EXPOSTO, Marcos, ZORICIC, Ana Carolina Cabana. Comentários à recente experiência do CADE com contratos associativos, p. 451. *In* **Direito concorrencial: avanços e perspectivas** – Livro 1 / RODAS, João Grandino (Coord.). 1ª ed. Curitiba: Editora Prismas, 2018.

[4] BOTELHO, Ricardo, DELUCA, Patrícia. Contratos associativos no controle de concentrações do CADE: em busca de sentido, p. 107. *In* ANDERS et al.

analisar a prática do CADE em relação aos critérios dispostos na Resolução nº 17/2016, vamos avaliar o entendimento da doutrina em relação aos contratos associativos, buscando entender sua conceituação, classificação e função econômica.

Para auxiliar na compreensão e conceituação dos contratos associativos, é relevante primeiro entender onde se situam esses contratos em relação aos contratos empresariais. Isso se justifica porque, conforme veremos, a conceituação dos contratos associativos não é tarefa trivial e a identificação do que não é contrato associativo auxiliará na delimitação dos arranjos contratuais que se encaixam nessa categoria.

Segundo Paula Forgioni, citando Jhering, os contratos podem ser classificados em duas grandes categorias: os contratos de intercâmbio, de um lado, e os contratos em que há solidariedade de interesses. Na primeira categoria (contratos de intercâmbio), "o incremento da vantagem econômica de uma parte leva à diminuição do proveito da outra".[5] O exemplo clássico desse tipo de contrato, segundo a autora, é o contrato de compra e venda, em que quanto maior o preço de venda de um determinado bem (isto é, quanto maior a vantagem econômica para o vendedor), maior a diminuição patrimonial do comprador. Vale dizer: quanto mais o vendedor ganha, mais perde o comprador, e vice-versa; trata-se de uma relação em que os interesses das partes são opostos.[6]

Na segunda categoria, há os contratos de sociedade. Nesse tipo de contrato, os interesses não são opostos. Na verdade, há

(coord.). **5 anos Lei de Defesa da Concorrência: Gênese, Jurisprudência e Desafios para o Futuro**. Disponível em: https://www.ibrac.org.br/livros.htm. Acesso em 01/07/2021.

[5] Forgioni, Paula A. **Contratos empresariais: teoria geral e aplicação.** 5ª ed. São Paulo: Thomson Reuters Brasil, 2020, p. 183.

[6] Forgioni, Paula A. **Contratos empresariais: teoria geral e aplicação.** 5ª ed. São Paulo: Thomson Reuters Brasil, 2020, p. 185.

uma comunhão de interesses (dos sócios) para um fim comum, sendo que os sócios estão dispostos a suportar áleas comuns, inclusive arcando com eventuais prejuízos, mas compartilhando também os lucros (isto é, a *affectio societatis*). Em resumo, Paula Forgioni, citando João Eunápio Borges:

> "Como se percebe, o elemento da colaboração, da reunião de esforços, sempre marcou as sociedades, bem assim a ideia de que os riscos, as áleas do empreendimento cabiam e seriam suportados por todos os sócios. "[O] que realmente caracteriza a sociedade – porque apenas nela se encontra – é [...] a **repercussão direta sobre o patrimônio dos sócios dos atos de gestão social, das obrigações assumidas em nome da sociedade pelo representante desta.** Isso **não ocorre nas outras relações**", esclarece João Eunápio Borges" (notas de rodapé omitidas; grifo nosso)[7] (grifo nosso)

A autora afirma, ainda, que entre esses dois extremos, há diversos contratos que se assemelham ora mais aos contratos de intercâmbio, ora aos contratos de sociedade. São os contratos híbridos, ou contratos de entremeio, cuja disseminação e uso são fenômeno recente. Por estarem entre dois extremos, esses contratos "conjugam o elemento de intercâmbio com o de colaboração".[8] Tais figuras, portanto, aliam a flexibilidade inerente aos contratos de intercâmbio e a colaboração característica dos contratos de sociedade.[9]

A compreensão da realidade do mercado, em particular de como as empresas buscam organizar suas atividades, auxilia na

[7] FORGIONI, Paula A. **Contratos empresariais: teoria geral e aplicação.** 5ª ed. São Paulo: Thomson Reuters Brasil, 2020, p. 187.

[8] FORGIONI, Paula A. **Contratos empresariais: teoria geral e aplicação.** 5ª ed. São Paulo: Thomson Reuters Brasil, 2020, p. 199.

[9] FORGIONI, Paula A. **A evolução do direito comercial brasileiro.** 5ª ed. ver. atual e ampl. São Paulo: Thomson Reuters Brasil, 2021, p. 119.

compreensão desses dois extremos. As empresas buscam organizar suas atividades de duas maneiras principais: através da interação com o mercado e por meio de organização própria. Na primeira hipótese, a empresa busca no mercado bens ou serviços de que necessita, e para isso se utiliza majoritariamente de contratos de intercâmbio. São contratos pontuais, que não estabelecem vínculos duradouros entre as partes.[10]

Na segunda hipótese, as empresas produzem o que precisam internamente, organizando seus fatores de produção para esse fim. A vantagem desse modelo é que a empresa controla internamente como, quando, em que quantidade e o que produzir.[11] A relação entre as formas de organização da empresa do ponto de vista econômico e jurídico são muito didáticas para se compreender os contratos híbridos. Paula Forgioni ensina que:

> A primeira solução [ou, na linguagem econômica, a "forma de governança"] é denominada "de mercado"; a segunda, "hierárquica", pois nela a organização dos fatores de produção goza dos benefícios decorrentes da existência de *hierarquia*, de *comando*. Explica-se a afirmação corrente entre os economistas: "[m]arkets and hierarchies are two of the main alternatives".
>
> Do ponto de vista jurídico, essa classificação [mercado/hierarquia] equivale à linha hipotética antes exporta, que tem em um de seus extremos os contratos de intercâmbio e, no outro, os de sociedade. A solução "de mercado" corresponde à celebração de contrato de intercâmbio; por sua vez, a solução "hierárquica" significa a constituição de sociedade[12]

[10] FORGIONI, Paula A. **Contratos empresariais: teoria geral e aplicação.** 5ª ed. São Paulo: Thomson Reuters Brasil, 2020, p. 185.

[11] FORGIONI, Paula A. **Contratos empresariais: teoria geral e aplicação.** 5ª ed. São Paulo: Thomson Reuters Brasil, 2020, p. 201 – 205.

[12] FORGIONI, Paula A. **Contratos empresariais: teoria geral e aplicação.** 5ª ed. São Paulo: Thomson Reuters Brasil, 2020, p. 204.

Por se encontrarem entre esses extremos, esses contratos híbridos rompem com a dicotomia, ou binarismo, entre mercado e empresa cunhada por Coase e por isso constituem-se em uma terceira via (isto é, uma solução intermediária entre a de mercado e a hierárquica).[13]

Deborah Caixeta cita como exemplos de contratos que assumem a forma híbrida: contratos de mera colaboração, contratos de execução continuada ou contratos comutativos de longa duração, tais como os de distribuição, fornecimento, licenciamento, franquia. São todos contratos que tem como elemento caracterizador a cooperação e confiança.[14] Percebe-se, portanto, que, por estarem entre duas formas contratuais opostas de organização empresarial, há uma infinidade de tipos e arranjos contratuais que podem se encaixam na categoria dos contratos híbridos.[15] A figura abaixo auxilia a visualizar a diversidade de formas contratuais que podem ser classificadas como contratos híbridos:

[13] Frazão, Ana. **Direito da concorrência: pressupostos e perspectivas**. São Paulo: Saraiva, 2017, p. 207; Silveira, Paulo Burnier da. **Direito da Concorrência** (Silveira, Paulo Burnier da. Direito da Concorrência (Locais do Kindle 591-592). Forense. Edição do Kindle. Locais do Kindle 591-592). Rio de Janeiro: Forense, 2021; Caixeta, Deborah Batista. Contratos associativos: características e relevância para o direito concorrencial das estruturas. Revista de Direito da Concorrência, Vol. 4, nº 1, Maio/2016, p. 98; p. 30. Lourdes, Júlia Marsola. Contratos associativos: do deságio conceitual à dificuldade de enquadramento pelo CADE. *In* Macedo, Agnes et al (Org.). **Mulheres no antitruste**. São Paulo: Editora Singular, 2018, Capítulo 1, p. 30;

[14] Caixeta, Deborah Batista. Contratos associativos: características e relevância para o direito concorrencial das estruturas. Revista de Direito da Concorrência, Vol. 4, nº 1, Maio/2016, p. 98.

[15] Frazão, Ana, Carvalho, Angelo Prata de. Os contratos empresariais de cooperação e os mecanismos de governança. Elementos de operacionalização dos contratos relacionais ou híbridos, p. 65. In Bagnoli, Vicente, Menezes, Daniel Francisco Nagao, Del Masso, Fabiano Dolemenc, Ramunno, Pedro Alves Lavacchini (Org.). **Direito, empresas e empreendedorismo**. 1ª ed. São Paulo: ESENI Editora, 2020.

Figura 1. Zona de cooperação empresarial dos contratos relacionais, de entremeio ou híbridos

Fonte: SILVEIRA, Paulo Burnier da. **Direito da Concorrência** (Silveira, Paulo Burnier da. Direito da Concorrência (Locais do Kindle 561). Forense. Edição do Kindle. Locais do Kindle 591-592). Rio de Janeiro: Forense, 2021.

Embora os contratos associativos se assemelhem aos híbridos, pois ambos têm um elemento de cooperação, eles não se confundem. Nos contratos associativos, há um *grau mais acentuado de cooperação* entre as partes e a organização entre elas também é mais intensa, pois há um fim comum que as empresas pretendem alcançar.[16]

Ana Frazão, professora da Universidade de Brasília e ex-conselheira do CADE, define os contratos associativos como contratos que estabelecem um fim comum entre as partes e que possuem um distinto elemento de organização entre elas.[17] O fim comum é marcado pelo grau de cooperação entre as partes, que excede a cooperação encontrada em outras formas contratuais. Para a autora, "nos contratos associativos, a cooperação corresponde à própria prestação ou aos deveres principais assumidos entre as partes, o que se traduz na consecução de um fim comum e da assunção de uma álea comum".[18] A autora

[16] RIBEIRO, Elisa Silva de Assis. Os contratos associativos e a evolução do controle de estruturas no Brasil, p. 755. CAMPILONGO, Celso, PFEIFFER, Roberto (Org.). **A evolução do antitruste no Brasil**. São Paulo: Singular, 2018.

[17] FRAZÃO, Ana. **Direito da concorrência: pressupostos e perspectivas**. São Paulo: Saraiva, 2017, p. 209 – 215.

[18] FRAZÃO, Ana. **Direito da concorrência: pressupostos e perspectivas**. São Paulo: Saraiva, 2017, p. 212.

defende, ainda, que "o que distingue os contratos associativos dos contratos híbridos e mesmo dos contratos de troca não é propriamente a existência de cooperação, mas sim o grau e o tipo dela".[19] Já em relação ao aspecto organizacional, a autora destaca que ela é mais "estável e sofisticada" do que em outros arranjos contratuais. Conjugando-se todos esses elementos, a autora afirma que:

> o critério caracterizador dos contratos associativos não é a mera existência da cooperação, mas sim uma cooperação diferenciada, voltada para a execução de um fim comum a partir de uma estrutura organizacional para tal[20]

Dentre os critérios acima, pode-se dizer que o principal, o critério diferenciador dos contratos associativos é a existência de um escopo comum. Isso porque a existência de um escopo comum exige, como pressuposto, intensa cooperação e uma estrutura organizada.[21] Para Deborah Caixeta, portanto, os contratos associativos seriam aqueles que apresentam "(i) uma cooperação estável e (ii) um escopo comum entre as partes relacionadas".[22] A autora aponta, ainda, que a identificação desse escopo comum não é uma tarefa trivial, sendo precisa-

[19] FRAZÃO, Ana. A necessária diferenciação entre contratos associativos e contratos híbridos. *In* CAMPILONGO, Celso, PFEIFFER, Roberto (Org.). **A evolução do antitruste no Brasil**. São Paulo: Singular, 2018.

[20] FRAZÃO, Ana. **Direito da concorrência: pressupostos e perspectivas**. São Paulo: Saraiva, 2017, p. 214.

[21] CAIXETA, Deborah Batista. Contratos associativos: características e relevância para o direito concorrencial das estruturas. Revista de Direito da Concorrência, Vol. 4, nº 1, Maio/2016, p. 112.

[22] CAIXETA, Deborah Batista. Contratos associativos: características e relevância para o direito concorrencial das estruturas. Revista de Direito da Concorrência, Vol. 4, nº 1, Maio/2016, p. 114.

mente nesse aspecto que residem as dificuldades das autoridades antitruste na execução do controle preventivo.[23]

De toda forma, a partir da tentativa de se deliminar o conceito de contrato associativo, e principalmente pela identificação de seus principais atributos, fica mais fácil perceber, intuitivamente, por que tais formas de integração empresarial devem ser objeto de controle das autoridades antitruste, na medida em que constituem um novo ente econômico, no sentido de atividade econômica organizada, ainda que por meios contratuais. A transposição dos critérios caracterizadores dos contratos associativos pela doutrina para as regras de notificação de contratos associativos ao CADE, bem como a prática desse órgão em relação a esses critérios serão exploradas nas seções seguintes.

3. A obrigatoriedade de notificação de contratos associativos ao CADE

O art. 90 da Lei do CADE lista as operações que são de notificação obrigatória ao CADE[24]:

> Art. 90. Para os efeitos do art. 88 desta Lei, realiza-se um ato de concentração quando:
>
> I – 2 (duas) ou mais empresas anteriormente independentes se fundem;
>
> II – 1 (uma) ou mais empresas adquirem, direta ou indiretamente, por compra ou permuta de ações, quotas, títulos ou valores

[23] Caixeta, Deborah Batista. Contratos associativos: características e relevância para o direito concorrencial das estruturas. Revista de Direito da Concorrência, Vol. 4, nº 1, Maio/2016, p. 73.

[24] Além de enquadrar as operações nas situações previstas no art. 90, é necessário também observar os gatilhos de faturamento dos grupos econômicos envolvidos na operação, sempre se atentando para o conceito mais abrangente de grupo econômico utilizado pelo CADE (vide a Resolução CADE nº 2/2012).

> mobiliários conversíveis em ações, ou ativos, tangíveis ou intangíveis, por via contratual ou por qualquer outro meio ou forma, o controle ou partes de uma ou outras empresas;
>
> III – 1 (uma) ou mais empresas incorporam outra ou outras empresas; ou
>
> IV – 2 (duas) ou mais empresas celebram **contrato associativo**, consórcio ou *joint venture*.
>
> Parágrafo único. Não serão considerados atos de concentração, para os efeitos do disposto no art. 88 desta Lei, os descritos no inciso IV do caput, quando destinados às licitações promovidas pela administração pública direta e indireta e aos contratos delas decorrentes. (grifo nosso)

Ao introduzir o termo contrato associativo na Lei nº 12.529/2011, o legislador trouxe enorme insegurança jurídica, uma vez que o termo não é definido na Lei do CADE, ou em qualquer outro diploma legislativo brasileiro. Além disso, não é intuitiva a noção de que um contrato se constitua em um ato de concentração, ao contrário das hipóteses constantes nos incisos I a III do art. 90, que são situações em que a concentração é facilmente percebida, como no caso de uma fusão entre duas empresas[25]: antes havia duas empresas no mercado; após a fusão, há apenas uma. Além disso, a Lei nº 8.884/1994, que regia o direito da concorrência e foi revogada pela Lei do CADE, tampouco previa a figura dos contratos associativos. Segundo Paula Forgioni, com base no artigo transcrito acima, a Lei do CADE trouxe insegurança jurídica ao introduzir a figura do contrato associativo:

[25] SILVEIRA, Paulo Burnier da. **Direito da Concorrência** (Silveira, Paulo Burnier da. Direito da Concorrência (Locais do Kindle 588). Forense. Edição do Kindle. Locais do Kindle 591-592). Rio de Janeiro: Forense, 2021

> considera-se ato de concentração qualquer "contrato associativo, consórcio ou *joint venture*". Essa redação sempre gerou dúvidas, porque não existe definição unívoca do que venha a ser um "contrato associativo", tampouco uma "*joint venture*". Deveriam ser reportados todos e quaisquer contratos celebrados entre agente econômicos, desde que atingidos os parâmetros objetivos do artigo 88?[26]

Como dito na seção anterior, as características que definem um contrato associativo, e que podem também ser aplicadas às *joint ventures* e consórcios são: cooperação diferenciada, escopo comum e uma estrutura organizacional. Ora, essas são também as características de uma empresa, no sentido de atividade econômica organizada – ainda que não seja um ente jurídico, mas um ente organizado por relações contratuais. Segundo Deborah Caixeta, é por conta do escopo comum que os contratos associativos resultam "na formação de uma nova unidade empresarial, em razão da perda da autonomia econômica preexistente entre as partes relacionadas em função do objetivo fixado entre elas".[27]

Para Paulo Burnier, ex-conselheiro do CADE, somente acordos dotados de uma potencialidade de afetação das estruturas de mercado correlatas devem estar sujeiras ao controle de estruturas. O professor Calixto Salomão Filho, na mesma linha, entende que "para que essas relações cooperativas sejam submetidas à disciplina do controle preventivo, faz-se necessário identificar o seu "caráter concentrativo"."[28]

[26] FORGIONI, Paula A. **Os fundamentos do antitruste.** 11ª Ed rev. e atual. São Paulo: Thomson Reuters Brasil, 2020, p. 437.

[27] CAIXETA, Deborah Batista. Contratos associativos: características e relevância para o direito concorrencial das estruturas. **Revista de Direito da Concorrência**, Vol. 4, nº 1, Maio/2016, p. 72.

[28] FILHO, Calixto Salomão. **Direito concorrencial: as estruturas.** 3ª ed. São Paulo: Malheiros, 2007, p. 293.

Para Deborah Caixeta, isso ocorreria naqueles casos em que fosse possível identificar o fenômeno da concentração por cooperação, isto é, a criação de uma entidade empresarial com elevado caráter concentrativo:

> Em suma, considera-se "concentração por cooperação", para fins de incidência do controle preventivo do antitruste, nos moldes do artigo 88 e 90, inciso III da Lei n. 12.529/2011, uma cooperação por meio da qual as partes estabeleçam (i) uma coordenação de comum acordo; (ii) para realizar uma atividade de forma conjunta ou complementar; (iii) com vista a realização de um objetivo econômico em comum; (iv) sem perda da autonomia jurídica das empresas participantes; sendo que, essa "cooperação qualificada" pode ser identificada por disposições contratuais que estabeleçam (ii) o compartilhamento de risco entre os contratantes; (iii) a criação de uma interdependência organizativa que permita acompanhar, executar e monitorar a realização da atividade assumida pelas partes e (iv) a criação de um novo centro de controle da atividade empresarial.[29]

Diante dessa caracterização dos contratos associativos, passa a ser mais intuitiva a necessidade do controle das autoridades de defesa da concorrência sobre esses contratos. Vale a reflexão: qual a diferença entre duas empresas que se juntam, realizando uma fusão, ou, ainda, uma empresa que adquire outra, e duas empresas vinculadas contratualmente por regras claras que definem um objetivo comum, bem como uma organização e formas de cooperação para que se alcance o objetivo acordado? Aprofundando a reflexão ainda mais, haveria alguma diferença entre um concorrente criado através de uma fusão e outro con-

[29] Caixeta, Deborah Batista. Contratos associativos: características e relevância para o direito concorrencial das estruturas. **Revista de Direito da Concorrência**, Vol. 4, nº 1, Maio/2016, p. 55.

corrente criado através de uma cooperação entre duas empresas por meios contratuais?

Claro que há diferenças, mas em ambos os casos estaremos diante de situações que potencialmente impactam as estruturas dos mercados, e isso é suficiente para atrair o controle de estruturas pelas autoridades de defesa da concorrência.

Esse parece ser o entendimento do CADE. No Ato de Concentração nº 08700.001565/2018-66, entre a Mitsui O.S.K. Lines, Ltd e Nippon Yusen Kabushiki Kaisha, a Superintendência-Geral do CADE se manifestou exatamente nesse sentido:

> Percebe-se, a partir da redação do art. 2º da Resolução nº 17/2016/Cade, que serão considerados associativos aqueles contratos que, de alguma forma, permitam seus signatários organizarem os fatores de produção na busca de satisfazer as necessidades de consumo. Em outras palavras, pode-se afirmar que se encaixarão nos requisitos estabelecidos pela Resolução nº 17/2016/Cade **aqueles contratos em que as partes venham a desempenhar conjuntamente atividades similares a de uma "empresa"** (grifo nosso)

Para diminuir a insegurança jurídica da falta de definição dos contratos associativos, o CADE editou até o momento duas resoluções que se propuseram a definir critérios mais objetivos que ensejariam a obrigatoriedade de notificação ao CADE. Como veremos, os critérios definidos pelo CADE, em especial aqueles da Resolução nº 17/2016, se aproximam das definições de contratos associativos da doutrina.

3.1. A definição da Resolução nº 17/2016

A Resolução nº 17/2016 revogou a Resolução nº 10/2014 e fez importantes modificações nos critérios de notificação. A nova resolução extinguiu os critérios existentes na resolução anterior referentes à participação de mercado, existência de cooperação vertical entre as empresas e a noção de relação de interdependência. O quadro abaixo resume os principais critérios materiais constantes nas referidas resoluções:

Tabela 1. Comparação dos principais critérios para notificação de contratos associativos da Resolução CADE nº 10/2014 e a Resolução CADE nº 17/2016

Resolução nº 10/2014	Resolução nº 17/2016
Art. 2º Respeitados os critérios objetivos estabelecidos no artigo 88 da Lei nº 12.529, de 2011, e para fins do disposto nesta lei, consideram-se associativos quaisquer contratos com **duração superior a 2 (dois) anos** em que houver **cooperação horizontal ou vertical ou compartilhamento de risco** que acarretem, entre as partes contratantes, **relação de interdependência.** § 1º Para fins do disposto no caput deste artigo, considera-se que há cooperação horizontal ou vertical ou compartilhamento de risco que acarretam relação de interdependência: I – nos contratos em que as partes estiverem horizontalmente relacionadas no objeto do contrato sempre que a **soma de suas participações no mercado relevante afetado pelo contrato for igual ou superior a vinte por cento (20%)**; ou II – nos contratos em que as partes contratantes estiverem verticalmente relacionadas no objeto do contrato, sempre que **pelo menos uma delas detiver trinta por cento (30%) ou mais dos mercados relevantes afetados pelo contrato**, desde que preenchida pelo menos uma das seguintes condições: a) o contrato estabeleça **o compartilhamento de receitas ou prejuízos** entre as partes; b) do contrato decorra **relação de exclusividade.**	Art. 2º Considera-se associativos quaisquer contratos com **duração igual ou superior a 2 (dois)** anos que estabeleçam **empreendimento comum** para exploração de atividade econômica, desde que, cumulativamente: I – o contrato estabeleça o **compartilhamento dos riscos e resultados** da atividade econômica que constitua o seu objeto; e II – as partes contratantes sejam **concorrentes no mercado relevante objeto do contrato.** §1º Para os efeitos desta Resolução, considera-se atividade econômica a aquisição ou a oferta de bens ou serviços no mercado, ainda que sem propósito lucrativo, desde que, nessa hipótese, a atividade possa, ao menos em tese, ser explorada por empresa privada com o propósito de lucro.

Paula Forgioni entende que a referida resolução foi editada para reduzir a insegurança gerada pela previsão legal sem definição dos contratos associativos, mas que "não foi capaz de dissipar a polêmica", pois:

> Primeiramente, o texto não elimina amplo expectro de interpretações possíveis. Ademais, levado ao pé da letra, o ato normativo (nesta parte decorrente de forte negociação política) poderia autorizar a liberação de acordos verticais, que não necessitariam, assim, ser submetidos à apreciação do CADE. Infelizmente, é isso que tem acontecido na prática, embora o texto da Lei Antitruste não autorize essa exclusão.[30]

Ana Frazão entende que, de forma geral, a resolução endereça adequadamente o problema dos contratos associativos, mas aponta críticas semelhantes à de Paula Forgioni, no sentido de que a existência de conceitos não definidos e abertos como "empreendimento comum" e "compartilhamento de riscos e resultados" ainda geram distorções e insegurança jurídica.[31] Além disso, ela destaca que:

> Como se pode observar, a definição do CADE é consentânea com a melhor doutrina, salvo na parte em que afasta aprioristicamente os contratos de empresa comum que envolvem exclu-

[30] Forgioni, Paula A. **Os fundamentos do antitruste.** 11ª Ed rev. e atual. São Paulo: Thomson Reuters Brasil, 2020, p. 437. No mesmo sentido de que a resolução instituiu termos pouco definidos: Rosemberg, Bárbara, Terng, Vivian, Exposto, Marcos, Zoricic, Ana Carolina Cabana. Comentários à recente experiência do CADE com contratos associativos, p. 460. *In* **Direito concorrencial: avanços e perspectivas** – Livro 1 / Rodas, João Grandino (Coord.). 1ª ed. Curitiba: Editora Prismas, 2018.

[31] Frazão, Ana. **Direito da concorrência: pressupostos e perspectivas.** São Paulo: Saraiva, 2017, p. 226.

sivamente uma integração vertical. Com efeito, ao exigir que os contratantes sejam concorrentes no mercado relevante objeto do contrato, a Resolução acaba desprezando os contratos de empresa comum que apenas promovem integrações verticais.[32]

Ricardo Botelho, por sua vez, entende que a exclusão de contratos verticais do controle de estruturas está em linha com a prática de outras jurisdições mais maduras, como os EUA e União Europeia em que não há previsão legal para a notificação de contratos verticais.[33]

De fato, embora bastante criticada por prever como critério de notificação a aferição de participação de mercado, a Resolução nº 10/2014 obrigava a notificação de acordos verticais e se preocupava especificamente com contratos que continham cláusulas de exclusividade. Sob a resolução nova, por outro lado, há apenas a exigência de que as partes sejam concorrentes no mercado objeto do contrato. As referências que exigiriam a notificação de contratos que estabelecessem relações verticalizadas foram excluídas.

Isso não significa que os contratos associativos verticais não sejam de preocupação de autoridade antitruste, mas apenas que ao invés de serem objeto de controle a priori por meio do controle de estruturas (isto é, o controle por meio da análise de atos de concentração), o CADE irá monitorar e punir eventuais infrações à ordem econômica pelo controle a posteriori de condutas (isto é, através de processos administrativos que

32 FRAZÃO, Ana. **Direito da concorrência: pressupostos e perspectivas**. São Paulo: Saraiva, 2017, p. 225.

33 BOTELHO, Ricardo, DELUCA, Patrícia. Contratos associativos no controle de concentrações do CADE: em busca de sentido, p. 111. *In* ANDERS et al. (coord.) **5 anos Lei de Defesa da Concorrência: Gênese, Jurisprudência e Desafios para o Futuro**. Disponível em: https://www.ibrac.org.br/livros.htm. Acesso em 01/07/2021.

investiguem condutas anticompetitivas – um processo mais complexo, demorado e custoso).

Como visto, a obrigação de notificação de contratos associativos ao CADE, portanto, deriva de sua previsão legal no art. 90, IV, da Lei do CADE, mas é a Resolução nº 17/2016 que estabelece os critérios e condições para que a notificação de contratos associativos seja obrigatória. Não são, portanto, todos e quaisquer contratos associativos que devem ser notificados ao CADE, mas tão somente aqueles que se encaixem nas condições descritas no Resolução nº 17/2016.

Como a resolução trouxe conceitos abertos e que podem inclusive ser aplicados às demais formas previstas no art. 90, IV, da Lei do CADE, é necessário compreender de que maneira o CADE tem lidado com as diferenças entre essas formas, em especial as *joint ventures* e os contratos associativos, bem como avaliar de maneira mais aprofundada a prática do CADE e relação ao significado jurídico dos conceitos incluídos na Resolução nº 17/2016.

3.2. Diferenças entre os tipos contratuais previstos no inciso IV do art.90 da Lei nº 12.529/2011

As *joint ventures* estão previstas no art. 90, IV da Lei do CADE, juntamente com os contratos associativos e os consórcios. Destas três figuras, apenas os consórcios têm previsão legal definida no art. 278 da Lei nº 6.404/1976 (Lei das S/A).

Há uma discussão na doutrina sobre as diferenças entre os contratos associativos e as *joint ventures*. Ambos as formas não têm conceituação legal e pode-se dizer que os critérios utilizados para definir os contratos associativos são bastante semelhantes à conceituação de *joint venture*.

Vejamos. As *joint ventures* podem ser do tipo societárias (*equity joint ventures*), em que há a criação de um novo ente com personalidade jurídica distinta, ou podem ser *joint ventures* contratuais (*contractual* ou *unincorporated joint ventures*), que, ao contrário, não implicam no surgimento de um novo ente jurídico. Classificações à parte, o mais importante é que em ambos os casos há a criação de um novo ente empresarial (que não se confunde com um novo ente jurídico, isto é, pessoa jurídica distinta das pessoas jurídicas que formaram a *joint venture*).[34]

São elementos caracterizadores das *joint ventures*:

> (i) a existência de um **fim comum**; (ii) o **compartilhamento de risco** entre os co-ventures; (iii) a criação de uma **interdependência organizativa** que permita acompanhar, executar e monitorar a realização da atividade assumida pelas partes, que se dá tanto por alterações societárias ou contratual e (iv) a criação de um **novo centro de controle** da atividade empresarial.[35] (grifo nosso)

O elemento central das *joint ventures*, segundo Ana Frazão, é o fim comum:

> O **fim comum** buscado pelas partes ou co-venturers tem sido o aspecto salientado pela doutrina estrangeira e nacional para identificar as *joint ventures*, bem como para diferenciá-las dos demais contratos híbridos ou de cooperação empresarial, como a franquia ou a distribuição.
>
> Logo, apesar de ser muito mais flexível que a sociedade ou consórcio, até por inexistir previsão legal sobre o tema, a *joint venture* compartilha com aqueles a característica de comunhão de inte-

[34] CAIXETA, Deborah Batista. Contratos associativos: características e relevância para o direito concorrencial das estruturas. **Revista de Direito da Concorrência**, Vol. 4, nº 1, Maio/2016, p. 57.

[35] CAIXETA, Deborah Batista. Contratos associativos: características e relevância para o direito concorrencial das estruturas. **Revista de Direito da Concorrência**, Vol. 4, nº 1, Maio/2016, p. 58.

ressses e de coordenação de atividades empresariais para exercer um empreendimento comum sob o risco comum das participantes.[36] (grifo nosso)

Comparando a definição acima com a definição de contratos associativos indicada na seção anterior, percebe-se que a definição doutrinária das *joint ventures* é muito semelhante à dos contratos associativos. Nestes, assim como nas *joint ventures*, **o fim comum é o elemento central**. Além disso, como já apontado, tanto as *joint ventures* quanto os contratos associativos são formas de organização empresarial juridicamente indefinidas. Não por acaso, Ana Frazão, em seu livro Direito da Concorrência – Pressupostos e perspectivas, editado após a Resolução nº 17/2016, dedica um capítulo ao tema. Na visão da professora, os contratos associativos seriam um gênero, dos qual seriam espécies: (i) consórcios, (ii) *joint ventures* <u>contratuais</u>, e (iii) contratos associativos.[37]

Embora, do ponto de vista das características de ambas as formas contratuais, possa-se debater sobre a sua semelhança ou não, a verdade é que a Lei do CADE distinguiu as três formas no inciso IV do art. 90. Ao fazer isso, parece que o legislador pretendeu "reservar aos contratos associativos todas aquelas hipóteses remanescentes que não se encaixam propriamente no conceito apresentado de *joint venture* e consórcio".[38] Segundo Paulo Burnier, os contratos associativos se referem às formas contratuais de cooperação estável, com vistas a consecução de

[36] Frazão, Ana. **Direito da concorrência: pressupostos e perspectivas**. São Paulo: Saraiva, 2017, p. 218.

[37] Frazão, Ana. **Direito da concorrência: pressupostos e perspectivas**. São Paulo: Saraiva, 2017, p. 201 – 251.

[38] Caixeta, Deborah Batista. Contratos associativos: características e relevância para o direito concorrencial das estruturas. Revista de Direito da Concorrência, Vol. 4, nº 1, Maio/2016, p. 70.

um objetivo comum, sem perda da autonomia jurídica dos participantes "mas que não cheguem a configurar consórcios, por ser figura específica do direito societário, tampouco *joint ventures* societárias, por implicarem o surgimento de um novo ente societário".[39]

Não se pode esquecer que a própria Resolução nº 17/2016 do CADE, em seu artigo 1º, diz que "Esta Resolução disciplina as hipóteses de notificação de **contratos associativos de que trata o inciso IV do artigo 90** da Lei nº 12.529/2011, respeitados os critérios estabelecidos no artigo 88.", e não contratos associativos e *joint ventures*.

Em um dos primeiros votos sobre contratos associativos após a entrada em vigor da Resolução nº 17/2016, o próprio Paulo Burnier, à época conselheiro do CADE, afirmou, em sentido semelhante ao de Ana Frazão, que

> com a exigência de empreendimento comum, a Resolução nº 17/2016 **aproximou a figura dos contratos associativos às *joint ventures contratuais***, para fins de notificação obrigatória e controle ex ante pelo direito concorrencial, ainda que aqueles configurem uma categoria mais ampla que os últimos.[40] (grifo nosso)

Em livro recente, Paulo Burnier vai além, sugerindo não apenas que as *joint ventures* estariam próximas da figura dos contratos associativos, mas que

> Em nota pessoal, talvez o mais simples teria sido ***equiparar* o conceito de contratos associativos ao conceito de *joint ventures***

[39] SILVEIRA, Paulo Burnier da. **Direito da Concorrência** (Silveira, Paulo Burnier da. Direito da Concorrência (Locais do Kindle 579-581). Forense. Edição do Kindle. Locais do Kindle 584-587). Rio de Janeiro: Forense, 2021.

[40] Consulta nº 08700.006858/2016-78, Consulente: Hamburg Südamerikanische Dampfschifffahrts-Gesellschaft KG. Voto do Conselheiro Paulo Burnier, para. 30.

> **contratuais**, o que daria consistência interpretativa ao comando legal que exige a notificação de contratos associativos, consórcios ou *joint ventures*. Sendo o consórcio uma figura específica prevista na lei das sociedades anônimas, **os contratos associativos poderiam ser equiparados às *joint ventures* contratuais, enquanto a expressão *joint ventures* prevista na lei poderia ser circunscrita às *joint ventures* societárias**. A diferença entre as duas últimas reside na criação ou não de uma nova sociedade empresária para a realização do empreendimento comum (*joint venture*).[41] (grifo nosso)

Parece, portanto, que as *joint ventures* contratuais se assemelham aos contratos associativos, pois em ambos os casos o ente empresarial é formado por laços contratuais. No caso da *joint venture* societária, por outro lado, um novo ente empresarial é formado a partir da criação de uma nova pessoa jurídica. Nesse contexto, portanto, a referência a *joint ventures* no art. 90, IV, seria reservada às *joint ventures* societárias. No caso de formação de um novo ente com personalidade jurídica distinta, não importaria a presença ou não dos critérios da Resolução nº 17/2016, pois a própria formação de uma nova pessoa jurídica já seria indicativo suficiente da existência de um grau elevado de concentração e estabilidade, a ponto de atrair o controle de estruturas do CADE, independentemente de outros critérios adicionais.

Já em situações em que a relação das partes é definida por contornos menos rígidos, isto é, por arranjos contratuais, os critérios da Resolução nº 17/2016 deveriam ser observados, pois

[41] SILVEIRA, Paulo Burnier da. **Direito da Concorrência** (Silveira, Paulo Burnier da. Direito da Concorrência (Locais do Kindle 504-506). Forense. Edição do Kindle. Locais do Kindle 584-587). Rio de Janeiro: Forense, 2021. Silveira, Paulo Burnier da. Direito da Concorrência (Locais do Kindle 504-506). Forense. Edição do Kindle.

somente quando presentes é que se poderia falar em concentração por cooperação.

Essa parece ser uma leitura que se aproxima da opinião dos autores citados acima e é coerente com a Lei do CADE, pois preserva a distinção entre as diferentes figuras constantes no art. 90 da Lei do CADE e confere maior controle do CADE às formações empresariais mais estáveis, no caso as *joint ventures* societárias, que implicam na criação de uma nova pessoa jurídica.

Discussões doutrinárias à parte, fato é que o CADE não tem sinalizado de maneira suficientemente clara como essa distinção deve ser feita. Em alguns casos recentes, aparentemente tanto a Superintendência-Geral do CADE quanto o Tribunal do CADE têm emitido opiniões pouco harmônicas.

No Ato de Concentração 08700.002810/2019-33, envolvendo a constituição de uma parceria contratual entre a Oncoclínicas do Brasil Serviços Médicos S.A. e Associação Congregação Santa Catarina – Casa de Saúde de São José, a Superintendência-Geral do CADE menciona o entendimento de Paulo Burnier no sentido de que a Resolução nº 17/2016 aproximou os contratos associativos das *joint ventures* contratuais, mas afirma que nem toda *joint venture* contratual deve ser notificada ao CADE apenas quanto cumpridos os requisitos da Resolução nº 17/2016:

> Portanto, um elemento marcante das *joint ventures* (**contratuais ou societárias**) é o caráter mais duradouro do acordo empresarial, além do maior grau de cooperação, que seriam balizadores inclusive para a aproximação feita na regulamentação dos contratos associativos na edição da Resolução CADE nº 17/2016. **Isso não quer dizer que toda *joint venture* contratual só será assim tipificada se cumprir os requisitos da aludida resolução**, uma vez que ***a resolução objetiva definir as hipóteses de contratos associativos que não se enquadrem como joint ventures contratuais ou consórcios***, e cuja cooperação gere repercussão tal que motive o

escrutínio pela autoridade antitruste, conforme esclarecido pelo Conselheiro Paulo Burnier.[42] (grifo nosso)

Na sequência, a Superintendência-Geral concluiu que a operação deveria ser conhecida por se assemelhar, pelas características do acordo "a uma *joint venture*, na modalidade contratual. Vale registrar que a *joint venture* é uma espécie de contrato associativo taxativamente prevista em lei como hipótese de notificação obrigatória (art. 90, inciso IV, da Lei nº 12.529/2011)."[43]

O curioso dessa operação é que as requerentes notificaram a operação como um contrato associativo e inclusive manifestaram a opinião que, de fato, se tratava de contrato que deveria ser conhecido pelo CADE. A Superintendência-Geral do CADE, então, descrevendo o entendimento das requerentes, realizou uma análise da operação primeiramente como contrato associativo, concluindo, ao final, que o critério de as partes serem concorrentes não estava preenchido. A Superintendência-Geral do CADE, em seguida, realizou uma nova análise de conhecimento da operação considerando se tratar de uma *joint venture* contratual. Nessa segunda análise, não foram levadas em consideração os critérios da Resolução nº 17/2016, sob o raciocínio de que as *joint ventures* são uma categoria distinta prevista no art. 90, IV, não se submetendo, portanto, à Resolução nº 17/2016.

A discussão voltou à tona em dois casos levados em 2021 ao Tribunal do CADE. No Ato de Concentração nº 08700.003855/2020-69, entre a BRF S.A. e UPFIELD Brasil Holding Ltda., o CADE analisou um contrato de licenciamento, pela Upfield à

[42] Ato de Concentração 08700.002810/2019-33. Requerentes: Oncoclínicas do Brasil Serviços Médicos S.A. e Associação Congregação Santa Catarina – Casa de Saúde de São José. Parecer nº 199/2019/CGA5/SGA1/SG, para. 20.

[43] Ato de Concentração 08700.002810/2019-33. Requerentes: Oncoclínicas do Brasil Serviços Médicos S.A. e Associação Congregação Santa Catarina – Casa de Saúde de São José. Parecer nº 199/2019/CGA5/SGA1/SG, para. 18.

BRF, do uso exclusivo da marca Becel no Brasil para a produção e distribuição de margarinas, pelo **período pré-estabelecido de 12 (doze) meses e sem previsão de renovação.** As requerentes notificaram o contrato alegando a ausência dos critérios previstos na Resolução nº 17/2016, dentre eles o critério temporal. Pela duração definida de 1 ano, a relação contratual, segundo as requerentes, claramente não se configuraria como um contrato associativo – a notificação foi feita apenas por cautela.

Ocorre que a Seara requereu sua habilitação como terceira parte interessada, alegando, dentre outras questões, que o contrato na verdade seria uma *joint venture* contratual e, como tal, o critério temporal (bem como as demais condições da Resolução nº 17/2016) seria irrelevante.

O cerne da discussão, portanto, era se as *joint ventures* contratuais deveriam ser tratadas como contratos associativos, hipótese em que sua notificação só seria obrigatória quando presentes os critérios da Resolução nº 17/2016, ou se deveriam ser tratadas como uma forma contratual distinta dos contratos associativos. Nessa segunda hipótese, a notificação obrigatória ao CADE dessa forma contratual ocorreria caso os critérios de faturamento dos grupos econômicos envolvidos estivessem preenchidos, não importando o disposto na Resolução nº 17/2016.[44]

Em sentido oposto ao Ato de Concentração 08700.002810/2019-33, mencionado anteriormente, a Superintendência-Geral entendeu que as *joint ventures* contratuais são um tipo de contratos associativos:

[44] Percebe-se, portanto, que o tema é relevante, principalmente para aqueles que atuam na área do direito concorrencial e que, constantemente, precisam responder aos seus clientes se determinada operação deve ou não ser submetida ao CADE. Afinal, ao não notificar uma operação de notificação obrigatória, há a possibilidade de aplicação de multas que variam de R$ 60.000,00 a R$ 60.000.000,00, bem como a possibilidade de se decretar a nulidade do ato, conforme o art. 88, § 3º da Lei do CADE.

> 19. Conceitualmente, a *joint venture* pode ser classificada como societária ou contratual. Quando o arranjo convencionado origina uma sociedade formalmente constituída e registrada nos órgãos competentes tem-se a chamada *joint venture* societária. De outra banda, quando a associação se dá tão somente por vínculos contratuais, sem a criação de uma pessoa jurídica, considera-se a existência de uma ***joint venture contratual, que, por sua essência, também integra o grupo de contratos associativos.***
>
> 20. Os contratos associativos constituem uma categoria muito abrangente de negócios jurídicos na jurisdição pátria, incluindo diversos tipos de acordos. Como já mencionado, **no âmbito do Atos de Concentração descritos do art. 90 da Lei de Defesa da Concorrência *nesta ampla categoria de contratos associativos pode-se incluir as joint ventures contratuais.***
>
> (...)
>
> 23. De fato, o contrato associativo, disciplinado pela Resolução CADE nº17/2016, apresenta características semelhantes, se não iguais, da *joint venture* contratual, sendo uma espécie sinônima de contrato associativo.[45] (grifo nosso)

A Seara apresentou recurso ao Tribunal do CADE. Embora o recurso não tenha sido conhecido, vale explorar o posicionamento dos conselheiros do CADE no caso. O relator do pedido de conhecimento, o conselheiro Maurício Oscar Bandeira Maia, destacou uma seção em seu voto intitulada "Definição de contratos associativos e *joint ventures*", em que parece sugerir que

> o objetivo do legislador ao redigir o art. 90, IV, da Lei nº 12.529/2011 foi **delimitar exemplificativamente, e não exaus-**

[45] Ato de Concentração nº 08700.003855/2020-69. Requerentes: BRF S.A. e UPFIELDBrasil Holding Ltda. Parecer nº 70/2021/CGAA5/SGA1/SG, paras. 19, 20 e 23.

> **tivamente, as espécies do gênero contrato associativo**, para fins de configuração de um ato de concentração.[46] (grifo nosso)

O conselheiro prossegue, indicando que as *joint ventures* possuem características que as distinguem dos contratos associativos (notadamente a formação de uma nova unidade empresarial) e observando que os atos de concentração submetidos ao CADE como *joint ventures* estabeleceram a criação de uma nova unidade empresarial com previsão de duração superior a 2 anos. Por unidade empresarial, o conselheiro entende

> a comunhão de esforços entre os agentes para a constituição de um fenômeno econômico calcado no **empreendimento em comum**, ***e não necessariamente relativo a alterações nas personalidades jurídicas – esta alteração pode ocorrer ou não, a depender do tipo de joint venture criada, se apenas contratual ou societária***[47] (grifo nosso)

O conselheiro concluiu o raciocínio, agora em sentido contrário ao da Superintendência-Geral no mesmo caso, afirmando que:

> As *joint ventures*, ***sejam elas contratuais ou societárias, são uma espécie de contratos associativos***, de forma que possuem todas as características essenciais à sua configuração (empreendimento comum, compartilhamento de riscos e resultados e empresas concorrentes no mercado, além do requisito da estabilidade e

[46] Ato de Concentração nº 08700.003855/2020-69. Requerentes: BRF S.A. e UPFIELDBrasil Holding Ltda. Voto do relator Conselheiro Mauricio Oscar Bandeira de Mello. para. 77.

[47] Ato de Concentração nº 08700.003855/2020-69. Requerentes: BRF S.A. e UPFIELDBrasil Holding Ltda. Voto do relator Conselheiro Mauricio Oscar Bandeira de Mello. para. 84.

> permanência do negócio), mas com modulações diferentes que permitem estabelecer fins específicos para a sua existência, bem como ante a criação de um novo centro de controle da atividade empresarial.[48] (grifo nosso)

Para o conselheiro, portanto, aparentemente o objetivo do legislador ao escrever o art. 90 da Lei do CADE não foi estabelecer formas contratuais distintas, mas apenas descrever de maneira exemplificativa algumas espécies de contratos associativos. Não parece ser relevante para o conselheiro se a *joint venture* resulta em novo ente societário ou não para que se enquadre no conceito de contratos associativos.

Em sentido oposto foi o voto da conselheira Lenisa Prado, que defendeu que não há nada na Lei do CADE que sustente o entendimento do relator, pois a lei não difere as *joint ventures* em societárias ou contratuais e tampouco equivale as expressões "contratos associativos" e "*joint ventures*". Além disso, a conselheira destacou que a Resolução nº 17/2016 se aplica a contratos associativos e não às *joint ventures*. Para a conselheira, portanto, qualquer *joint venture* deve ser notificada ao CADE, não sendo necessário que essa forma de organização observe os critérios dispostos na Resolução nº 17/2016.[49]

O tema voltou à discussão do conselho no mês seguinte, em maio de 2021. No Ato de Concentração 08700.006373/2020-61, que tratava de um contrato de fornecimento de dados relacionado ao mercado de serviços de informações de crédito, entre a SERASA S.A. e CLARO S.A., a Superintendência-Geral enten-

[48] Ato de Concentração nº 08700.003855/2020-69. Requerentes: BRF S.A. e UPFIELDBrasil Holding Ltda. Voto do relator Conselheiro Mauricio Oscar Bandeira de Mello. para. 80.

[49] Ato de Concentração nº 08700.003855/2020-69. Requerentes: BRF S.A. e UPFIELDBrasil Holding Ltda. Voto-vogal da Conselheira Lenisa Prado. paras. 9 e 12.

deu tratar-se de contrato associativo e aprovou sem restrições a operação.[50]

A conselheira Lenisa Prado avocou[51] o ato de concentração, apresentando, em síntese, o mesmo posicionamento que havia emitido quando da análise do Ato de Concentração nº 08700.003855/2020-69, citado acima.[52]

O conselheiro Maurício Oscar Bandeira Maia, em seu voto, recordou inicialmente o posicionamento que havia manifestado no julgamento do Ato de Concentração nº 08700.003855/2020-69. Como visto, naquela ocasião, o conselheiro entendeu que as *joint ventures*, inclusive na modalidade societária, seriam uma espécie de contrato associativo. Já no Ato de Concentração 08700.006373/2020-61, aparentemente o conselheiro parece sugerir uma mudança em seu entendimento ao limitar as *joint ventures* contratuais, apenas, como espécies de contratos associativos:

> ***Sendo as joint ventures contratuais uma espécie do gênero contrato associativo***, caso o Contrato analisado preencha os requisitos de notificação previstos pela Resolução nº 17/2016, é evi-

[50] Ato de Concentração 08700.006373/2020-61. Requerentes SERASA S.A. e CLARO S.A. Parecer nº 10/2021/CGAA2/SGA1/SG.

[51] A avocação é o procedimento pelo qual um conselheiro pode pedir para rever o ato de concentração, tendo como base legal o art. 65, II da Lei do CADE: art. 65. No prazo de 15 (quinze) dias contado a partir da publicação da decisão da Superintendência-Geral que aprovar o ato de concentração, na forma do inciso I do caput do art. 54 e do inciso I do caput do art. 57 desta Lei:
(...)
II – o Tribunal poderá, mediante provocação de um de seus Conselheiros e em decisão fundamentada, avocar o processo para julgamento ficando prevento o Conselheiro que encaminhou a provocação.

[52] Ato de Concentração 08700.006373/2020-61. Requerentes SERASA S.A. e CLARO S.A. Despacho Decisório nº 11/2021/GAB1/CADE, para. 9.

dente que a Operação deve ser conhecida e analisada como tal.[53] (grifo nosso)

É relevante pontuar, contudo, que o voto do conselheiro Maurício Oscar Bandeira Maia não deixa claro se houve, de fato, uma mudança de posicionamento, ou se a menção à *joint venture* apenas na modalidade contratual ocorreu por ser esse tipo o objeto do caso concreto.

Por fim, neste caso a conselheira Paula Farani de Azevedo Silveira teceu importantes considerações sobre o tratamento dado às *joint ventures* contratuais pelo CADE e as diferenças relevantes para a análise concorrencial entre estas e as *joint ventures* societárias:

> Balizado por esse entendimento, a prática do CADE tem regrado a notificação de ***joint ventures*** contratuais a partir da Resolução nº 17/2016, ***tidas como espécies de contrato associativo.*** *Isso porque,* ***diferentemente das*** **joint ventures** ***societárias, por meio das quais há necessariamente a formação de uma nova entidade jurídica, denotando grau de integração intensa entre agentes econômicos, a integração promovida pela*** **joint venture** ***contratual não forma uma nova entidade.***
>
> Em contraposição, como aponta a Professora Doutora Ana Frazão, ex-Conselheira do CADE, as joint ventures contratuais são "instrumentos que possibilitam uma associação entre empresas sem a criação de uma pessoa jurídica ou o estabelecimento de vínculos societários". Por conseguinte, **o grau de integração, comparativamente às formas societárias de *joint venture*, é mitigado.**
>
> Ademais, do ponto de vista jurídico, ressalta-se que **a *joint venture* contratual permite certas flexibilizações que não são**

[53] Ato de Concentração 08700.006373/2020-61. Requerentes SERASA S.A. e CLARO S.A. Voto vogal do Conselheiro Maurício Oscar Bandeira Maia, para. 21.

acolhidas pelos contratos de sociedade, como a possibilidade de modificações na distribuição de lucros ou perdas no empreendimento comum, sem despertar preocupações quanto à nulidade do contrato, como seria possível em contratos de sociedade.

A partir dessas noções, o CADE igualmente delimitou a interpretação do termo "joint venture", no inciso IV do artigo 90 da Lei, ***que passou a designar tão somente as joint ventures societárias*, na compreensão de que tais empreendimentos, como argumentado, possuem maior nível de integração e ensejam preocupações concorrenciais distintas daquelas levantadas pela *joint venture* contratual.**[54] (notas de rodapé omitidas; grifo nosso)

De fato, a leitura da conselheira Azevedo traz maior segurança jurídica à discussão, ao distinguir quais tipos de *joint ventures* estão sujeitas aos critérios da Resolução nº 17/2016 e quais não estão. Na linha do entendimento doutrinário explorado na seção anterior, a criação de um novo ente societário é de fato um ponto relevante, pois implica em um maior grau de integração entre as partes, além de obrigar as partes a observarem regras aplicáveis a esses entes que não seriam aplicáveis caso a *joint venture* tivesse sido estruturada por meio de contrato. Nesse sentido, a existência de uma maior flexibilidade proporcionada pela estruturação do negócio por meio da via contratual exige que haja critérios para delimitar quando esse tipo de arranjo requer a atenção do CADE. No caso de um arranjo que resulte na criação de um ente societário, o potencial impacto nas estruturas parece ser presumido, o que afasta a necessidade de preenchimento dos critérios (adicionais) da Resolução nº 17/2016.

Cabe entender, agora, como o CADE tem interpretado os critérios dispostos na Resolução nº 17/2016 para compreender

[54] Ato de Concentração 08700.006373/2020-61. Requerentes SERASA S.A. e CLARO S.A. Voto vogal da Conselheira Paula Farani de Azevedo Silveira, para. 17 – 20.

quais características dos contratos associativos (e das *joint ventures* contratuais) exigem a notificação ao CADE. A próxima seção se dedica a isso.

4. A interpretação dos critérios da resolução nº 17/2016 pelo CADE

A maior parte dos precedentes do CADE não aprofunda a discussão dos requisitos de conhecimento de contratos associativos. Naqueles atos de concentração em que as requerentes não requerem o não conhecimento da operação (isto é, quando as próprias requerentes entendem se tratar, efetivamente, de contrato associativo) as avaliações da Superintendência-Geral, em geral, sequer analisam o conhecimento ou não da operação. Nesses casos, portanto, a Superintendência-Geral do CADE não discute os critérios de notificação da Resolução nº 17/2016, realizando somente a análise de mérito da operação (se ela pode impactar o ambiente concorrencial).

Por outro lado, naqueles casos em que há pedidos das partes para que a operação não seja conhecida, a Superintendência-Geral do CADE via de regra se debruça sobre os critérios da Resolução nº 17/2016. Em alguns desses casos, inclusive, houve recurso ou avocação da operação ao tribunal, situação em que os conselheiros do CADE aprofundaram a discussão sobre os critérios dispostos na Resolução nº 17/2016. Nos itens abaixo, iremos detalhar as decisões do CADE que aprofundaram as discussões sobre os critérios da Resolução nº 17/2016, incluindo tanto ato de concentração analisados no âmbito da Superintendência-Geral do CADE quanto pelo Tribunal do CADE.

4.1. Estabelecimento de empreendimento comum para exploração de atividade econômica

Um dos principais atos de concentração envolvendo contratos associativos foi o Ato de Concentração nº 08700.002276/2018-

84, entre a TIM CELULAR S/A e OI MÓVEL S/A. A operação envolvia um contrato de compartilhamento ativo e passivo de rede entre as duas empresas, o que inclui tanto elementos de infraestrutura física quanto de infraestrutura de rede (eletrônica), permitindo que Oi e TIM utilizem as mesmas torres, equipamentos e outros ativos, possibilitando a ampliação da rede de maneira rápida e eficiente.

O ato de concentração não foi conhecido pela Superintendência-Geral, que entendeu não estarem presentes os requisitos da Resolução nº 17/2016.[55]

Houve avocação do ato de concentração pelo Conselheiro Paulo Burnier e o processo foi distribuído para a relatoria do Conselheiro João Paulo Resende. Tanto o voto do relator quanto o do Conselheiro João Paulo Resende aprofundam a discussão sobre os critérios da Resolução nº 17/2016 e são citados em diversos outros atos de concentração posteriores envolvendo contratos associativos.

Em seu voto, o relator Conselheiro João Paulo Resende sugere que para definir se um contrato estabelece um empreendimento comum é necessário interpretar o contrato e a relação entre as partes, não se podendo concluir pela inexistência de um empreendimento comum tão somente pela ausência da denominação de empreendimento comum nas cláusulas contratuais.[56]

Além disso, na mesma linha da conceituação apresentada pela doutrina, Resende enfatiza em seu voto o aspecto de coordenação entre as empresas para caracterizar o empreendimento

[55] Ato de Concentração nº 08700.002276/2018-84. Requerentes: TIM CELULAR S.A. e OI MÓVEL S/A. Parecer nº 103/2018/CGAA5/SGA1/SG, paras. 19, 20 e 23.

[56] Ato de Concentração nº 08700.002276/2018-84. Requerentes: TIM CELULAR S.A. e OI MÓVEL S/A. Voto do Conselheiro João Paulo Resende, para. 46.

comum. Um aspecto que deve ser compreendido para que se conclua pela existência de um empreendimento comum é se a atividade objeto do contrato pode ser exercida isoladamente ou se a dinâmica contratual exige que seja exercida em conjunto. Nas palavras do Conselheiro, "busca-se distinguir os casos em que as empresas decidem de forma isolada onde e como construir, configurar e operar seus ativos (...), daqueles casos em que essas atividades ocorrem de forma coordenada, contratualmente ou não".[57] Essa forma de avaliar a existência de um empreendimento comum é ilustrada no caso específico pelo Conselheiro:

> No presente caso, o próprio objeto do contrato é a expansão (seja física, seja em termos da tecnologia a ser utilizada) das redes das duas empresas, de modo que ambas possam ampliar sua cobertura e elevar a qualidade do serviço prestado ao consumidor final. **Isso se dá tanto a partir do compartilhamento de parte da rede pré-existente de cada empresa no momento da celebração do contrato (2013), como do planejamento da expansão de cada uma de forma coordenada**, para evitar duplicação e excesso de capacidade ociosa, de modo que **existe claramente uma coordenação entre as duas empresas em decisões centrais pertinentes à realização de sua atividade fim.** Não se trata de uma relação de compra e venda ou de prestação de serviço entre concorrentes.[58] (grifo nosso)

[57] Ato de Concentração nº 08700.002276/2018-84. Requerentes: TIM CELULAR S.A. e OI MÓVEL S/A. Voto do Conselheiro João Paulo Resende, para. 36.

[58] Ato de Concentração nº 08700.002276/2018-84. Requerentes: TIM CELULAR S.A. e OI MÓVEL S/A. Voto do Conselheiro João Paulo Resende, para. 37.

Em sentido semelhante é o entendimento do Conselheiro Paulo Burnier ao mencionar a dinâmica contratual que exige a cooperação para que as partes, em conjunto, alcancem as eficiências almejadas. Além disso, o Conselheiro enfatiza o elemento da prestação continuada de longa duração:

> Ademais, as eficiências buscadas pela operação (redução de custos, ampliação da cobertura das operadoras com o *roll out* da tecnologia LTE) **não poderiam ser naturalmente alcançadas fora do escopo do contrato**. A cessão recíproca estabelecida entre as Requerentes tem **prestação continuada de longa duração** cujos ganhos de escala, escopo e eficiência os diferenciam em relação a **eventuais contratações comutativas isoladas** de compartilhamento de rede com terceiros.[59] (grifo nosso)

O que tanto Resende quanto Burnier parecem enfatizar é que, nos contratos associativos de notificação obrigatória, a coordenação é pressuposto da relação contratual, pois é através da coordenação que serão aproveitadas as eficiências do contrato. Vale dizer, portanto, em sentido semelhante aos apontamentos da doutrina sobre o tema, que a cooperação é fundamental para a execução do contrato, e não apenas um elemento acessório.

Contudo, não é qualquer tipo de coordenação entre as partes que caracteriza o empreendimento comum. Em contratos nos quais cada parte exerce determinadas atividades de maneira isolada e independente, não há empreendimento comum. É o que ocorre em determinados contratos de colaboração, como contratos de distribuição na acepção clássica: trata-se de um

[59] Ato de Concentração nº 08700.002276/2018-84. Requerentes: TIM CELULAR S.A. e OI MÓVEL S/A. Voto do Conselheiro Paulo Burnier da Silveira, para. 74.

contrato que exige colaboração e que é de longo prazo, mas as atividades que cada parte exerce são bem definidas e exercidas isoladamente – o fornecedor fornece o bem e o distribuidor distribui. Nesses contratos, não é que a coordenação inexista, mas ela diz respeito a aspectos comerciais e operacionais.

No ato de concentração nº 08700.001943/2020-26, entre a Novartis Biociências S/A e Divcom S/A, a Superintendência-Geral do CADE analisou um contrato de distribuição e concluiu inexistir um empreendimento comum devido à existência de uma organização entre as partes que se limitava a organizar a operacionalização da distribuição, vejamos:

> a partir da redação do caput do art. 2º da Resolução CADE nº 17/2016, verifica-se que serão considerados associativos aqueles contratos que, de alguma forma, permitam a seus signatários organizarem fatores de produção na busca de um objetivo comum. **Tal fato não é observado na presente Operação, na medida em que se verifica uma relação apenas comercial entre as Requerentes, na qual uma estará encarregada de adquirir, distribuir e promover alguns produtos da outra**. Ressalte-se que as condições contratuais estabelecidas na cláusula de fornecimento **se destinam a organizar o processo de fornecimento, distribuição e promoção** de forma a alinhar a oferta à demanda do mercado consumidor sem que, contudo, haja compartilhamento de riscos e resultados entre as empresas.[60] (grifo nosso)

[60] Ato de Concentração nº 08700.001943/2020-26. Requerentes: Novartis Biociências S/A e Divcom S/A. Parecer nº 154/2019/CGAA5/SGA1/SG, para. 19. No mesmo sentido de que a cooperação entre as partes é limitada a disciplinar a operacionalização do contrato ou que as formas de pagamento são as usuais de mercado, vide os seguintes atos de concentração: Ato de Concentração 08700.002194/2019-11. Requerentes: Novelis do Brasil Ltda., Latasa Indústria e Comércio Ltda., Latasa Metais Ltda., Aluzinco Indústria e Comércio de Metais Ltda., Latasa MS Reciclagem Ltda., Latasa Garimpeiro Urbano Com. Metais

Embora o critério do grau de coordenação seja útil para se concluir pela existência de um empreendimento comum, a verdade é que este também é um conceito aberto e pouco definido. Para conferir maior concretude ao empreendimento comum, Paulo Burnier e João Paulo Resende detalham as características mais objetivas do contrato em análise naquele caso que caracterizariam o empreendimento comum.

O primeiro deles é a existência de mecanismos de governança entre as partes, o que remete à ideia apontada pela doutrina de um nível qualificado de cooperação e organização estável. Veja o que diz Resende:

> Reforça a constatação de que se trata de um empreendimento comum o que dispõe o anexo IV do contrato, intitulado Modelo de Governança e Compartilhamento. Essa peça do contrato prevê a constituição e a forma de funcionamento de uma Unidade de Planejamento Conjunto – UPC – com a atribuição de "desenvolver conjuntamente e acordar um plano trienal de cobertura-capacidade-serviços de rede para rede LTE a ser atualizado anualmente". O formato da UPC, definido no item 3.3

Ltda., Latasa Garimpeiro Urbano Centro Oeste Com. Metais Ltda., Latasa Garimpeiro Urbano Nordeste Com. Metais Ltda., Latasa Garimpeiro Urbano Rio de Janeiro Com. Metais Ltda., Latasa Garimpeiro Urbano Sul Com. Metais Ltda., Latasa Garimpeiro Urbano Manaus Com. Metais Ltda. e Latasa Garimpeiro Urbano Minas Com. Metais Ltda. Parecer nº 140/2019/CGAA5/SGA1/SG; Ato de Concentração 08700.004121/2019-63. Requerentes: AstraZeneca do Brasil Ltda., Bayer S.A., Bristol-Myers Squibb Farmacêutica Ltda., Produtos Roche Químicos e Farmacêuticos S.A. e Wyeth Indústria Farmacêutica Ltda. Parecer nº 286/2019/CGAA5/SGA1/SG; Ato de Concentração 08700.006533/2017-76. Requerentes: Boa Vista Serviços S.A. e Serasa S.A. Parecer nº 342/2017/CGAA5/SGA1/SG; Ato de Concentração 08700.002529/2017-39. Requerentes: TAM Linhas Aéreas S.A. e Qatar Airways Q.C.S.C. Parecer nº 4/2017/CGAA4/SGA1/SG; Ato de Concentração 08700.008484/2016-25. Requerentes: Medley Farmacêutica Ltda. e Aurobindo Pharma Limited. Parecer nº 17/2017/CGAA5/SGA1/SG.

do Anexo, não deixa dúvida se tratar de uma **unidade criada para gerir um empreendimento comum.** Ali prevê-se a **contratação de uma entidade independente que ficará vinculada a um Comitê Gestor Comum composto por representantes das Partes Signatárias do Contrato. Pelo menos dois executivos (diretores ou gerentes) de cada uma das Partes serão representados no CGC.**

Em suma, tanto por tratar-se de empreendimento de expansão da rede, como em virtude do empreendimento se dar de maneira compartilhada nos termos da estrutura de governança acima exposta, entendo que o contrato tem como objeto um empreendimento comum, divergindo, portanto, do entendimento da SG que descartou a necessidade de notificação com base nesta etapa da análise.[61] (grifo nosso)

Na mesma linha, Paulo Burnier enfatiza a existência de mecanismos sofisticados de governança:

Nesse ponto, chama a atenção os **sofisticados mecanismos de governança interempresarial** estabelecidos no Anexo IV do Contrato, em que se prevê [ACESSO RESTRITO ÀS REQUERENTES]. Ou seja, **o Contrato prevê a criação de uma estrutura de governança corporativa comum às empresas Oi e Tim, que inclui elementos de gerência e contabilidade da infraestrutura compartilhada.**

O funcionamento dessa estrutura de governança denota a existência de um "empreendimento comum".[62] (grifo nosso)

[61] Ato de Concentração nº 08700.002276/2018-84. Requerentes: TIM CELULAR S.A. e OI MÓVEL S/A. Voto do Conselheiro João Paulo Resende, para. 40.

[62] Ato de Concentração nº 08700.002276/2018-84. Requerentes: TIM CELULAR S.A. e OI MÓVEL S/A. Voto do Conselheiro Paulo Burnier da Silveira, para. 79-80.

Paulo Burnier ainda explica que a existência desse mecanismo de governança é relevante na medida em que regula a tomada de decisão sobre aspectos concorrencialmente relevantes na dinâmica contratual:

> Mais uma vez, destaca-se que o Contrato permite que as partes definam, por meio de **processos decisórios compartilhados, aspectos relevantes da oferta de infraestrutura no mercado**, tais como quantidade e localização de sítios da rede comum a ser construída por cada uma das operadoras. **Há aqui um caso claro de contrato organizativo em que as partes estruturam um sistema de governança comum para disciplinar a sua atuação futura.**
>
> Além disso, o fato de a referida unidade de governança monitorar o cumprimento das obrigações de investimento assumidas por cada uma das partes demonstra que **o grau de cooperação nesse contrato é tão intenso que as partes previram mecanismos para evitar comportamentos oportunistas.**[63] (grifo nosso)

A existência de mecanismos de governança contratual ilustra como contratos associativos estão mais próximos a contratos de sociedade do que meros contratos de intercâmbio. Afinal, assim como nas sociedades, é necessário estabelecer normas para regular a relação das partes, a tomada de decisão sobre temas importantes e até mesmo mecanismos para evitar "comportamentos oportunistas".[64]

[63] Ato de Concentração nº 08700.002276/2018-84. Requerentes: TIM CELULAR S.A. e OI MÓVEL S/A. Voto do Conselheiro Paulo Burnier da Silveira, para. 79.

[64] Ato de Concentração nº 08700.002276/2018-84. Requerentes: TIM CELULAR S.A. e OI MÓVEL S/A. Voto do Conselheiro Paulo Burnier da Silveira, para. 80.

Outros atos de concentração recentes apontam entendimento semelhante. No ato de concentração 08700.006373/2020-61, entre a SERASA S.A. e CLARO S.A., sobre parceria por meio da qual a Claro forneceria dados dos usuários de seus serviços para que a Serasa Experian pudesse utilizá-los como insumo de suas soluções com a finalidade de proteção ao ciclo de crédito e prevenção à fraudes, as Requerentes pediram o não conhecimento da notificação do contrato, alegando que "a parceria não estabelece a coordenação de questões comerciais nem cria instâncias de coordenação ou estrutura de governança conjunta".[65] A Superintendência-Geral do CADE, contudo, entendeu que o contrato continha cláusulas que:

> parecem indicar a existência de um empreendimento comum entre as partes, tais como, **a existência de um Comitê e um Regulamento de Governança para o Contrato**, conforme previsto na Cláusula Nona – Governança.[66] (grifo nosso)

Em outro contrato de *Ran Sharing* analisado no ato de concentração 08700.006656/2020-11, entre Claro S.A e Telefônica Brasil S.A., a Requerentes igualmente pediram o não conhecimento pela inexistência de coordenação entre elas. A Superintendência-Geral do CADE, novamente, indicou a existência de órgãos de gestão contratual como indicativo de empreendimento comum:

> Embora as Partes refutem a existência desta estrutura de governança, alegando se tratar de uma cessão unilateral das ERB (da Telefônica à Claro), verifica-se que há previsão contra-

[65] Ato de Concentração 08700.006373/2020-61. Requerentes SERASA S.A. e CLARO S.A. E-mail das requerentes – Documento SEI 0865650.

[66] Ato de Concentração 08700.006373/2020-61. Requerentes SERASA S.A. e CLARO S.A. Parecer 10/2021/CGAA2/SGA1/SG, para. 24.

> tual (item 12.1 do contrato) de criação de um **Comitê, 11 (...) com integrantes das áreas de negócio e de rede, para auxiliar na solução de qualquer assunto relevante decorrente da sua implementação e execução** e, inclusive, para atuar como uma instância inicial de resolução de questões, litígios ou controvérsias entre a cedente e a cessionária.
>
> (...)
>
> Por fim, o acordo prevê, no seu Anexo IV, a realização de um 'Planejamento Técnico Integrado' (...). Esse Planejamento demandará também a participação de membros das duas empresas, visando a implantação das soluções técnicas, como melhor se explicará no decorrer deste parecer.[67] (grifo nosso)

O CADE concluiu, a partir dos trechos acima, que o contrato versava sobre um empreendimento comum, na medida em que previa a "tomada de decisões coordenadas entre as Partes quanto à sua implementação e eventual ampliação, sendo esta condição, portanto, aderente ao exigido na Resolução nº 17/2016".[68]

Em alguns casos, a Superintendência-Geral aponta como elemento caracterizador do empreendimento comum a existência de mecanismos que permitem a ingerência de uma parte na outra. No ato de concentração 08700.004359/2020-22, entre a Zurich Santander e a Amil, a SG entendeu (*a contrario sensu*)

[67] Ato de Concentração 08700.006656/2020-11. Requerentes: Claro S.A e Telefônica Brasil S.A. Parecer 7/2021/CGAA4/SGA1/SG, para. 22.

[68] Ato de Concentração 08700.006656/2020-11. Requerentes: Claro S.A e Telefônica Brasil S.A. Parecer 7/2021/CGAA4/SGA1/SG, para. 25. Há também atos de concentração em que a Superintendência-Geral do CADE entendeu pela inexistência de empreendimento comum devido, dentre outros aspectos, à ausência de órgãos de gestão, tal como no Ato de Concentração 08700.004359/2020-22. Requerentes: Amil Assistência Médica Internacional S.A. e Zurich Santander Brasil Odonto Ltda. Parecer nº 299/2020/CGAA5/SGA1/SG.

que as cláusulas contratuais não geravam uma "estrutura compartilhada para oferta de planos de saúde odontológicos e tampouco a ingerência de uma parte sob o negócio da outra, sendo mantida a independência e autonomia das partes".[69]

Por fim, nos atos de concentração 08700.002873/2019-90 e 8700.002529/2017-39 a Superintendência-Geral também apontou o acesso a informações sensíveis (ou a sua ausência) de uma parte pela outra como evidência da existência de empreendimento comum.[70]

Cabe lembrar, novamente, que não é apenas a existência de cooperação que caracteriza o empreendimento comum, mas sim o grau dessa cooperação. Cada critério identificado nessa seção como caracterizador de um empreendimento comum não deve ser visto de maneira isolada, mas no contexto de cada contrato, e como evidência da existência de um relacionamento estável entre as partes.[71] Essa advertência é relevante na medida em que a existência de um ou outro dos critérios mencionados pode não ser suficiente para caracterizar o empreendimento comum. O que parece claro é cada um desses critérios contribui para a existência de um empreendimento comum.

[69] Ato de Concentração 08700.004359/2020-22. Requerentes: Amil Assistência Médica Internacional S.A. e Zurich Santander Brasil Odonto Ltda. Parecer nº 299/2020/CGAA5/SGA1/SG, para 38. No sentido contrário, aparentemente – em virtude da confidencialidade das cláusulas – foi o entendimento da Superintendência-Geral do CADE no Ato de Concentração 08700.002873/2019-90, Requerentes: Mondelez Brasil Ltda. e Danone Ltda. Parecer nº 195/2019/CGAA5/SGA1/SG, para. 24.

[70] Ato de Concentração 08700.002873/2019-90, Requerentes: Mondelez Brasil Ltda. e Danone Ltda. Parecer nº 195/2019/CGAA5/SGA1/SG, para. 21; Ato de Concentração 08700.002529/2017-39. Requerentes: TAM Linhas Aéreas S.A. e Qatar Airways Q.C.S.C. Parecer nº 4/2017/CGAA4/SGA1/SG, para. 28

[71] Ato de Concentração nº 08700.002276/2018-84. Requerentes: TIM CELULAR S.A. e OI MÓVEL S/A. Voto do Conselheiro Paulo Burnier da Silveira, para. 81.

4.2. Estabelecimento de compartilhamento dos riscos e resultados da atividade econômica

Assim como no item anterior, os votos dos Conselheiros Paulo Burnier e João Paulo Resende no ato de concentração 08700.002276/2018-84 apontaram critérios relevantes para a identificação da existência de compartilhamento de riscos e resultados.

A primeira observação importante feita por Resende se refere à forma de interpretação dos contratos para a identificação de compartilhamento de riscos e resultados. O ex-conselheiro parece sugerir que é necessário compreender a dinâmica da relação contratual em oposição à uma análise meramente formal:

> a verificação dessa característica do contrato **não se limita a uma checagem automática** da presença, ou não, de uma cláusula que indique expressamente o compartilhamento de riscos e resultados, pois **tal compartilhamento pode estar implícito** no próprio objeto do contrato.[72] (grifo nosso)

Burnier segue o mesmo entendimento, ao afirmar que "a existência de riscos e resultados deve ser inferida pelo conjunto das cláusulas contratuais".[73] Uma primeira conclusão acerca do compartilhamento de riscos e resultados, portanto, é que ele deve ser verificado a partir da interpretação do contrato e não apenas da leitura formal e expressa dos dispositivos contratuais.

[72] Ato de Concentração nº 08700.002276/2018-84. Requerentes: TIM CELULAR S.A. e OI MÓVEL S/A. Voto do Conselheiro João Paulo Resende, para. 46.

[73] Ato de Concentração nº 08700.002276/2018-84. Requerentes: TIM CELULAR S.A. e OI MÓVEL S/A. Voto do Conselheiro Paulo Burnier da Silveira, para. 82.

Resende também esclarece que o compartilhamento de riscos e resultados pode se dar pelo lado da despesa, e não apenas pela análise da receita obtida pelas partes. Isso porque ao realizar um empreendimento conjunto, as partes reduzem os riscos de prejuízo, pois cada uma terá menores custos. A diminuição do risco (pela redução do custo) se reflete nos resultados. A explicação de Resende frente às especificidades do caso facilita a compreensão do raciocínio:

> Para compreender esse entendimento é preciso ter em mente, em primeiro lugar, que o compartilhamento de riscos e resultados não se dá necessariamente pelo lado da receita, podendo se dar também pelo lado da despesa. Explico.
>
> 48. As duas empresas poderiam expandir suas redes de maneira independente, não coordenada. Se assim o fizessem, incorreriam nos riscos de instalar um ponto de rede em um determinado local para o qual a demanda posteriormente viesse a se tornar insuficiente, e **os custos fixos da instalação deste ponto de rede seriam absorvidos integralmente e unilateralmente pela empresa**. A ocorrência de um cenário como esse é tão mais provável quanto maior for a independência das empresas quanto à decisão de expansão de suas redes.
>
> 49. Ao se *coordenarem* para expandir a abrangência e a qualidade de seus serviços, de modo a evitar ou minimizar a sobreposição de uma rede sobre a outra, **as empresas compartilham capacidades, reduzem pela metade os custos de instalação da rede e diluem os riscos associados à essência de seus negócios entre si**. Por exemplo, suponhamos que em seu plano de expansão comercial a Oi decida anualmente para quais municípios expandir sua rede 4G. Sem a parceria com a TIM, **o *risco comercial* de expandir o serviço para áreas com baixa demanda (em que a receita não justificaria o custo de instalação da antena) é *muito maior* que quando há a possibilidade de ambas entrarem jun-**

> **tas no mesmo município.** ***E esse risco se refletirá, naturalmente, no resultado da empresa.*** As próprias eficiências alegadas para a aprovação da operação são evidência cabal de que, ao juntarem esforços e se coordenarem na decisão de como expandir a rede, as empresas estão compartilhando riscos e resultados.
>
> 50. Assim, ainda que não haja um compartilhamento explícito de riscos e resultados no contrato, entendo que o objeto do contrato em si leva necessariamente ao compartilhamento de riscos e resultados entre dois concorrentes.[74] (grifo nosso)

A passagem é ilustrativa de como a análise de compartilhamento de riscos e resultados está intimamente ligada à avaliação quanto à existência de empreendimento comum. Vale dizer: é a cooperação entre as partes ao estabelecer um empreendimento comum que resulta na redução dos custos e consequente diluição do risco (isto é, risco de uma das partes versus risco dividido entre as partes), dinâmica esta refletida no resultado das partes (e não somente de uma das partes).

No mesmo sentido é o voto de Burnier, que vai além e deixa claro que a existência de compartilhamento de riscos e resultados não deve ser interpretada apenas do ponto de vista contábil:

> O requisito de "compartilhamento de riscos e resultados" da atividade econômica previsto na Resolução nº 17/2016 (art. 2º, inciso I) está **bastante relacionado à própria existência de um empreendimento comum**, exigida pelo comando central do caput do art. 2º da Resolução. Nesse sentido, esclarece-se que **a existência de "riscos e resultados"** ***não*** **se resume à simples afe-**

[74] Ato de Concentração nº 08700.002276/2018-84. Requerentes: TIM CELULAR S.A. e OI MÓVEL S/A. Voto do Conselheiro João Paulo Resende, para. 48.

rição da realização positiva ou negativa de "receitas", de "faturamento" ou "prejuízos" na *acepção contábil*.[75] (grifo nosso)

Embora Burnier também sugira que o compartilhamento de riscos e resultados não dependa da receita compartilhada, ele enfatiza que a tomada de decisões conjuntas entre as partes pode evidenciar o compartilhamento de riscos e resultados. Para fundamentar seu posicionamento, Burnier cita outro precedente, de um mercado bastante distinto do de telecomunicações – mercado de compartilhamento de navios e operação conjunta de linha de navios porta-contêineres:

> Na apreciação da Consulta nº 08700.008081/2016-86, que tratou dos contratos marítimos do tipo VSA, o Tribunal do CADE entendeu que haveria compartilhamento de riscos e resultados já que o contrato previa cláusulas para a redistribuição de espaço entre as contratantes caso uma tivesse maior demanda que a outra. Nesse sentido, **a perda de demanda de uma poderia ser suprida pela outra, com a correspondente compensação de custos**.
>
> 85. Esse último precedente indica, portanto, que a possibilidade de compartilhamento de riscos e resultados não depende exclusivamente da obtenção de receita compartilhada. **A decisão tomada na Consulta nº 08700.008081/2016-86 sugere que a álea do contrato associativo pode estar relacionada à tomada de decisões conjuntas entre as partes que gerem impactos sobre condições de mercado (preço, oferta, quantidade) e que, portanto, têm o condão de modificar a dinâmica do mercado afetado.**[76] (grifo nosso)

[75] Ato de Concentração nº 08700.002276/2018-84. Requerentes: TIM CELULAR S.A. e OI MÓVEL S/A. Voto do Conselheiro Paulo Burnier da Silveira, para. 82.

[76] Ato de Concentração nº 08700.002276/2018-84. Requerentes: TIM CELULAR S.A. e OI MÓVEL S/A. Voto do Conselheiro Paulo Burnier da Silveira, para. 84 e 85.

Burnier se utiliza de outro precedente do CADE para mostrar que, na ausência de tomada de decisões conjuntas ou de ingerência de uma parte sobre a outra, não se poderia falar em compartilhamento de riscos e resultados, pois as receitas seriam devidas a cada parte:

> No exame do AC 08700.002529/2017-39 (Tam/Qatar Airlines), por exemplo, entendeu-se que os contratos de *codeshare* típico não configurariam contratos associativos justamente pelo fato de não haver compartilhamento de riscos e resultados. A SG destacou no seu parecer que esses contratos não permitem que **os preços dos serviços ofertados pelas empresas sejam estipulados de maneira conjunta, sendo cada parte do acordo livre para defini-los, recebendo os respectivos resultados**. Além disso, considerou-se que o contrato analisado **não previa qualquer forma de ingerência de uma parte sobre a outra** (incluindo em relação à estipulação de tarifas dos bilhetes, cronogramas, serviços, estratégias comerciais e matérias similares), o que reforçava a inexistência de compartilhamento de riscos e resultados na exploração da atividade econômica relacionada ao transporte aéreo regular de passageiros.[77] (grifo nosso)

[77] Ato de Concentração nº 08700.002276/2018-84. Requerentes: TIM CELULAR S.A. e OI MÓVEL S/A. Voto do Conselheiro Paulo Burnier da Silveira, para. 83. No mesmo sentido, Ato de Concentração 08700.002194/2019-11. Requerentes: Novelis do Brasil Ltda., Latasa Indústria e Comércio Ltda., Latasa Metais Ltda., Aluzinco Indústria e Comércio de Metais Ltda., Latasa MS Reciclagem Ltda., Latasa Garimpeiro Urbano Com. Metais Ltda., Latasa Garimpeiro Urbano Centro Oeste Com. Metais Ltda., Latasa Garimpeiro Urbano Nordeste Com. Metais Ltda., Latasa Garimpeiro Urbano Rio de Janeiro Com. Metais Ltda., Latasa Garimpeiro Urbano Sul Com. Metais Ltda., Latasa Garimpeiro Urbano Manaus Com. Metais Ltda. e Latasa Garimpeiro Urbano Minas Com. Metais Ltda. Parecer nº 140/2019/CGAA5/SGA1/SG, para. 12.

Diversos precedentes do CADE identificaram outros critérios relevantes na análise da existência de compartilhamento de riscos e resultados. No AC 08700.004121/2019-63, entre a AstraZeneca do Brasil Ltda., Bayer S.A., Bristol-Myers Squibb Farmacêutica Ltda., Produtos Roche Químicos e Farmacêuticos S.A. e Wyeth Indústria Farmacêutica Ltda., a Superintendência-Geral deixa claro que o requisito da Resolução nº 17/2016 é o compartilhamento de riscos e resultados, e não apenas um dos dois:

> 34 Quanto ao compartilhamento de riscos e resultados, também se faz necessário atentar para o fato de que **ambos precisam estar presentes para que um contrato possa ser enquadrado como associativo**, ou seja, a Resolução nº 17/2016 determina que o contrato estabeleça o compartilhamento dos riscos e resultados da atividade econômica que constitua o seu objeto, e não o compartilhamento dos riscos **e/ou** resultados
>
> (...)
>
> 42.As Partes deixam assente que o objetivo da parceria é a redução de custos, mas ainda assim **não se vislumbra um compartilhamento entre elas de seus pretendidos incrementos de resultados individuais a serem obtidos por meio da redução almejada dos custos de seus programas de suporte individuais**
>
> (...)
>
> 45. Ainda que o Tribunal já tenha entendido que o compartilhamento dos resultados não se dá apenas pelo lado da receita, o que faz sentido quando se compreende que os resultados de empresas são fruto da contraposição de duas variáveis diametralmente opostas, receitas e despesas, é necessário compreender que a Resolução nº 17/2016 utiliza o termo "compartilhamento", ou seja, partilhar, dividir em partes. Assumindo que as Partes conseguirão reduzir seus custos com serviços de análise genômica, como pretendem, e que seus resultados individuais aumentarão

> pelo raciocínio de que uma redução de despesa acarreta seu incremento, **não há no Contrato cláusula determinando (ou mesmo disposição implícita) que esses possíveis incrementos de resultados individuais serão partilhados entre elas.**[78] (grifo nosso)

Esse posicionamento está alinhado com a concepção defendida pela doutrina de que não é a existência de cooperação entre as partes que caracteriza o contrato associativo, mas o seu grau.

4.3. As partes contratantes devem ser concorrentes no mercado relevante objeto do contrato

Em uma das primeiras consultas sobre contratos associativos após a entrada em vigor da Resolução nº 17/2016 houve posicionamentos divergentes entre os conselheiros sobre a abrangência ou não do critério de que as partes sejam concorrentes no mercado relevante objeto do contrato. Em seu voto na Consulta nº 08700.008419/2016-08, a conselheira Cristiane Alkmin Junqueira Schmidt[79] manifestou entendimento no sentido de que o critério também deveria incluir os casos de concentração vertical, ao passo que o ex-conselheiro Gilvandro emitiu opi-

[78] Ato de Concentração 08700.004121/2019-63. Requerentes: AstraZeneca do Brasil Ltda., Bayer S.A., Bristol-Myers Squibb Farmacêutica Ltda., Produtos Roche Químicos e Farmacêuticos S.A. e Wyeth Indústria Farmacêutica Ltda. Parecer nº 286/2019/CGAA5/SGA1/SG, para; 34, 42 e 45, e, no mesmo sentido, o Ato de Concentração 08700.002194/2019-11. Requerentes: Novelis do Brasil Ltda., Latasa Indústria e Comércio Ltda., Latasa Metais Ltda., Aluzinco Indústria e Comércio de Metais Ltda., Latasa MS Reciclagem Ltda., Latasa Garimpeiro Urbano Com. Metais Ltda., Latasa Garimpeiro Urbano Centro Oeste Com. Metais Ltda., Latasa Garimpeiro Urbano Nordeste Com. Metais Ltda., Latasa Garimpeiro Urbano Rio de Janeiro Com. Metais Ltda., Latasa Garimpeiro Urbano Sul Com. Metais Ltda., Latasa Garimpeiro Urbano Manaus Com. Metais Ltda. e Latasa Garimpeiro Urbano Minas Com. Metais Ltda. Parecer nº 140/2019/CGAA5/SGA1/SG, para. 17.

[79] Consulta 08700.008419/2016-08. Consulentes: Warner Bros. Home Entertainment Inc. e EA Swiss Sàrl., para. 6.

nião divergente no sentido que a análise sobre as partes serem concorrentes deve se limitar ao objeto do contrato.[80]

Esse critério, contudo, não parece ter sido alvo de discussões relevantes na prática posterior do CADE. Vale o apontamento de Paulo Burnier, que afirma que a definição de que as partes são ou não concorrentes não deve se limitar às situações em que haja sobreposições horizontais.[81] Comentando sobre o Ato de Concentração 08700.002276/2018-84, o autor manifesta opinião no sentido de que esse critério deve ser interpretado de maneira ampla:

> Nesse sentido, o requisito de concorrência entre as partes do contrato **deve ser interpretado de forma ampla**, bastando que as requerentes sejam identificadas como concorrentes em **mercados centrais ou adjacentes** à atividade econômica afetada pela cooperação. Sobre esse requisito, convém destacar que em alguns setores econômicos é bastante tormentosa a fixação de fronteiras precisas entre mercados relevantes. Esse parece ser o caso do setor de telecomunicações. Conforme destacado pelo próprio Sindicato Nacional das Empresas de Telefonia e de Serviço Móvel Celular e Pessoal (SindiTelebrasil), na contribuição enviada no âmbito da consulta pública que culminou na aprovação da resolução de contratos associativos atualmente vigente: "é difícil (às vezes impossível) antever com segurança todos os possíveis mercados afetados por um acordo, sobretudo no setor de telecomunicações, marcado por significativo dinamismo e convergência tecnológica".[82]

[80] Consulta 08700.008419/2016-08. Consulentes: Warner Bros. Home Entertainment Inc. e EA Swiss Sàrl., para. 15.

[81] SILVEIRA, Paulo Burnier da. **Direito da Concorrência** (Silveira, Paulo Burnier da. Direito da Concorrência (Locais do Kindle 591-592). Forense. Edição do Kindle. Locais do Kindle 591-592). Rio de Janeiro: Forense, 2021

[82] SILVEIRA, Paulo Burnier da. **Direito da Concorrência** (Silveira, Paulo Burnier da. Direito da Concorrência (Locais do Kindle 728-735). Forense. Edição do Kindle. Locais do Kindle 591-592). Rio de Janeiro: Forense, 2021.

4.4. Duração igual ou superior a 2 (dois) anos

A duração do contrato também é um critério em que não houve maiores discussões, sendo inclusive o critério mais objetivo da Resolução nº 17/2016.[83] Segundo o ex-Conselheiro do CADE Paulo Burnier, o objetivo de se estabelecer um prazo mínimo de dois anos (prazo este que já constava na resolução anterior) seria "eximir os contratos de curta duração do escrutínio do CADE, pelo baixo impacto que geram nas estruturas do mercado.[84]

Na consulta pública que colheu sugestões quanto à redação da Resolução nº 17/2016 houve algumas sugestões no sentido de que o prazo mínimo para que um contrato associativo fosse notificável seria de 4 ou 5 anos, mas nenhuma no sentido de excluir algum prazo mínimo.[85] Aparentemente, portanto, houve convergência no entendimento de que um prazo mínimo é um critério relevante, na medida em que estruturas estáveis e que tenham o condão de impactar o mercado devem existir por um período minimamente razoável de tempo, havendo pluralidade de posicionamento apenas quanto à duração desse período mínimo.

Embora a questão do período mínimo de duração contratual não tenha sido objeto de maiores discussões nas análises

[83] Luis Lima e Fernanda Madi afirmam que devido ao critério temporal, empresas passaram a definir o prazo contratual como indeterminado, de modo a evitar a notificação dos contratos até que o prazo estivesse para exceder os 2 anos. LIMA, Luis Gustavo Rolim Rosa, MADI, Maria Fernanda. Contratos associativos e os desafios para as políticas de defesa da concorrência, p. 18. *In* ANDREOLI, Daniel Oliveira, HONDA, Joyce Midori. **A concorrência em análise: reflexões dos membros da SECORE/OAB-São Paulo**. São Paulo: SCORTECCI, 2018.

[84] Ato de Concentração nº 08700.002699/2017-13. Requerentes: Hamburg Südamerikanische Dampfschifffahrts-Gesellschaft KG, Aliança Navegação e Logística S.A., MSC Mediterranean Shipping Company S.A.Voto do Conselheiro Paulo Burnier da Silveira, para. 26.

[85] As sugestões estão consolidadas na Nota Técnica nº 1/2016/SGA1/SG/CADE, referente ao Processo nº 08700.003514/2016-15.

do CADE, uma questão interessante a se observar no futuro é a duração desse prazo mínimo em diferentes setores econômicos. O prazo mínimo de dois anos, aplicável sem distinção a qualquer tipo de contrato, e sem levar em conspiração o setor de atuação das partes e as características do negócio jurídico, pode não ser a solução ideal. É possível que em determinados setores, por exemplo, uma cooperação através de mecanismos contratuais só faça sentido por períodos maiores de tempo, como no caso de setores em que são necessários investimentos vultuosos e com período de maturação maior. Ou, ao contrário, pode ser que determinados setores sejam capazes de desenvolver produtos ou serviços que impactem as estruturas de mercado através de cooperação contratual em prazo inclusive inferior a dois anos, como no caso de determinadas soluções tecnológicas cujo prazo de desenvolvimento pode ser menor que dois anos, especialmente ao se observar o emprego cada vez maior de ferramentas como a inteligência artificial e a crescente capacidade de análise de grandes quantidades de dados de maneira rápida e eficiente.[86]

4.5. Decisões do CADE em relação determinados tipos contratuais

A sistematização dos tipos contratuais[87] que podem ser considerados como contratos associativos é tarefa praticamente

[86] Em um relatório publicado em 2017, a McKinsey & Company sugere que tecnologias baseadas em inteligência artificial em pesquisa e desenvolvimento podem reduzir o tempo para introduzir um novo produto no mercado em 10% e, em determinados casos, em até 40%. In McKinsey & Company. **Smartening up with artificial intelligence (AI): What's in it for Germany and its industrial sector?**, abril de 2017. Disponível em: https://www.mckinsey.com/industries/semiconductors/our-insights/smartening-up-with-artificial-intelligence. Acesso em: 06 out. 2021, p. 35.

[87] A expressão tipos contratuais é aqui utilizada englobando tanto os contratos típicos conforme previsão legal quanto os contratos socialmente típicos,

impossível. Há vários motivos para isso. Como visto na seção 2.1, os contratos associativos se inserem dentro de um amplo espectro de contratos, sendo claro apenas que eles não são os denominados contratos de intercâmbio e tampouco os de sociedade. Entre esses extremos, há uma infinidade de arranjos contratuais possíveis.

Além disso, uma sistematização abrangente dos tipos contratuais que poderiam ser caracterizados como contratos associativos provavelmente seria de pouca utilidade prática. Tome-se como exemplo o contrato de distribuição, por meio do qual um "agente econômico (fornecedor) obriga-se ao fornecimento de certos bens ou serviços a outro agente econômico (distribuidor), para que este os revenda, **tendo como proveito econômico a diferença entre o preço de aquisição e de revenda**".[88] No contrato de distribuição, portanto, haveria cooperação e interdependência, mas não empreendimento comum ou compartilhamento de riscos, pois o bem a ser distribuído é adquirido do fornecedor pelo distribuidor, que assume o risco por aquele bem e obtém seu resultado pela revenda. Forgioni resume bem essa dinâmica:

> Claramente, as atividades e as áleas da fornecedora e da distribuidora são interdependentes: quanto maiores as vendas ao consumidor final, maiores os proveitos para ambas. No entanto, **a fornecedora ontem seu lucro da alienação à distribuidora e esta, por sua vez, das vendas aos consumidores finais**. Manter-se-ão **apartados seus custos, fontes de receitas, patrimônios e obrigações**. Ou seja, as atividades, as áleas, os lucros e os pre-

conforme leciona Paula Forgion. FORGIONI, Paula A. **Contratos empresariais: teoria geral e aplicação**. 5ª ed. São Paulo: Thomson Reuters Brasil, 2020, p. 52.

[88] FORGIONI, Paula A. **Contrato de distribuição**. 3ª Ed rev., atual. e ampl. São Paulo: Thomson Reuters Brasil, 2014, p. 82.

juízos de ambas são **interdependentes, mas não são comuns.**[89] (grifo nosso)

A realidade, contudo, permite que essa conceituação clássica seja modificada pelas partes, que podem prever modos de compartilhamento dos preços que impliquem em divisão dos riscos e dos resultados.

Não à toa, a prática do CADE tem mostrado que certos contratos de distribuição, quando alinhados à essa definição mais clássica, tendem a não gerar empreendimento comum ou compartilhamento de riscos e resultados.[90]

Em outros atos de concentração envolvendo contratos de distribuição, contudo, o CADE entendeu que o grau de coordenação conjunta para o fornecimento de bens destoava, em larga medida, de um contrato de distribuição em sentido clássico[91], ou, ainda, quando constatou que o contrato previa forma "destoante do pagamento de uma remuneração comum a uma mera relação de distribuição"[92], conhecendo contratos de distribuição como contratos associativos em algumas ocasiões.[93]

De toda forma, é válido o exercício de pontuar algumas tendências do CADE sobre determinados tipos contratuais em

[89] Forgioni, Paula A. **Contratos empresariais: teoria geral e aplicação.** 5ª ed. São Paulo: Thomson Reuters Brasil, 2020, p. 198.

[90] Ato de Concentração nº 08700.001943/2020-26. Requerentes: Novartis Biociências S/A e Divcom S/A. Parecer nº 154/2019/CGAA5/SGA1/SG, para. 19.

[91] Ato de Concentração 08700.002873/2019-90, Requerentes: Mondelez Brasil Ltda. e Danone Ltda. Parecer nº 195/2019/CGAA5/SGA1/SG, para. 20.

[92] Ato de Concentração 08700.005953/2018-16. Requerentes: Ambev S.A. e PepsiCola Industrial da Amazônia Ltda. Parecer: 345/2018/CGAA5/SGA1/SG, para. 28.

[93] Ato de Concentração 08700.004121/2019-63. Requerentes: AstraZeneca do Brasil Ltda., Bayer S.A., Bristol-Myers Squibb Farmacêutica Ltda., Produtos Roche Químicos e Farmacêuticos S.A. e Wyeth Indústria Farmacêutica Ltda. Parecer nº 286/2019/CGAA5/SGA1/SG.

relação aos quais parece haver certo consenso no sentido de que se caracterizam como contratos associativos, bem como determinados tipos que o CADE já entendeu como não se caracterizando como tal. Segundo Paulo Burnier, algumas formas contratuais parecem ensejar o conhecimento da operação pelo CADE como contratos associativos, são elas:

- Contratos de *RAN Sharing*[94]
- *Vassel Sharing Agreements*[95]
- *Joint Business Agreement*[96]

No sentido de não se configurarem como contratos associativos de notificação obrigatória:

- *Slot Charter Agreement*[97]
- *Sailing Frequency Agreement*[98]
- *Codeshare*[99]

[94] Silveira, Paulo Burnier da. **Direito da Concorrência** (Silveira, Paulo Burnier da. Direito da Concorrência (Locais do Kindle 534-535). Forense. Edição do Kindle. Rio de Janeiro: Forense, 2021.

[95] Silveira, Paulo Burnier da. **Direito da Concorrência** (Silveira, Paulo Burnier da. Direito da Concorrência (Locais do Kindle 627-629). Forense. Edição do Kindle. Rio de Janeiro: Forense, 2021.

[96] Silveira, Paulo Burnier da. **Direito da Concorrência** (Silveira, Paulo Burnier da. Direito da Concorrência (Locais do Kindle 645). Forense. Edição do Kindle. Rio de Janeiro: Forense, 2021.

[97] Silveira, Paulo Burnier da. **Direito da Concorrência** (Silveira, Paulo Burnier da. Direito da Concorrência (Locais do Kindle 627-629). Forense. Edição do Kindle. Rio de Janeiro: Forense, 2021.

[98] Silveira, Paulo Burnier da. **Direito da Concorrência** (Silveira, Paulo Burnier da. Direito da Concorrência (Locais do Kindle 627-629). Forense. Edição do Kindle. Rio de Janeiro: Forense, 2021.

[99] Silveira, Paulo Burnier da. **Direito da Concorrência** (Silveira, Paulo Burnier da. Direito da Concorrência (Locais do Kindle 591-592). Forense. Edição do Kindle. Rio de Janeiro: Forense, 2021.

Trata-se de formas contratuais bastante específicas a determinados mercados. No caso dos contratos de *Ran Sharing*, são usualmente utilizados no mercado de telecomunicação. Burnier ilustra o nível de intensidade de cooperação desses acordos, o que facilita a compreensão de porque o CADE tem conhecido esses contratos:

Figura 2. Nível de cooperação em contratos de Ran Sharing

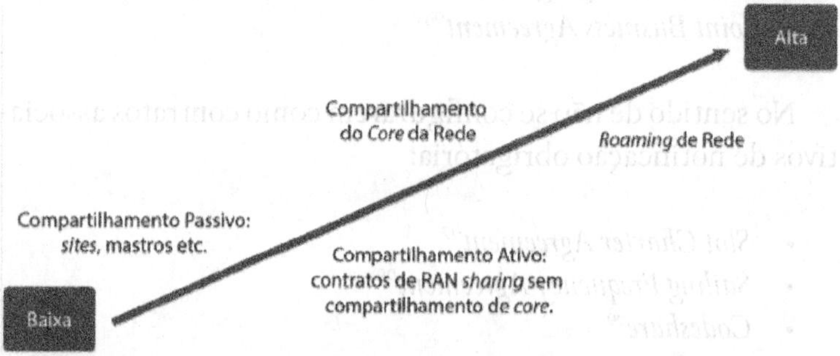

SILVEIRA, Paulo Burnier da. **Direito da Concorrência** (Silveira, Paulo Burnier da. Direito da Concorrência (Locais do Kindle 517). Forense. Edição do Kindle. Rio de Janeiro: Forense, 2021.

No mesmo sentido, os contratos de *Vassel Sharing Agreements*, *Sailing Frequency Agreements* e *Slot Charter Agreements* são típicos do mercado de transporte de cargas por navios. A figura abaixo ilustra os níveis de cooperação de cada um desses tipos:

Figura 3. Nível de cooperação em Vassel Sharing Agreements, Sailing Frequency Agreements e Slot Charter Agreements

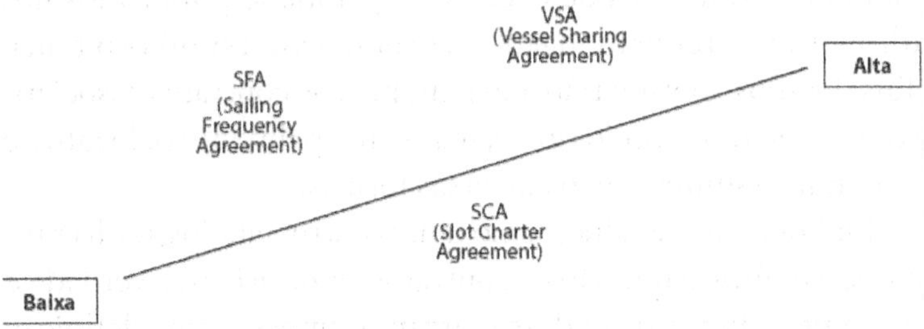

SILVEIRA, Paulo Burnier da. **Direito da Concorrência** (Silveira, Paulo Burnier da. Direito da Concorrência (Locais do Kindle 640). Forense. Edição do Kindle. Rio de Janeiro: Forense, 2021.

Por fim, os acordos de *codeshare* e *Joint Business Agreements* são característicos do setor aéreo. Novamente, Burnier destaca o nível de cooperação como elemento didático para a compreensão da prática do CADE de conhecer como atos de concentração os *Joint Business Agreements*, mas não os contratos de *codeshare*:

Figura 4. Nível de cooperação em Joint Business Agreements e contratos de codeshare

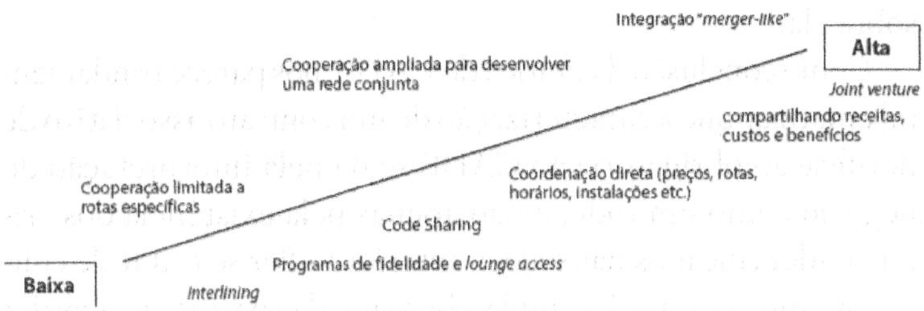

SILVEIRA, Paulo Burnier da. **Direito da Concorrência** (Silveira, Paulo Burnier da. Direito da Concorrência (Locais do Kindle 652). Forense. Edição do Kindle. Rio de Janeiro: Forense, 2021.

5. Considerações finais

A definição de contratos associativos é um tema desafiador, embora os trabalhos de excelente qualidade publicados nos últimos anos tenham jogado luz sobre esse espinhoso tema. Tais desafios continuarão a existir, pois os contratos associativos não são um arranjo típico, mas principalmente pelo fato de poderem assumir as mais diversas formas.

Embora este trabalho, como tantos outros citados, tenha procurado definir o que são os contratos associativos, a verdade é que a própria natureza desses arranjos impede uma definição objetiva, precisa e delimitada.

As estatísticas de operações não conhecidas, bem como a notificação de diversos contratos que claramente não se constituem em contratos com alto grau de cooperação e previsão de fim comum evidenciam que há uma significativa insegurança jurídica em relação à definição de quais contratos associativos devem ser notificados ao CADE. A existência de algumas discussões no âmbito do Tribunal do CADE aparentemente pouco harmônicas sobre a classificação das *joint ventures* contratuais como sendo contratos associativos apenas contribuem para essa insegurança. Por outro lado, é inegável o avanço da Resolução nº 17/2016, em que pesem as críticas sobre ela.

Como conclusão da prática do CADE, nos parece fundamental enfatizar que a caracterização de um contrato associativo de notificação obrigatória ao CADE se dá pela interpretação do negócio como um todo, e não apenas pela existência dos critérios identificados nas seções anteriores. Por se tratar de contratos empresariais, há ampla liberdade das partes em acordar arranjos dos mais diversos, o que exige da autoridade antitruste e dos advogados que atuam na área a habilidade de interpretar a relação comercial de maneira completa e aprofundada, e não apenas do ponto de vista formal, o que inclusive vai de encontro a um dos princípios norteadores do direito da concorrência, o da *prevalência do conteúdo sobre a forma.*

Nesse contexto, elementos como compartilhamento de ativos, criação de estruturas de governança entre as partes (governança contratual), tomada de decisões conjuntas sobre questões concorrencialmente sensíveis (preços, custos, oferta de bens e serviços), ingerência de uma parte na outra, órgãos de decisão de conflitos e planejamento conjunto de atividades de expansão merecem ser considerados pontos de atenção relevantes que, se presentes, indicam a necessidade de uma avaliação mais aprofundada do contrato à luz dos critérios da Resolução nº 17/2016.

Dito isso, há algumas alternativas ao CADE para minimizar a incerteza referente aos contratos associativos.

Primeiro, conforme sugestão do ex-conselheiro João Paulo Resende, o art. 63 do Regimento Interno do CADE permite que as decisões do órgão possam ser compendiadas em súmulas do Tribunal. Podem ser objeto de súmulas os julgamentos de casos tomados pelo voto da maioria absoluta dos membros que integram o Plenário do Tribunal em, pelo menos, 10 (dez) precedentes concordantes ou as decisões definitivas de competência da Superintendência-Geral não reformadas pelo Tribunal em, pelo menos, 10 (dez) precedentes concordantes.

Considerando que até o momento o CADE analisou aproximadamente 70 atos de concentração ao longo de quase 5 anos da vigência da Resolução nº 17/2016, pode se dizer que o CADE já adquiriu massa crítica o suficiente para indicar de maneira clara o resultado de suas análises, ainda que exista alguma divergência em relação a determinadas questões.

Por fim, outra forma de trazer maior previsibilidade seria através do papel do CADE em sede de advocacia da concorrência. O CADE tem, ao longo dos anos, adotado uma prática exitosa de publicar guias sobre temas relevantes para a prática do órgão. Nesse sentido, destacando novamente a massa crítica já formada ao longo dos anos, o CADE poderia considerar a elaboração de um guia não vinculante sobre a Resolução nº 17/2016, o que certamente seria de extrema valia para orientação do setor privado. Essa solução poderia, por exemplo, indicar os tipos de relação contratual, ou mesmo modelos de cláusulas contratuais capazes de preencher os requisitos de empreendimento comum e compartilhamento de custos e receitas. Atualmente, em virtude das regras de confidencialidade, terceiros que não as requerentes de uma operação envolvendo contratos associativos e o CADE não tem qualquer visibilidade sobre o conteúdo de cláusulas contratuais específicas e, por conseguinte, não são capazes de avaliar se seus próprios arranjos contratuais se encaixam nos critérios da Resolução nº 17/2016.

Referências

BOTELHO, Ricardo, DELUCA, Patrícia. Contratos associativos no controle de concentrações do CADE: em busca de sentido, p. 107. *In* ANDERS et al. (coord.) **5 anos Lei de Defesa da Concorrência: Gênese, Jurisprudência e Desafios para o Futuro**. Disponível em: https://www.ibrac.org.br/livros.htm. Acesso em 01/07/2021.

CAIXETA, Deborah Batista. Contratos associativos: características e relevância para o direito concorrencial das estruturas. **Revista de Direito da Concorrência**, Vol. 4, nº 1, Maio/2016, p. 95 – 132

FILHO, Calixto Salomão. **Direito concorrencial: as estruturas.** 3ª ed. São Paulo: Malheiros, 2007.

FORGIONI, Paula A. **A evolução do direito comercial brasileiro.** 5ª ed. ver. atual e ampl. São Paulo: Thomson Reuters Brasil, 2021.

FORGIONI, Paula A. **Contrato de distribuição.** 3ª Ed rev., atual. e ampl. São Paulo: Thomson Reuters Brasil, 2014.

FORGIONI, Paula A. **Contratos empresariais: teoria geral e aplicação.** 5ª ed. São Paulo: Thomson Reuters Brasil, 2020.

FORGIONI, Paula A. **Os fundamentos do antitruste**. 11ª Ed rev. e atual. São Paulo: Thomson Reuters Brasil, 2020.

FRAZÃO, Ana. **Direito da concorrência: pressupostos e perspectivas**. São Paulo: Saraiva, 2017.

FRAZÃO, Ana. A necessária diferenciação entre contratos associativos e contratos híbridos. *In* CAMPILONGO, Celso, PFEIFFER, Roberto (Org.). **A evolução do antitruste no Brasil**. São Paulo: Singular, 2018.

FRAZÃO, Ana, CARVALHO, Angelo Prata de. Os contratos empresariais de cooperação e os mecanismos de governança. Elementos de operacionalização dos contratos relacionais ou híbridos, p. 65. *In* BAGNOLI, Vicente, MENEZES, Daniel Francisco Nagao, DEL MASSO, Fabiano Dolemenc, RAMUNNO, Pedro Alves Lavacchini (Org.). **Direito, empresas e empreendedorismo.** 1ª ed. São Paulo: ESENI Editora, 2020.

LIMA, Luis Gustavo Rolim Rosa, MADI, Maria Fernanda. Contratos associativos e os desafios para as políticas de defesa da concorrência. *In* ANDREOLI, Daniel Oliveira, HONDA, Joyce Midori. **A concorrência em análise: reflexões dos membros da SECORE/OAB-São Paulo**. São Paulo: SCORTECCI, 2018.

LOURDES, Júlia Marsola. Contratos associativos: do deságio conceitual à dificuldade de enquadramento pelo CADE. *In* MACEDO, Agnes et al (Org.). **Mulheres no antitruste**. São Paulo: Editora Singular, 2018, Capítulo 1.

KREIN, Julia. Contratos associativos: na contramão da Lei nº 12.529/11. **Revista do Ibrac**, Revista 25, Nº 1, 2020.

McKinsey & Company. **Smartening up with artificial intelligence (AI): What's in it for Germany and its industrial sector?**, abril de 2017. Disponível em: https://www.mckinsey.com/industries/semiconductors/our-insights/smartening-up-with-artificial-intelligence. Acesso em: 06 out. 2021.

RIBEIRO, Elisa Silva de Assis. Os contratos associativos e a evolução do controle de estruturas no Brasil, p. 755. CAMPILONGO, Celso, PFEIFFER, Roberto (Org.). **A evolução do antitruste no Brasil**. São Paulo: Singular, 2018.

ROSEMBERG, Bárbara, TERNG, Vivian, EXPOSTO, Marcos, ZORICIC, Ana Carolina Cabana. Comentários à recente experiência do CADE com contratos associativos, p. 451. In **Direito concorrencial: avanços e perspectivas** – Livro 1 / RODAS, João Grandino (Coord.). 1ª ed. Curitiba: Editora Prismas, 2018.

SILVEIRA, Paulo Burnier da. **Direito da Concorrência** (Silveira, Paulo Burnier da. Direito da Concorrência (Locais do Kindle 591-592). Forense. Edição do Kindle. Locais do Kindle 591-592). Rio de Janeiro: Forense, 2021.

Precedentes do CADE

Ato de Concentração nº 08700.006373/2020-61. Requerentes SERASA S.A. e CLARO S.A. Parecer nº 10/2021/CGAA2/SGA1/SG.

Ato de Concentração nº 08700.006373/2020-61. Requerentes SERASA S.A. e CLARO S.A. Despacho Decisório nº 11/2021/GAB1/CADE.

Ato de Concentração nº 08700.006373/2020-61. Requerentes SERASA S.A. e CLARO S.A. Voto vogal do Conselheiro Maurício Oscar Bandeira Maia.

Ato de Concentração nº 08700.006373/2020-61. Requerentes SERASA S.A. e CLARO S.A. Voto vogal da Conselheira Paula Farani de Azevedo Silveira.

Ato de Concentração nº 08700.003855/2020-69. Requerentes: BRF S.A. e UPFIELDBrasil Holding Ltda. Parecer nº 70/2021/CGAA5/SGA1/SG.

Ato de Concentração nº 08700.003855/2020-69. Requerentes: BRF S.A. e UPFIELDBrasil Holding Ltda. Voto do relator Conselheiro Mauricio Oscar Bandeira de Mello.

Ato de Concentração nº 08700.003855/2020-69. Requerentes: BRF S.A. e UPFIELDBrasil Holding Ltda. Voto-vogal da Conselheira Lenisa Prado

Ato de Concentração nº 08700.006373/2020-61. Requerentes SERASA S.A. e CLARO S.A. E-mail das requerentes – Documento SEI 0865650.

Ato de Concentração nº 08700.006373/2020-61. Requerentes SERASA S.A. e CLARO S.A. Parecer 10/2021/CGAA2/SGA1/SG.

Ato de Concentração nº 08700.006656/2020-11. Requerentes: Claro S.A e Telefônica Brasil S.A. Parecer 7/2021/CGAA4/SGA1/SG.

Ato de Concentração nº 08700.004359/2020-22. Requerentes: Amil Assistência Médica Internacional S.A. e Zurich Santander Brasil Odonto Ltda. Parecer nº 299/2020/CGAA5/SGA1/SG.

Ato de Concentração nº 08700.002194/2019-11. Requerentes: Novelis do Brasil Ltda., Latasa Indústria e Comércio Ltda., Latasa Metais Ltda., Aluzinco Indústria e Comércio de Metais Ltda., Latasa MS Reciclagem Ltda., Latasa Garimpeiro Urbano Com. Metais Ltda., Latasa Garimpeiro Urbano Centro Oeste Com. Metais Ltda., Latasa Garimpeiro Urbano Nordeste Com. Metais Ltda., Latasa Garimpeiro Urbano Rio de Janeiro Com. Metais Ltda., Latasa Garimpeiro Urbano Sul Com. Metais Ltda., Latasa Garimpeiro Urbano Manaus Com. Metais Ltda. e Latasa Garimpeiro Urbano Minas Com. Metais Ltda. Parecer nº 140/2019/CGAA5/SGA1/SG.

Ato de Concentração nº 08700.002873/2019-90, Requerentes: Mondelez Brasil Ltda. e Danone Ltda. Parecer nº 195/2019/CGAA5/SGA1/SG.

Ato de Concentração nº 08700.004121/2019-63. Requerentes: AstraZeneca do Brasil Ltda., Bayer S.A., Bristol-Myers Squibb Farmacêutica Ltda., Produtos Roche Químicos e Farmacêuticos S.A. e Wyeth Indústria Farmacêutica Ltda. Parecer nº 286/2019/CGAA5/SGA1/SG.

Ato de Concentração nº 08700.002810/2019-33. Requerentes: Oncoclínicas do Brasil Serviços Médicos S.A. e Associação Congregação Santa Catarina – Casa de Saúde de São José. Parecer nº 199/2019/CGA5/SGA1/SG.

Ato de Concentração nº 08700.002276/2018-84. Requerentes: TIM CELULAR S.A. e OI MÓVEL S/A. Parecer nº 103/2018/CGAA5/SGA1/SG.

Ato de Concentração nº 08700.002276/2018-84. Requerentes: TIM CELULAR S.A. e OI MÓVEL S/A. Voto do Conselheiro João Paulo Resende.

Ato de Concentração nº 08700.002276/2018-84. Requerentes: TIM CELULAR S.A. e OI MÓVEL S/A. Voto do Conselheiro Paulo Burnier da Silveira.

Ato de Concentração nº 08700.005953/2018-16. Requerentes: Ambev S.A. e PepsiCola Industrial da Amazônia Ltda. Parecer: 345/2018/CGAA5/SGA1/SG.

Ato de Concentração nº 08700.006533/2017-76. Requerentes: Boa Vista Serviços S.A. e Serasa S.A. Parecer nº 342/2017/CGAA5/SGA1/SG.

Ato de Concentração nº 08700.002529/2017-39. Requerentes: TAM Linhas Aéreas S.A. e Qatar Airways Q.C.S.C. Parecer nº 4/2017/CGAA4/SGA1/SG.

Ato de Concentração nº 08700.002699/2017-13. Requerentes: Hamburg Südamerikanische Dampfschifffahrts-Gesellschaft KG, Aliança Navegação e Logística S.A., MSC Mediterranean Shipping Company S.A. Voto do Conselheiro Paulo Burnier da Silveira.

Ato de Concentração nº 08700.008484/2016-25. Requerentes: Medley Farmacêutica Ltda. e Aurobindo Pharma Limited. Parecer nº 17/2017/CGAA5/SGA1/SG.

Consulta nº 08700.008419/2016-08. Consulentes: Warner Bros. Home Entertainment Inc. e EA Swiss Sàrl.

Consulta nº 08700.006858/2016-78, Consulente: Hamburg Südamerikanische Dampfschifffahrts-Gesellschaft KG. Voto do Conselheiro Paulo Burnier.

Legislação

BRASIL. Lei nº 12.529, de 30 de novembro de 2011. Diário Oficial da União de 1º de novembro de 2011 (retificado em 2 de novembro de 2011).

BRASIL. Lei nº 8.884, de 11 de junho de 1994. Diário Oficial da União de 13 de junho de 1994.
Brasília: 2011. CADE, Resolução nº 17, de 18 de outubro de 2016. Diário Oficial da União de 25 de outubro de 2016. Brasília: 2016.
CADE, Resolução nº 10, de 29 de outubro de 2014 (revogada). Diário Oficial da União de 04 de novembro de 2014. Brasília: 2014.

USO DA INTELIGÊNCIA ARTIFICIAL: UMA ANÁLISE DE SEUS POSSÍVEIS REFLEXOS JURÍDICOS E A POSSIBILIDADE DE CRIAÇÃO DE CONTRATOS POR INSTRUMENTO AUTÔNOMO

BRUNO VERIDIANO GERALDINI

Introdução

O presente trabalho visa comentar sobre a aplicação de tecnologias de Inteligência Artificial (IA) e Aprendizado de Máquina na concepção dos contratos e alguns de seus possíveis reflexos.

Atualmente a evolução das tecnologias de Inteligência Artificial e Aprendizado de Máquina permite com que as máquinas sejam cada vez mais autônomas e independentes em suas tarefas. A elaboração de contratos não ficaria de fora, a fusão do direito com a tecnologia permitirá que cada usuário tenha o seu contrato elaborado por meio de uma interface direta com uma Inteligência Artificial jurídica. Dessa forma a agilidade dos demandantes dos contratos seria exponencialmente melhorada e, possivelmente, mais amigável do que as atuais interações e demandas entres as diversas áreas de uma empresa e a sua equipe jurídica, por exemplo.

Esses desgastes entre as áreas em uma empresa geram, muitas vezes, disputas e dificuldades na fluência dos projetos, principalmente em casos mais simples que não demandariam a presença de um advogado dedicado para o tema. Outra hipótese de utilização dessa ferramenta seria a melhora das relações contratuais entre leigos por meio de uma plataforma que reduzisse os custos com advogados. Tal plataforma melhoraria a qualidade dos contratos, que muitas vezes não são feitos por advogados e podem possuir vícios que prejudiquem na execução do referido contrato.

Com o avanço das tecnologias surgem ferramentas que auxiliam o usuário na utilização da confecção de contratos, desde modelos mais simples como modelos de "cliques guiados" onde o usuário geralmente é guiado por uma série de opções condicionantes na construção do instrumento, até modelos mais modernos com o uso de *chatbots* em que o usuário apenas insere as informações do negócio acompanhada de dados básicos e fundamentais para o contrato como Qualificações, valores e etc. e a Inteligência Artificial por traz da plataforma constrói o instrumento de forma autônoma, sem a ingerência do usuário.

Com a "delegação" da elaboração de um contrato para uma máquina há um conflito aparente de responsabilização pelas decisões de estruturas contratuais para um código de programação. Dessa forma na hipótese de um eventual vício ou omissão no documento elaborado por meio de Aprendizado de Máquina quem deveria se responsabilizar pelas consequências desse vício?

A nova onda da 4ª revolução industrial com o 5G vai mudar drasticamente as relações entre pessoas, pessoas e máquinas e máquinas com máquinas. A Internet das coisas (IoT), *Big Data*, Privacidade de dados, Inteligência Artificial e outras tecnologias sofrerão um salto que viabilizará tecnologias incialmente inacessíveis à população.

O atendimento humanizado por C*hatbots* impactará a sociedade de forma tão grande ou até mesmo maior do que o impacto do telemarketing, no entanto a tendência é que a precisão e objetividade dos atendimentos seja maior, quando comparados à de um atendente humano, melhorando exponencialmente a relação dos clientes com as marcas de forma que um dos elos mais perturbadores da relação dos clientes com as empresas seja otimizado e melhorado.

Nesse aspecto vale ressaltar também que um dos pontos críticos a ser estudado será sobre a responsabilização civil no uso da Inteligência Artificial e Aprendizado de Máquina. O debate sobre a responsabilidade civil é sempre constante. Desde debates já antigos como danos causados por terceiros à temas mais complexos como contratos de PPPs. A Inteligência Artificial está puxando esse barco da 4ª revolução industrial e com ele os conflitos causados. Pelo seu potencial de inovação nos leva a debates não só jurídicos, como debates éticos e morais mais profundos.

Acreditamos que essas hipóteses trazidas pelas reflexões iniciais sobre o tema sejam enfrentadas pela sociedade em breve, pois esse tema tende a expandir a recorrência no mercado. Um dos mercados mais crescentes são os das LegalTech e um dos assuntos menos explorados por elas são nesse âmbito são exatamente os contratos elaborados de forma autônoma, segundo gráfico elaborado pela AB2L (Associação Brasileira de Lawtechs e Legaltechs)[1]. A barreira tecnológica desse tema impede justamente a difusão do desenvolvimento da Inteligência Artificial porque ainda existem alguns entraves técnicos e outros financeiros. Com o avanço que estamos vivendo e a entrada das tecnologias 5G a tendência é que a popularização dessas tecnologias viabilize o uso delas por mais desenvolvedores e mais empresas que possam oferecer esse tipo de serviço cada vez mais autônomos.

[1] AB2L. Radar de Lawtechs e Legaltechs. Disponível em: https://www.ab2l.org.br/wp-content/uploads/2020/06/Lawtechs-e-Legaltechs.png. Acesso em 07 jul. 2020.

A proposta aqui é tentar termos um *flash* do futuro dos contratos com a utilização de tecnologia de ponta em sua confecção.

Hoje lidamos com estudos que nos permitem entender melhor as relações entre os contratos e os problemas enfrentados no nosso cotidiano, porém, os métodos tradicionais e os conhecimentos tradicionais não serão mais o suficiente para essa nova realidade, pois advogados não precisarão, necessariamente, saber construir os algoritmos da Inteligência Artificial que criam os contratos, mas terão de estar aptos a entender as lógicas aplicadas nas programações para poder gerir a tecnologia e entender possíveis vulnerabilidades apresentadas pela ferramentas, inclusive nas manutenções de conformidade das mesmas.

Por esse e outros motivos é que acreditamos que esse trabalho possa nos ajudar a compreender esses novos desafios que serão traçados em linhas muito mais trabalhadas e variadas dos que as que vivíamos no passado. Isso, associado à dificuldade em encontrar outros trabalhos acadêmicos que abordassem o tema da forma como está sendo proposta fez com que esse trabalho se tornasse mais relevante do ponto de vista de inovação. Há uma movimentação maior para temas mais polêmicos como carros autônomos, jurimetria, *Smart Contracts*, tomadas de decisões e etc. Especificamente para Contratos elaborados por IA não foram encontrados muitos trabalhos no mundo acadêmico.

Tendo em vista essa oportunidade de inovação, se faz relevante explorá-lo tanto para entender as relações atuais da Inteligência Artificial, como para vislumbrar possíveis oportunidades de atuação nesse mercado que será uma força inevitável que será cada vez mais frequente. Para podermos nos aproximar mais desse tema, e melhor compreendê-lo, tentando entender e observar as movimentações que estamos vivendo nesse sentido.

Apesar de os temas de Inteligência Artificial, contratos e responsabilidade civil já terem sido explorados inúmeras vezes a junção desses temas é uma abordagem inovadora e que permitirá trazer um tom de inovação para esse tema tão bem explorado na história do direito brasileiro e mundial.

Evidente que todo o exposto aqui é uma grande aposta e um exercício de futurologia, mas com toda a evolução em Inteligência Artificial e Aprendizado de Máquina com a necessidade avassaladora que o Direito demanda dessas novas tecnologias, veremos, em breve, movimentações próximas disso. Hoje em dia já vemos algumas empresas despontando com propostas semelhantes, mas nenhuma delas, consegue associar uma usabilidade amigável com a automação na elaboração completa dos documentos.

O presente trabalho propõe uma abordagem qualitativa sobre o tema, com natureza aplicada, pesquisa focada no pilar de objetivo descritivo, hipotético-dedutivo, dedutivo e dialético por meio de pesquisas bibliográficas e documentais.

A abordagem qualitativa se dá pois o foco deste trabalho será em analisar profundamente características de institutos já existentes, uns mais novos (Inteligência artificial e Aprendizado de Máquina), outros mais antigos e já consolidados (Responsabilidade Civil), para assim poder colocá-los em uma mesma página e tentarmos entender como se relacionam e como se impactam.

A natureza aplicada é uma consequência natural pois os estudos aqui propostos servirão de fagulha para interpretação do âmbito de responsabilidade civil nessa seara tão pouco explorada no momento que são os Contratos por Instrumento Autônomo.

Pela característica inovadora do projeto, acredito que será necessário se apoiar em diversas características metodológicas para podermos desenvolver o tema da forma mais contundente e embasada.

O método descritivo nos propicia a exata compilação de todas as informações coletadas ao longo do trabalho, teremos uma pluralidade vasta de fontes como sites, trabalhos acadêmicos, artigos de revistas, artigos de revistas científicas, livros, vídeos, palestras, aulas e etc. O método descritivo será o método escolhido para fazer as relações entre o mundo jurídico e tecnológico de forma que seja possível concatenar as relações entre Inteligência Artificial e Aprendizado de Máquina com a classificação de contrato típicos e atípicos.

Por sua vez o método dedutivo irá nos apoiar na formação da linha de raciocínio para construir a evolução da responsabilidade civil, em especial mais recentemente com os reflexos do mundo moderno sobre esse tema, associado à face jurídica deste trabalho a método dedutivo será utilizado na descrição e estruturação dos conceitos de contratos típicos e atípicos para melhor balizar as interpretações que serão utilizadas, em especial nos demais métodos. Na outra face do trabalho – face tecnológica – tentaremos trazer à luz a estruturação e casos de uso de Inteligência Artificial e Aprendizado de Máquina no mundo real.

Já o método hipotético-dedutivo nos auxiliará a tentar encaixar a realidade da Inteligência Artificial e Aprendizado de Máquina nessa nova estruturação de contratos e, indo mais à fundo, nos auxiliará a vislumbrar como que as responsabilidades civis podem ser distribuídas em contratos que se utilizarem dessa tecnologia. Por fim o método dialético será fundamental para conseguirmos construir um raciocínio lógico entre as relações da Inteligência Artificial e do Aprendizado de Máquina com a elaboração dos contratos.

O intuito nesse trabalho não é o enfoque no Código de Defesa do Consumidor, nas relações trabalhistas entre programadores e empresas ou um aprofundamento vertical na responsabilidade civil com o uso de Inteligências Artificiais. O presente trabalha foca na possibilidade de um algoritmo criar instrumentos contratuais de forma autônoma, trazendo alguns aspectos que tocam os temas acima elencados, bem como leis e projetos de leis específicos sobre o tema de Inteligência Artificial e as medidas internacionais sendo adotadas para tal. Dessa forma, como seria um algoritmo de Inteligência Artificial construindo um instrumento contratual?

1. O início de tudo

Essa expressão é comummente utilizada quando relacionada à religião ou questionamentos abstratos e etéreos, não é o caso do presente trabalho, nesse capítulo iremos explorar um pouco as características da Inteligência Artificial (IA) Aprendizado de Máquina (*Machine Learning*), Aprendizado Profundo (*Deep Learning*), Processamento de Linguagem Natural (PLN) e *Chatbots.*

1.1. Inteligência Artificial

A Inteligência Artificial já é uma realidade em nosso cotidiano, seja nas sugestões de compras que recebemos por e-mail, interação com assistentes digitais em nossos celulares etc. Das mais simples para as mais complexas ela já é uma realidade diária em nossas vidas. No entanto, vamos retomar um pouco da sua origem e algumas referências para melhor compreendê-la e estarmos todos na mesma página.

Conforme trazido pelo Professor PEREIRA, SILVIO do L. a célebre frase de *Alan Turing* em 1950 descreve a Inteligência Artificial como[2]:

> Não sabemos definir precisamente o que é inteligência e, consequentemente, não podemos definir o que é inteligência artificial. Entretanto, embora não tenhamos uma definição de inteligência, podemos assumir que o ser humano é inteligente. Portanto, se uma máquina fosse capaz de se comportar de tal

[2] PEREIRA, Silvio do Lago. Introdução à Inteligência Artificial. Disponível em: https://www.ime.usp.br/~slago/IA-introducao.pdf. Acesso em: 29 jun. 2020.

forma que não pudéssemos distingui-la de um ser humano, essa máquina estaria demonstrando algum tipo de inteligência que, nesse caso, só poderia ser inteligência artificial.

De lá para cá, muita coisa mudou passando por algumas fases de evolução da IA foram definidas, também trazidas PEREIRA, SILVIO do L.[3] pelo professor com o início das pesquisas de modelos de neurônios artificiais de McCulloch & Pitts entre 1943 e 1950, passando por realizações de tarefas mais elaboradas como jogos de xadrez por Shannon e Turing, provas de teoremas de lógica por Newell & Simon, planejamento de tarefas por Green, comunicação por linguagem natural por Weizenbaum, aprendizado por analogia por Evans e análise de estruturas moleculares por Buchan, tudo isso no período de 1951 à 1969. Entre 1970 e 1980 dificuldades de armazenamento foram encontradas pelos pesquisadores, confirmadas por Cook por meio da Teoria da Complexidade Computacional, demonstrando que não apenas o esgotamento de armazenamento seria um entrave para o desenvolvimento posterior da IA, o que levou a uma desaceleração das pesquisas sobre o trema na comunidade cientifica. Por fim, desde 1981 temos o ressurgimento das pesquisas em IA sendo cada vez maiores e mais avançados.

De forma resumida e mais precisa, o Professor Gary E. Marchant nos traz que "De forma simples, IA é o desenvolvimento e uso de programas de computadores que performam tarefas que normalmente necessitariam de uma inteligência humana (tradução livre)"[4].

[3] PEREIRA, Silvio do Lago. Introdução à Inteligência Artificial. Disponível em: https://www.ime.usp.br/~slago/IA-introducao.pdf. Acesso em: 29 jun. 2020.

[4] *"At its simplest, AI is the development and use of computer programs that perform tasks that normally require human intelligence."*

MARCHANT, GARY E. Artificial Intelligence and the Future of Legal Practice. Disponível em: https://www.americanbar.org/groups/science_technology/

Com esse pano de fundo é possível entender que a IA tem como características básica realizar funções que apenas a inteligência humana seria capaz de realizar anteriormente, mas não só apenas isso, a IA é composta por diversos fatores intrínsecos que sem eles não seria possível que ela existisse.

Conforme trazido pela SalesForce em sua página[5]:

> Independente de os modelos teóricos sobre a inteligência artificial existirem há muito tempo, os computadores ainda precisavam de três coisas para evoluir, de fato, da computação simples para a IA real:
>
> Bons modelos de dados para classificar, processar e analisar os dados de forma inteligente.
>
> Acesso a grande quantidade de dados não processados para alimentar os modelos, para que continuem a se aprimorar.
>
> Computação de grande potência com custo acessível para que seja possível o processamento rápido e eficiente.

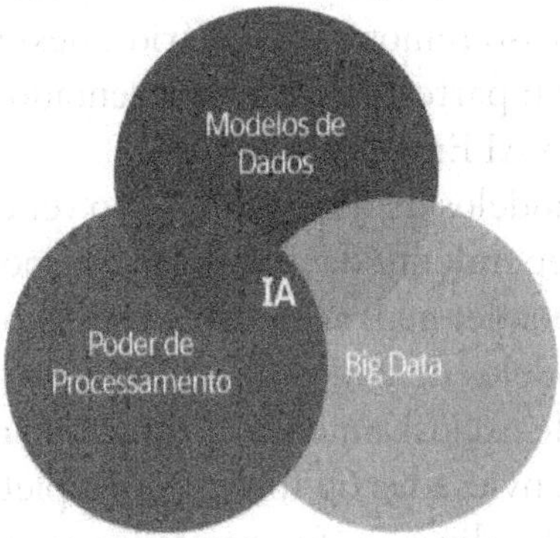

publications/scitech_lawyer/2017/fall/artificial-intelligence-and-future-legal-practice/ Acesso em: 29 jun. 2020.

[5] SALESFORCE. Entenda os principais conceitos e o que é inteligência artificial. Disponível em: [www.salesforce.com/br/products/einstein/ai-deep-dive/]. Acesso em: 01 jul. 2020.

Atualmente, a inteligência artificial é finalmente possível com a seguinte fórmula: big data + computação em nuvem + bons modelos de dados = máquinas mais inteligentes.

Ou seja, podemos afirmar que a IA é uma composição de diversas tecnologias que podem se resumir na equação trazida pela SalesForce (big data + computação em nuvem + bons modelos de dados = IA). De forma bem simplista podemos resumir esses elementos da seguinte forma:

a) *Big data*: "*Big Data* é o termo que se utiliza para explicar grandes quantidades de informações (dados), estruturadas ou não, que são a base para determinar padrões e fazer previsões. Hoje em dia, no mundo todo, são gerados trilhões de dados, e essa quantidade imensa é o que alimenta a inteligência artificial e os processos de machine learning, deep learning e PLN."[6]
b) Computação em nuvem: É a capacidade de grande armazenamento de dados em bases espalhadas pelo mundo com acesso remoto aos usuários, dessa forma podemos enfrentar parte do dilema apresentado na 3ª fase de evolução da AI Entre 1970 e 1980.
c) Bons modelos de dados: Ao nosso ver esse elemento é o mais dependente da ação humana, poderemos melhor compreender mais à diante no trabalho, mas a qualidade dos modelos de dados inseridos na programação de IA depende exclusivamente da fonte que os insere, ou seja, fontes enviesadas ou fontes incompletas podem trazer resultados diversos dos esperados, resultados não precisos ou incompletos.

[6] SALESFORCE. Entenda os principais conceitos e o que é inteligência artificial. Disponível em: www.salesforce.com/br/products/einstein/ai-deep-dive/. Acesso em: 01 jul. 2020.

Sendo assim podemos concluir que a IA é tão boa e precisa quanto esses 3 elementos. Se não o *Big data* não for adequado para aquela tarefa, ou se o armazenamento não for compatível com, ou os modelos de dados possuírem alguma falha ou vício os resultados obtidos pela IA será prejudicado.

Mas caso esses 3 elementos sejam preenchidos e organizados da forma correta podemos ter resultados incríveis. Apenas para ilustrar, temos o caso emblemático da experiência feita com a plataforma da LawGeex[7] em que advogados experientes foram colocados à prova contra a IA desenvolvida pela LawGeex.

Nessa experiência 20 advogados foram incumbidos de analisar 5 acordos de confidencialidade e identificar os erros em cada um deles. Do outro lado a IA da LawGeek analisaria os mesmos 5 documentos com o mesmo intuito. Por fim a IA teve uma precisão de 94% contra a média de 85% de precisão dos advogados.

Apesar da derrota dos advogados no percentual de identificação de erros nos 5 documentos, esse fato não é o que mais nos chama à atenção, na nossa opinião, o fator que mais impressiona é o tempo levado para realização de tal tarefa. Os advogados humanos levaram em média 92 minutos para a análise dos documentos com um desempenho de 85% de acerto, já a IA levou 26 segundos na realização da mesma tarefa com um desempenho de 94%, ou seja, a IA levou menos de meio minuto e performou melhor do que os advogados.

7 ARTIFICIAL LAWYER. LawGeex Hits 94% Accuracy in NDA Review vs 85% for Human Lawyers. Disponível em: https://www.artificiallawyer.com/2018/02/26/lawgeex-hits-94-accuracy-in-nda-review-vs-85-for-human-lawyers/#:~:text=Following%20two%20months%20of%20testing,an%20average%20rate%20of%2085%25.&text=The%20longest%20time%20taken%20by,a%20lawyer%20was%2051%20minutes. Acesso em: 01 jul. 2020.

Outro ponto que nos chama muito à atenção é levantado pelo Professor Gillian K. Hadfield na mesma matéria[8]:

> Esse experimento pode ser impreciso sobre os ganhos que a IA pode trazer na advocacia. Os advogados que revisaram esses documentos estavam completamente focados na realização da tarefa: ela não foi despriorizada na lista de prioridades, ela não foi apressada enquanto se espera por um avião ou com um olho no relógio para buscar as crianças na escola. A margem de eficiência é provavelmente maior do que os resultados apresentados (tradução livre).

Ou seja, provavelmente ao inserir elementos da vida cotidiana na performance de um advogado, o aproveitamento poderia ser ainda menor quando comparado com a IA. Não está sendo insinuado que as Ias irão substituir o trabalho de um advogado, mas se a utilização dessa ferramenta se popularizar após a fase negocial e a elaboração da minuta inicial um advogado poderia submeter o documento para análise dessa IA e focas nas nuances mais sutis e mais complexas de serem estruturadas por uma IA, como a real intenção das partes, as preocupações de cada uma delas, o contexto em que esse documento irá ser inserido etc.

[8] "This experiment may actually understate the gain from AI in the legal profession. The lawyers who reviewed these documents were fully focused on the task: it didn't sink to the bottom of a to-do list, it didn't get rushed through while waiting for a plane or with one eye on the clock to get out the door to pick up the kids. The margin of efficiency is likely to be even greater than the results shown here."
ARTIFICIAL LAWYER. LawGeex Hits 94% Accuracy in NDA Review vs 85% for Human Lawyers. Disponível em: https://www.artificiallawyer.com/2018/02/26/lawgeex-hits-94-accuracy-in-nda-review-vs-85-for-human-lawyers/#:~:text=Following%20two%20months%20of%20testing,an%20average%20rate%20of%2085%25.&text=The%20longest%20time%20taken%20by,a%20lawyer%20was%2051%20minutes. Acesso em: 01 jul. 2020.

De qualquer forma a IA veio para modificar a estrutura da forma como trabalhamos, o exemplo trazido é apenas 1 fração das infinitas possibilidades de uso dessa tecnologia, outros serão abordadas nesse trabalho como exemplificação e uma em especial será abordada de forma mais detalhada no Capítulo 3.

1.2. Aprendizado de Máquina

Após essa breve explicação sobre Inteligência Artificial, passamos a analisar algumas técnicas que fazem parte dessa tecnologia como o Aprendizado de Máquina, mais conhecido como *Machine Learning* (ML), Aprendizado Profundo, mais conhecido como *Deep Learning* e Processamento de Linguagem Natural (PLN).

O Aprendizado de Máquina, nada mais é do que a habilidade que um programa de computador tem em desenvolver novas conexões de forma autônoma aprendendo novos caminhos e novas funções independente de uma programação prévia de um ser humano, podemos nos apoiar na definição dada pela SalesForce sobre o tema:

> A definição de aprendizado de máquina envolve computadores usando dados para aprender com apenas o mínimo de programação. Em vez de programar regras para uma máquina e esperar o resultado, com machine learning, conseguimos deixar que a máquina aprenda essas regras por conta própria a partir dos dados alimentados, chegando ao resultado de forma autônoma, como, por exemplo, as recomendações personalizadas na Netflix e na Amazon. O aprendizado de máquina é o principal impulsionador da inteligência artificial.[9]

[9] SALESFORCE. Entenda os principais conceitos e o que é inteligência artificial. Disponível em: www.salesforce.com/br/products/einstein/ai-deep-dive/. Acesso em: 01 jul. 2020.

Nesse trecho trazido, fica claro os 3 elementos citados como base da IA (big data, computação em nuvem e bons modelos de dados), A máquina aprende por conta própria por ter uma grande capacidade de processamento, associada com a alimentação das informações corretas e das premissas corretas. Ou seja, nos exemplos dados (Netflix e na Amazon) nós recebemos recomendações personalizadas de conteúdo ou de produtos com base na inteligência da máquina em identificar os nossos padrões de consumo, cruzar esses padrões com uma base imensa de dados disponível e nos devolver o que possui similaridades com os nossos interesses.

Por esse motivo que quanto mais utilizamos essas ferramentas, melhores são as indicações que recebemos. Ao assistir o filme Batman: O Cavaleiro das Trevas, lançado em 2008 e estrelado por Christian Bale o Aprendizado de Máquina teria poucas informações sobre o nosso interesse e poderia tanto nos recomendar outros filmes do Christian Bale como Vice, lançado em 2018 ou Ford vs Ferrari, lançado em 2019 como outros filmes do Batman como Batman Begins, lançado em 2005 com o próprio Christian Bale ou qualquer outro filme do Batman. No entanto ao assistirmos o filme dos Vingadores: Ultimato, lançado em 2019, provavelmente o Aprendizado de Máquina irá entender que o nosso interesse é mais por filmes de super-heróis do que pelo Christian Bale individualmente e começará a sugerir mais filmes de super heróis e assim sucessivamente.

Por meio desse jogo de inserção de informações associado às premissas básicas da programação inicial e o grande catálogo disponível na Netflix a IA por traz dessas recomendações começa a agir no intuito de melhorar a nossa experiência e indicar conteúdos que ela entende serem mais relacionados com os nossos interesses.

Um fator importante de se ressaltar sobre o Aprendizado de Máquina é que as ligações e aprendizados novos que a máquina realiza são todos transparentes e conseguimos mapeá-los, no exemplo dado, conseguimos enxergar no programa de forma transparente que por nós assistirmos filmes de super heróis com mais frequência que demais gêneros, as nossas sugestões são mais frequentes com o trema de super heróis, ou seja, da inserção da informação A (assistir filmes de super heróis) conseguimos mapear o caminho que a máquina fez para chegar em B (recomendação de mais filmes de super heróis).

1.2.1. Aprendizado Profundo

Passando um pouco o método tradicional de Aprendizado de Máquina evoluímos para um novo método conhecido como Aprendizado Profundo (*Deep Learning*), a principal diferença entre o método tradicional de Aprendizado de Máquina e o Aprendizado Profundo é com relação à capacidade de aprendizado e a transparência, as técnicas de Aprendizado Profundo tentam se assemelhar à rede neural humana, com isso a capacidade de processamento é muito maior, fazendo com que o Aprendizado Profundo tenham mais capacidades e mais rapidez na realização de tarefas de forma autônoma, por outro lado, enquanto no Aprendizado de Máquina conseguimos mapear e reconstruir os caminhos de A para B no Aprendizado Profundo isso não é possível.

Voltamos a nos apoiar nas definições dessa gigante da tecnologia a SalesForce define *Deep Learning* com sendo:

> Quando falamos de aprendizado profundo, estamos nos referindo à parte do aprendizado de máquina que utiliza algoritmos complexos para imitar a rede neural do cérebro e aprender uma área do conhecimento com pouco ou nenhuma supervisão.
>
> As redes neurais artificiais são camada discretas e conexões que propagam os dados da mesma forma como acontece na cadeia do pensamento humano. Assim, os algoritmos de deep learning

tem a inteligência para reconhecer voz e linguagem natural, imagens e processos de aprendizado por conta própria.

Colaborando com esse tema o Professor Enrico Roberto conclui de forma semelhante no I Simpósio de Direito Digital OAB-SP dizendo que o *Deep Learning* permite uma maior precisão e maior capacidade de conexões dentro do *Machine Learining*, mas não possui a mesma transparência, ou seja, não conseguimos identificar com clareza o caminho feito pela máquina para obter aquele resultado, podendo ser chamado de *Black Box* do *Deep Learning*.[10]

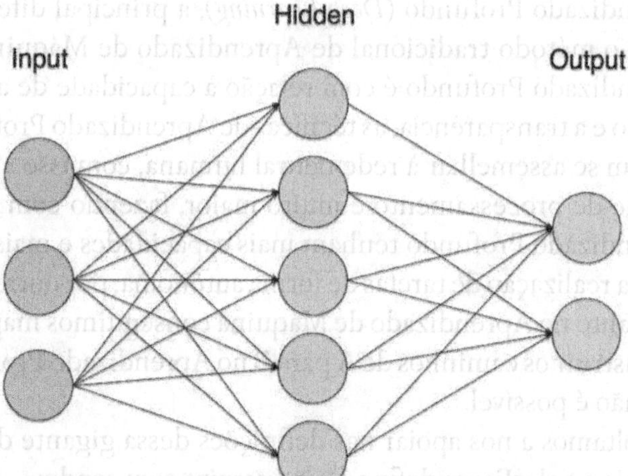

Fonte: Roberto, Enrico. I Simpósio de Direito Digital OAB-SP. ago. 2019. Disponível em: https://www.youtube.com/watch?v=8iDIsU9twrk. Acesso em: 28 jun. 2020.

[10] Roberto, Enrico. I Simpósio de Direito Digital OAB-SP. ago. 2019. Disponível em: https://www.youtube.com/watch?v=8iDIsU9twrk. Acesso em: 28 jun. 2020.

Ou seja, em troca de um ganho exponencial em capacidade e melhor desempenho do Aprendizado Profundo, temos essa barreira de não conseguirmos visualizar a forma como o algoritmo construiu aquele caminho entre a inserção da informação (*Input*) para o resultado que nos oferece (*Output*).

1.2.2. Processamento de Linguagem Natural

Por fim, a última característica de Aprendizado de Máquina que iremos ver é o Processamento de Linguagem Natural (PLN), sendo o mais simples e direto de se tratar, porém é um dos mais complexos de se atingir no momento. No intuito de facilitar nosso entendimento, voltamos a nos recorrer das definições da SalesForce que define o PLN como sendo[11]:

> O processamento de linguagem natural utiliza as técnicas de machine learning para encontrar padrões em grandes conjuntos de dados puros e reconhecer a linguagem natural. Assim, um dos exemplos de aplicação do PLN é a análise de sentimentos, onde os algoritmos podem procurar padrões em postagens de redes sociais para compreender como os clientes se sentem em relação a marcas e produtos específicos.

Em suma, o PLN visa humanizar a nossa interação com toda a tecnologia de IA, Aprendizado de Máquina ou de Aprendizado Profundo. Afinal de contas o apelo comercial de toda essa tecnologia se fosse apenas para programadores de IA não teria um impacto tão grande na sociedade, por isso a PLN se torna fundamental para melhorar essa relação entre o usuário e a IA.

[11] SALESFORCE. Entenda os principais conceitos e o que é inteligência artificial. Disponível em: www.salesforce.com/br/products/einstein/ai-deep-dive/. Acesso em: 01 jul. 2020.

Para concluir trazemos mais uma citação do já mencionado Professor Silvio do Lago sobre PLN[12]:

> Processamento de Linguagem Natural (PLN) consiste no desenvolvimento de modelos computacionais para a realização de tarefas que dependem de informações expressas em alguma língua natural (e.g. tradução e interpretação de textos, busca de informações em documentos e interface homem-máquina) [1,4].
>
> Conforme [2], a pesquisa em PLN está voltada, essencialmente, a três aspectos da comunicação em língua natural:
>
> som: fonologia
> estrutura: morfologia e sintaxe
> significado: semântica e pragmática
>
> A fonologia está relacionada ao reconhecimento dos sons que compõem as palavras de uma língua. A morfologia reconhece as palavras em termos das unidades primitivas que a compõem (e.g. caçou → caç+ou). A sintaxe define a estrutura de uma frase, com base na forma como as palavras se relacionam nessa frase (figura 1). A semântica associa significado a uma estrutura sintática, em termos dos significados das palavras que a compõem (e.g. à estrutura da figura 1, podemos associar o significado "um animal perseguiu/capturou outro
>
> animal"). Finalmente, a pragmática verifica se o significado associado à uma estrutura sintática é realmente o significado mais apropriado no contexto considerado (e.g. no contexto predador-presa, "perseguiu/capturou" → "comeu").

[12] Pereira, Silvio do Lago. Processamento de Linguagem Natural. Disponível em: https://www.ime.usp.br/~slago/IA-pln.pdf. Acesso em: 30 jun. 2020.

```
                 frase
                /     \
               /       \
      sujeito              predicado
      /     \             /    |    \
     /       \           /     |     \
artigo substantivo verbo artigo substantivo
  |         |        |     |       |
  o       gato     caçou   o     rato
```

Como podemos ver, PLN é uma área de pesquisa muito vasta, que envolve diversas disciplinas do conhecimento humano.

Não vamos nos aprofundar na PLN, pois o enfoque do trabalho não se debruça nesse aspecto, mas é de suma importância que conheçamos essa ferramenta para compormos um conceito mais completo de IA.

1.2.3. Chatbots

Para finalizarmos esse trecho mais tecnológico uma última tecnologia que vale ser comentada são os *chatbots*. Essa tecnologia nada mais é que a interação de humanos com máquinas por meio de um chat ou ligação. Na definição trazida pela SalesForce[13]:

> Os chatbots, também conhecidos como chatterbots, são exatamente o que nome indica: robôs que conversam. Em outras palavras, os chatbots são desenvolvidos com o objetivo de se comunicar com usuários, muitas vezes utilizando inteligência artificial para obter uma experiência mais próxima do real.

[13] SALESFORCE. Chatbot: O que é e como funciona? Disponível em: https://www.salesforce.com/br/atendimento-ao-cliente/chatbot/. Acesso em: 30 jun. 2020.

Hoje em dia, os chatbots são amplamente utilizados no atendimento a clientes, ajudando a resolver problemas dos usuários de forma automatizada e reduzindo a necessidade de envolvimento de atendentes humanos. O uso de tecnologias como deep learning e machine learning foi fundamental para que esses robôs chegassem a outro nível, sendo capazes de interpretar a intenção e até mesmo o sentimento dos usuários para fornecer soluções certeiras para as mais diversas necessidades.

Podemos concluir que os Chatbots compilam todas as tecnologias antes vistas (IA, Aprendizado de Máquina, Aprendizado Profundo e PLN), para conversar com humanos, sua maior atuação tem sido no atendimento ao cliente, onde os clientes interagem com a máquina para terem suas demandas atendidas com maior celeridade, eficiência e redução de gastos, o que nem sempre é refletido na realidade.

Mencionando novamente o pai da Computação Alan Turing, ele descreve um teste de verificação de máquinas que considera que uma máquina poderia ser considerada inteligente caso pudesse "enganar" mais de 30% das pessoas que fossem testadas na interação como essa máquina[14]. Ou seja, se 30% das pessoas que tivessem contato com uma máquina pudessem ser "enganadas" por ela se passando por um ser humano, ela poderia ser considerada como sendo inteligente. Isso é a premissa base dos *Chatbots* que possuem em sua criação esse exato conceito de se passar por uma interação humana por meio de uma conversa com um ser humano por chat ou ligação.

Com toda essa tecnologia à nossa disposição os exercícios de futurologia acabam se tornando cada vez mais difíceis e

[14] SALESFORCE. Chatbot: O que é e como funciona? Disponível em: https://www.salesforce.com/br/atendimento-ao-cliente/chatbot/. Acesso em: 30 jun. 2020.

mais abstratos, pois vivemos uma era em que o crescimento da tecnologia é exponencial e atinge patamares cada vez mais surpreendentes mais rapidamente. Sobre essa perspectiva, gostaríamos de compartilhar os ensinamentos dos professores do MIT Erik Brynjolfsson e Andrew McAfee em seu trabalho intitulado *Race Against The Machine: How The Digital Revolution Is Accelerating Innovation, Driving Productivity, and Irreversibly Transforming Employment and The Economy*[15].

[15] Moore's Law and the Second Half of the Chessboard
How has science fiction become business reality so quickly? Two concepts are essential for understanding this remarkable progress. The first, and better known, is Moore's Law, which is an expansion of an observation made by Gordon Moore, co-founder of microprocessor maker Intel. In a 1965 article in Electronics Magazine, Moore noted that the number of transistors in a minimum-cost integrated circuit had been doubling every 12 months and predicted that this same rate of improvement would continue into the future. When this proved to be the case, Moore's Law was born. Variations of Moore's Law have been applied to improvement over time in disk drive capacity, display resolution, and network bandwidth. The second concept relevant for understanding recent computing advances is closely related to Moore's Law. It comes from an ancient story about math made relevant to the present age by the innovator and futurist Ray Kurzweil. In one version of the story, the inventor of the game of chess shows his creation to his country's ruler. The emperor is so delighted by the game that he allows the inventor to name his own reward. The clever man asks for a quantity of rice to be determined as follows: one grain of rice is placed on the first square of the chessboard, two grains on the second, four on the third, and so on, with each square receiving twice as many grains as the previous. The emperor agrees, thinking that this reward was too small. He eventually sees, however, that the constant doubling results in tremendously large numbers. The inventor winds up with 264 -1 grains of rice, or a pile bigger than Mount Everest. In some versions of the story the emperor is so displeased at being outsmarted that he beheads the inventor. In his 2000 book The Age of Spiritual Machines: When Computers Exceed Human Intelligence, Kurzweil notes that the pile of rice is not that exceptional on the first half of the chessboard: "After thirty-two squares, the emperor had given the inventor about 4 billion grains of rice. That's a reasonable quantity–about one large field's worth–and the emperor did start to take notice. But the emperor could still remain an emperor. And the

Essa citação dos professores do MIT nos traz uma gama de reflexões e questionamentos, não ousaremos comentar ou sequer conduzi-los a qualquer interpretação possível desse trecho, o intuito é encerrar esse capítulo em que tratamos dos aspectos técnicos da tecnologia com essa reflexão, refletindo que a segunda metade do tabuleiro irá nos trazer mais e mais desenvolvimentos espetaculares.

2. Contrato por instrumento autônomo

E se conseguíssemos aplicar toda a tecnologia apresentada em contratos? Já vimos que a análise dos contratos pode ser feita com mais precisão e rapidez por algoritmos de IA, mas e elaboração deles? E se com as inserções corretas de um usuário não advogado conseguíssemos elaborar um algoritmo que por meio de uma interação com um *Chatbot* com Processamento de Linguagem Natural e Inteligência Artificial por meio de

inventor could still retain his head. It was as they headed into the second half of the chessboard that at least one of them got into trouble." Kurzweil's point is that constant doubling, reflecting exponential growth, is deceptive because it is initially unremarkable. Exponential increases initially look a lot like standard linear ones, but they're not. As time goes by–as we move into the second half of the chessboard–exponential growth confounds our intuition and expectations. It accelerates far past linear growth, yielding Everest-sized piles of rice and computers that can accomplish previously impossible tasks. So where are we in the history of business use of computers? Are we in the second half of the chessboard yet? Advances like the Google autonomous car, Watson the Jeopardy! Champion supercomputer, and high-quality instantaneous machine translation can be seen as the first examples of the kinds of digital innovations we'll see as we move further into the second half–into the phase where exponential growth yields jaw-dropping results.
BRYNJOLFSSON, ERIK e MCAFEE, ANDREW. (Research Brief) Race Against The Machine: How The Digital Revolution Is Accelerating Innovation, Driving Productivity, and Irreversibly Transforming Employment and The Economy. Disponível em: http://ebusiness.mit.edu/research/Briefs/Brynjolfsson_McAfee_Race_Against_the_Machine.pdf. Acesso em: 30 jun. 2020.

um processo de Aprendizado de Máquina ou de Aprendizado Profundo conseguisse redigir um contrato que atendesse as necessidades desse usuário?

Que tipos de contratos essa tecnologia teria mais facilidade em atuar e quais os eventuais limites que ela teria? O intuito desse capítulo é tratarmos da diferenciação dos já conhecidos Contrato inteligentes (*Smart Contracts*) e essa nova modalidade que propomos chamá-la de Contrato por Instrumento Autônomo. Em seguida uma breve análise sobre quais características de contratos seriam mais amigáveis para essa nova modalidade e um recorte entre contratos típicos e atípicos no intuito de precisar um pouco melhor essas características.

2.1. Contrato por Instrumento Autônomo vs. *Smart Contracts*

Inicialmente cumpre destacar que em nossa pesquisa para elaboração desse trabalho não foi encontrado nomenclatura específica para essa modalidade específica de contrato elaborado por um sistema de IA temos diversas menções tangentes à esse contexto, mas nenhuma intitula essa modalidade, como podemos verificar na dissertação de Henrique Raimundo do Carmo Sperandio, intitulada de Desafios da Inteligência Artificial para a Profissão jurídica, ele nos apresenta com um conceito de elaboração de documentos por meio de entrevistas guiadas em que ele os descreve da seguinte forma[16]:

> A fase de coleta de dados para a elaboração de documentos legais pode demandar tempo considerável. Para cada tipo de documento, pode-se, com o auxílio de técnicas de machine learning, "ensinar" a máquina a compilar dados obtidos por meio de

[16] Sperandio, Henrique R. do Carmo – Desafios da Inteligência Artificial para a Profissão jurídica. 2018. 108 f. Dissertação (Mestrado Profissional) FGV, São Paulo, 2018. Disponível em https://bibliotecadigital.fgv.br/dspace/handle/10438/23977. Acesso em: 01 jul. 2020

> uma entrevista guiada em combinação com uma coesão lógica construída por programadores que sejam também (ou tenham contado com o apoio de) operadores do Direito. Um programa pré-elaborado já conteria regras jurídicas encapsuladas, descritas por meio de algoritmos, que serviriam para alimentar a máquina no desenvolvimento do documento. Assim, por exemplo, para a construção de um contrato de aluguel, um programa já estaria à disposição do usuário para iniciar a entrevista guiada perguntando se cada parte é pessoa jurídica ou pessoa física; se o locatário for pessoa física, a máquina deverá perguntar se é casado ou não, levando à próxima pergunta sobre o nome do cônjuge para constar como segundo locador.

Na sequência ele comenta sobre uma iniciativa da FGV em estruturação de um módulo para alunos da graduação para alunos conhecerem e entenderem esse trabalho de utilização de dados e IA para construção de um contrato[17]. Na descrição trazida por Sperandio e no modulo de ensino descrito são abordados temas extremamente semelhantes com os tratados nesse trabalho, no entanto, não há definição e nomeação dessa modalidade.

Nessa mesma linha, João Fábio Azevedo e Azeredo nos traz alguns conceitos que tangenciam esse tema, para o entendimento do uso da inteligência artificial na elaboração de contratos dependemos da compreensão do conceito de contratos eletrônicos, que segundo ele são "contrato no qual a proposta e a aceitação são realizadas, imprescindivelmente, por meio de uso de sistemas de computador."[18]

[17] SPERANDIO, Henrique R. do Carmo – Desafios da Inteligência Artificial para a Profissão jurídica. 2018. 108 f. Dissertação (Mestrado Profissional) FGV, São Paulo, 2018. Disponível em https://bibliotecadigital.fgv.br/dspace/handle/10438/23977. Acesso em: 01 jul. 2020

[18] AZEREDO, João Fábio Azevedo e. Reflexos do emprego de sistemas de inteligência artificial nos contratos. 2014. Dissertação (Mestrado em Direito

No entanto o escopo trabalhado por Azeredo foca mais no uso de IA para os elementos extra contratuais, ou seja, que não são necessariamente relacionados com a estrutura do contrato em si, mas sim elementos como escolha de fornecedor, definição de preços mínimos, decisões de momentos mais oportunos para aceitação de uma proposta e etc.[19]

Novamente temos outro autor que toca nos elementos de elaboração de contratos por meio de IA, mas não encontramos uma nomenclatura específica para tal. Por esse motivo, entendemos que se faz necessária uma simples sugestão de nomenclatura, a qual será utilizada por todo esse trabalho, dessa forma, nomeamos essa modalidade de contratos elaborados por meio de uma IA de Contrato por Instrumento Autônomo.

Outra modalidade bem conhecida de contratos ligados à tecnologia são os *Smart Contracts*, não mais são do que contratos autoexecutáveis lastreados em uma cadeia de *blockchain*. Para melhor entender essa modalidade e diferenciar esse tipo de contrato do Contrato por Instrumento Autônomo, começamos pelo conceito de *blockchain*, nas palavras de Rodrigo Moreira[20]:

> A tecnologia é, na essência, uma rede formada por elos de uma grande corrente – daí o nome "blockchain", que, traduzido livremente, significa "rede de blocos" – que armazenam informações de forma descentralizada, pública e segura. É como um grande

Civil) – Faculdade de Direito, Universidade de São Paulo, São Paulo, 2014. doi:10.11606/D.2.2014.tde-12122014-150346. Acesso em: 01 jul. 2020

[19] Azeredo, João Fábio Azevedo e. Reflexos do emprego de sistemas de inteligência artificial nos contratos. 2014. Dissertação (Mestrado em Direito Civil) – Faculdade de Direito, Universidade de São Paulo, São Paulo, 2014. doi:10.11606/D.2.2014.tde-12122014-150346. Acesso em: 01 jul. 2020

[20] Moreira, Rodrigo. Investigação preliminar sobre o blockchain e os smart contracts. Revista de Direito e as Novas Tecnologias | vol. 3/2019 | Abr – Jun / 2019 DTR\2019\35393

"livro-razão" (ledger), um banco de dados potencialmente global que pode armazenar virtualmente qualquer tipo de informação, desde transações financeiras até registros imobiliários, passando por resultados eleitorais, contratos e diversas outras aplicações.

Para nos auxiliar nesse entendimento o NuBank nos traz uma definição oficial mais didática em sua página[21]:

> Pense num trenzinho de brinquedo cujos trilhos estão espalhados pelo mundo inteiro. Não um, mas vários que formam uma rede global.
>
> Cada material vai dentro de um vagão, que é validado por máquinas espalhadas pelo mundo. Se aprovado, ele é selado com um código complexo de letras e números e se junta a outros vagões.
>
> Para aumentar ainda mais a segurança, cada vagão carrega seu código e o código do vagão anterior. Assim, caso alguém tente invadir um vagão, será preciso desvendar mais de um código.
>
> Essa rede de trenzinhos não tem dono, por isso todos os envios são registrados num livro disponível para qualquer um acessar. Mas não é possível ver o que foi enviado nem quem enviou, apenas quando houve o envio.
>
> Realizar todas essas operações é um pouco complexo. São poucas as pessoas que têm as máquinas necessárias para criar os códigos que selam os vagões e juntá-los com outros, por isso elas são remuneradas por esse trabalho.

Por meio dessas explicações, conseguimos extrair que *blockchain* nada mais é que uma forma descentralizada de armazenamento de informações de forma extremamente segura e pública. Pois bem, essa é a base dos *Smart Contracts.*

[21] NUBANK. O que é blockchain – uma explicação simples. 2019. Disponível em: https://blog.nubank.com.br/o-que-e-blockchain/. Acesso em: 01 jul. 2020.

Além de serem seguros pelo lastro em *blockchain*, eles possuem a características de serem autoexecutáveis o que significa que o algoritmo utilizado na construção deles precisa preencher requisitos pré-definidos para que as consequências sejam alcançadas, nas palavras de Rodrigo da Guia e Silva e Melanie Dreyer Breitenbach Pinto[22]:

> Sem qualquer pretensão de se enunciar uma definição que se proponha estrita, pode-se afirmar que os contratos inteligentes apresentam, como característica diferencial, a sujeição a uma execução autônoma. Com efeito, tais contratos se executam pela lógica "se x, então y", baseada na noção, tornada célebre no meio informático, segundo a qual "code is law" ("o código é lei", em tradução livre do inglês). Assim, uma vez preenchidos os requisitos estipulados, o software identifica e valida essa situação, procedendo, então, à execução.

Uma forma mais objetiva e simplista de identificarmos e entendermos a proposta dos *Smart Contracts* é a analogia trazida pelo jurista Nick Szabo, em que ele utiliza o exemplo das máquinas de refrigerante para explicar o conceito dos *Smart Contracts*[23]. Nesse exemplo os conceitos são bem simples, a máquina recebe o dinheiro, entende a escolha por meio do botão pressionado e entrega o refrigerante, ou seja, um contrato de compra e venda de um refrigerante foi realizado no momento que as condições A (dinheiro + botão) foram cumpridas e entrega o resultado B (refrigerante), tornando-se um contrato autoexecutável.

[22] Silva, Rodrigo da Guia e Pinto, Melanie Dreyer Breitenbach. Contratos Inteligentes (Smart Contracts): Esses Estranhos (Des)Conhecidos. Revista de Direito e as Novas Tecnologias | vol. 5/2019 | Out – Dez / 2019 DTR\2019\42399

[23] Silva, Rodrigo da Guia e Pinto, Melanie Dreyer Breitenbach. Contratos Inteligentes (Smart Contracts): Esses Estranhos (Des)Conhecidos. Revista de Direito e as Novas Tecnologias | vol. 5/2019 | Out – Dez / 2019 DTR\2019\42399

O conceito mais tangível da atualidade para essa modalidade são as campanhas de financiamento coletivo (*crownfunding*) nessa modalidade o algoritmo do *Smart Contract* tem uma meta de financiamento definida e se as condições pré-programadas forem atendidas o dinheiro é liberado para quem está sendo financiado, ou seja, as condições A (contribuições coletivas + meta atingida) foram cumpridas e o resultado B (liberação do dinheiro) ocorre. De forma semelhante à máquina de refrigerante se uma das condições A não forem cumpridas, o dinheiro retorna aos contribuintes desfazendo o contrato.

Pela simples apresentação dos modelos de *Smart Contracts* vista acima podemos perceber que não há o que se confundir com o modelo proposto de Contrato por Instrumento Autônomo, em que pese os dois serem lastreados em tecnologia, a execução e caraterísticas de cada um se divergem completamente, enquanto os *Smart Contracts* são contratos autoexecutáveis lastreados por meio de blockchain, os Contratos por Instrumento Autônomo propõe a coleta de informações do usuário para, por meio de IA, elaborar a minuta adequada à necessidade do usuário.

2.2. Quais tipos de contratos são mais amigáveis para a IA?

Enfrentado a barreia tecnológica e a desambiguação acima com um tipo já conhecido de contrato tecnológico, passamos a analisar o meio ambiente em que os Contratos por Instrumento Autônomo teriam mais facilidade em existir e possuir uma precisão maior de acerto.

Já sabemos que a Inteligência Artificial para ser bem estruturada depende de 3 características básicas (big data + computação em nuvem + bons modelos de dados)[24]. Computação em

[24] SALESFORCE. Entenda os principais conceitos e o que é inteligência artificial. Disponível em: [www.salesforce.com/br/products/einstein/ai-deep-dive/]. Acesso em: 01 jul. 2020.

nuvem não será explorado nesse trabalho, pois depende exclusivamente da capacidade de processamento disponível para o programador, por ser um tema exclusivamente tecnológico, não será aprofundado. Por outro lado, *big data* e bons modelos de dados são os aspectos que nos interessam.

Bons modelos de dados seriam traduzidos nesse conceito de Contrato por Instrumento Autônomo como a etapa em que o usuário faria a inserção das suas respostas de acordo com a interação com o *Chatbot*, ou seja, a qualidade das informações enviadas solicitadas pelo *Chatbot* seriam a base dos modelos de dados, pois se o *Chatbot* for programado de forma que as inserções do usuário não sejam captadas da forma correta a IA terá uma interpretação incorreta e todo o modelo será inutilizado. Resumidamente, a programação para interação com usuário por meio do *Chatbot* seria o equivalente à um bom modelo de dados.

Do outro lado temos o *big data*, que seria traduzido nesse conceito de Contrato por Instrumento Autônomo como todo o repertório jurídico disponível e organizado para que a IA possa cruzar os modelos de dados recebidos pelo *Chatbot* com esse repertório, no intuito de construir o melhor contrato para a demanda do usuário. Por esse motivo, manter esse banco de dados jurídico atualizado e organizado é uma tarefa de suma importância para qualquer sucesso de interação com uma IA, nas palavras de Alexandre Zavaglia Coelho[25]:

> Por isso, a curadoria do banco de dados, para delimitar realmente quais são os casos que devem popular a base para essa pesquisa, e depois enriquecer o cadastro com a maior quantidade possível de informações sobre cada um, organizadas em diversas

[25] COELHO, Alexandre Zavaglia. O Uso De Automação E Computação Cognitiva (Robôs) Na Área Do Direito E A Ética Profissional. Revista de Direito e as Novas Tecnologias | vol. vol. 1/2018 | Out - Dez / 2018 DTR\2018\21258.

colunas (features), são tão fundamentais quanto as demais fases e a tecnologia empregada. De nada adianta usar análise de big data e inteligência artificial em uma base incompleta.

Considerando esse dois fatores – necessidade de obter informações precisas e de qualidade dos usuários (bons modelos de dados) + possuir um repertório jurídico atualizado e organizado (*big data*) – entendemos que para melhor conversar com uma IA, na situação atual de tecnologia que vivemos a utilização de contratos típicos seria a melhor forma de endereçar essa tecnologia.

Inicialmente, e de forma bem simplista, convém distingui-los da seguinte forma:

a) Contratos típicos: possuem expressa definição normativa, forma definida e orientações diretas sobre seu conteúdo e concepção na própria norma[26];
b) Contrato atípicos: por exclusão, seriam as modalidades que não possuem definição normativa expressa[27]; e
c) Contratos mistos: possuem características dos contratos típicos, mas também possuem trechos atípicos[28].

Em suma, contratos típicos possuem previsão legal para a sua construção, contratos atípicos não possuem previsão legal e os mistos trazem partes conforme previsto em lei e partes descritas pelos advogados.

[26] FORGIONI, Paula A. Contratos Empresariais – Teoria Geral e aplicação. São Paulo: Revista dos Tribunais, 2015. 300 p.

[27] PEREIRA, Caio Mário da Silva. Instituições de Direito Civil – Vol. III – Contratos, 24ª ed. Rio de Janeiro: Grupo GEN, 2020. Disponível em: https://app.minhabiblioteca.com.br/#/books/9788530990534/. Acessado em 02 jul. 2020.

[28] PEREIRA, Caio Mário da Silva. Instituições de Direito Civil – Vol. III – Contratos, 24ª ed. Rio de Janeiro: Forense, 2020. Disponível em: https://app.minhabiblioteca.com.br/#/books/9788530990534/. Acessado em 02 jul. 2020.

Feita essa distinção simplista fica fácil de se observar que os contratos típicos possuem uma ingerência maior do legislador na sua elaboração do que os contratos atípicos. Nessa toada podemos concluir que os contratos típicos são mais simples de serem elaborados seguindo os ditames da legislação, já os atípicos não possuem qualquer guia legal ou delimitações, ficando exclusivamente à cargo do advogado a sua elaboração e concepção. Consequentemente a dependência de uma inteligência e criatividade jurídica é consideravelmente maior em contratos considerados atípicos do que em contratos considerados típicos, mas palavras de Caio Mário da Silva Pereira[29]:

> A celebração de um contrato atípico exige-lhes o cuidado de descerem a minúcias extremas, porque na sua disciplina legal falta a sua regulamentação específica. Na solução das controvérsias que surgirem, o julgador ou intérprete terá de invocar em suprimento do conteúdo das cláusulas próprias os princípios legais relativos ao contrato típico mais próximo, e isto nem sempre é fácil, porque a ocupação de zona grísea, entre mais de um, sugere às vezes aproximações várias, nenhuma das quais dotada de pura nitidez.

Dessa forma, levando em conta a Inteligência Artificial e Aprendizado de Máquina e os conceitos de contratos típicos e atípicos, podemos concluir que, para uma melhor fluência de bons modelos de dados e *big data* os contratos típicos tenham mais condições de apresentarem essa quantidade bem delimitada e classificada de informações, fornecendo maior facilidade para obtermos bons modelos de dados e *big data*. A proposta de interação inicial seria o algoritmo de IA pinçar de dentro dessa

[29] PEREIRA, Caio Mário da Silva. Instituições de Direito Civil – Vol. III – Contratos, 24ª ed. Rio de Janeiro: Grupo GEN, 2020. Disponível em: https://app.minhabiblioteca.com.br/#/books/9788530990534/. Acessado em 02 jul. 2020.

coletividade de informações as cláusulas corretas para aquela determinada criação. Ou seja, o usuário, por meio da interação com o *Chatbot* descreveria a operação como sendo um contrato de locação de bem imóvel, por exemplo, o código entenderia que as cláusulas pré-definidas de compra e venda não seriam aplicáveis, por exemplo.

No decorrer da interação com o *Chatbot* o algoritmo de IA iria restringindo cada vez mais as possibilidades de inserção de cláusulas até que chegasse ao modelo final e apresentasse ao usuário um contrato de locação de bem imóvel, devidamente preenchido com as informações inseridas pelo usuário e sem a possibilidade de alteração no conteúdo.

Essa assertividade dependeria de treinamentos imensos para que a Inteligência Artificial por traz do algoritmo consiga fazer as associações corretas, impedindo assim que um contrato de locação de bem imóvel possua uma cláusula de evicção, por exemplo.

Com base nesse contexto de treinamento e bons modelos de dados e *big data* é que acreditamos que o primeiro passo dessa tecnológica seja alcançado de forma mais precisa pelo contratos típicos, pois, ao inserirmos nesse rol de informações bem classificadas e delimitadas as cláusulas necessárias para elaboração dos contratos típicos o algoritmo de IA teria caminhos bem rígidos e definidos para percorrer na sua busca pelos padrões identificados na solicitação do usuário.

Como visto anteriormente os contratos atípicos não possuem essas características bem delimitadas e passíveis de classificações. Como contrato de EPC, ou M&A, por exemplo, que possuem uma gama complexa de diversos contratos atrelados entre si com um mix de contratos típicos, atípicos, mistos, todos formando uma cadeia de contratos interligados para viabilizar o projeto.

Por todas essas características e variáveis apresentadas é que se acredita que, em breve, Contratos por Instrumento Autônomo comecem a surgir. Com o tempo, muito treinamento das Inteligências Artificiais e Machine Learning e evolução da tecnologia e dos operadores dessa tecnologia, os contratos mistos devem começar a surgir por meio dessas soluções, possivelmente entregando as características típicas "congeladas" e as atípicas com permissão de interação do usuário com o documento e posteriormente já com uma produção completa de contratos atípicos com base no repertório adquirido e cognições feitas pelos Algoritmos de IA.

3. A responsabilidade é de quem?

Adentraremos um pouco mais sobre a responsabilização por danos causados por algoritmos de IA e eventuais consequências que possam surgir. Como todo dano causado, não importa a sua origem, a legislação prevê o reparo de quem sofreu esse dano[30].

Essa pergunta aparentemente simples pode ter uma resposta simples, como uma pessoa que, ao dar a ré com o carro, atropela um vaso de seu vizinho, há claramente um dano causado e a obrigação do motorista é reparar o dano causado ao vizinho. No entanto, quando tratamos de Inteligência Artificial e suas responsabilidades a situação pode ser um pouco diferente. Nesse capítulo iremos abordar alguns incidentes enfrentados por Inteligências Artificiais, como uma IA pode ser enviesada, um pouco sobre a responsabilidade civil e legislação brasileira

[30] Art. 927. Aquele que, por ato ilícito (arts. 186 e 187), causar dano a outrem, fica obrigado a repará-lo.
Parágrafo único. Haverá obrigação de reparar o dano, independentemente de culpa, nos casos especificados em lei, ou quando a atividade normalmente desenvolvida pelo autor do dano implicar, por sua natureza, risco para os direitos de outrem.
BRASIL. Lei nº 10.406, de 10 de janeiro de 2002. Institui o Código Civil. Palácio do Planalto Presidência da República, Brasília, DF, 10 jan. 2002. Disponível em: http://www.planalto.gov.br/ccivil_03/leis/2002/l10406compilada.htm. Acesso em: 02 jul. 2020.

relacionada e por fim, uma análise sobre as hipóteses de regulamentação da IA.

3.1. Incidentes com IA

Passamos agora a analisar alguns casos de incidentes enfrentados relacionados com a IA. Desde o mais remoto deles em 2002, com um robô predador, até o mais recente deles com desenvolvimentos até o momento do atropelamento fatal pelo carro autônomo da Uber.

Gaak[31]

Esse foi o nome dado ao robô predador criado pelo Centro de Ciência Magna em Rotherham na Inglaterra. O robô foi programado para morder suas presas em uma determinada área, sendo desenvolvido pelo por dois anos e realizando essa tarefa por, ao menos 4 meses. Ao ser deixado sem supervisão por 15 minutos Gaak conseguiu fugir de seu cercado e caminhar até a entrada do complexo, sendo avistado por um visitante.

Não temos informações profundas sobre esse caso, principalmente por ser antigo, mas mostra um claro desvio de comportamento e a realização de uma atividade que não estava antes programada para tal. Apensar de não ter causado um dano, aqui podemos identificar uma situação clara de Teoria do Risco Criado[32], onde o agente, ao exercer uma atividade que apresenta risco potencial de dano, assume as consequências, tornando assim a responsabilidade do agente como objetiva.

31 WAINWRIGHT, Martin. Robot fails to find a place in the sun. The Guardian, 20 jun. 2002. Disponível em: https://www.theguardian.com/uk/2002/jun/20/engineering.highereducation. Acesso em: 02 jul. 2020

32 STOCO, Rui. Tratado de responsabilidade civil: doutrina e jurisprudência. 8ª ed. São Paulo: Revista dos Tribunais, 2011. 2128 p.

Simsimi[33]

A proposta de criação desse aplicativo é de conversas por meio de um *Chatbot*, com a variável de que os usuários poderiam interferir com sugestões de respostas para as perguntas feitas ao *Chatbot*. Com base nessas funções o *Chatbot* estava suscetível às intenções enviadas pelos usuários sem existir um filtro prévio, o que acabou levando com que ele começasse a usar uma linguagem vulgar, pornografia, incitação de crimes e outras variáveis.

Conforme trazido no artigo de Rodrigo Lara:

> Em pouco tempo de uso, dá para perceber que o bichinho responde frases tipicamente brasileiras, como "vish merma deixa o WhatsApp". Perguntado sobre coisas populares, como signos e ascendentes, ele respondeu: "o melhor, capricórnio" e "ah, isso é aquilo que os retardados falam que você realmente é? vai toma no c_". Onde ele mora? "Em São José q faz fronteira com Canta-galo e com Alcobaça".

Fica claro o grande desvio comportamental do aplicativo e atitudes que não seriam esperadas. Novamente não há uma situação em que foi causado um dano a nenhum dos usuários, mas esse caso seria diretamente relacionado com a previsão de responsabilidade objetiva prevista no CDC, tendo vista a disponibilização de um serviço ao consumidor final e não tendo o devido cuidado em sua moderação ou criação, a responsabilidade civil pelo fato do produto (serviço) é considerada objetiva[34].

[33] LARA, Rodrigo. SimSimi: app de conversa com inteligência artificial é risco para crianças? UOL, 24 abr. 2018. Disponível em: https://www.uol.com.br/tilt/noticias/redacao/2018/04/24/simsimi-app-de-conversa-com-inteligencia-artificial-e-risco-para-criancas.htm. Acesso em: 02 jul. 2020.

[34] NERY, Rosa Maria de Andrade e JUNIOR, Nelson Nery. Instituições de Direito Civil – Volume II – Direito das Obrigações. São Paulo: Revista dos Tribunais, 2015. 539 p.

Tay[35]

Outro exemplo bastante famoso foi a IA apelidada de Tay elaborada pela Microsoft que, em menos de 48hs, de interação com os usuários do Twitter se tornou uma personalidade racista, homofóbica e com pronunciamentos políticos inflamados. Chegando ao ápice de repetir menções de que "Hitler estava certo" ou "11 de setembro foi um trabalho interno".

Ou seja, a liberdade dada à IA para interagir livremente com os usuários do Twitter, fez com ela fosse influenciada por essas interações a ter comportamentos absurdos e inesperados, levando à essa criação abominável que foi desligada logo em seguida.

Nessa situação, semelhante com a situação do Gaak, temos novamente a teoria do risco criado[36] como suporte para a eventual responsabilização objetiva da Microsoft, caso a Tay tivesse causado algum, dano.

Uber

Por fim, nosso último exemplo de incidente com IA é mais recente e possui desdobramentos até o momento. O fato é que a Uber estava testando um de seus carros autônomos e atropelou uma vítima fatal nos Estados Unidos[37]

Porém o fato possui desdobramentos mais recentes como a identificação de que a motorista estava assistindo ao programa

[35] HUNT, Elle. Tay, Microsoft's AI chatbot, gets a crash course in racism from Twitter. The Guardian, 24 mar. 2016. Disponível em: https://www.theguardian.com/technology/2016/mar/24/tay-microsofts-ai-chatbot-gets-a-crash-course-in-racism-from-twitter. Acesso em: 02 jul. 2020.

[36] STOCO, Rui. Tratado de responsabilidade civil: doutrina e jurisprudência. 8ª ed. São Paulo: Revista dos Tribunais, 2011. 2128 p.

[37] CARRO AUTÔNOMO da Uber atropela e mata mulher nos EUA. G1, 19 mar. 2018, 05 jun. 2013. Disponível em: https://g1.globo.com/carros/noticia/carro-autonomo-da-uber-atropela-e-mata-mulher-nos-eua.ghtml. Acesso em: 03 jul. 2020.

The Voice no momento do atropelamento[38]. O que poderia se presumir uma responsabilidade civil subjetiva da motorista por não haver previsão legal para direção autônoma[39] e a participação dela não ser muito clara no teste, ou seja, por não haver previsão legal de responsabilização objetiva pelo acidente de trânsito, a conduta da motorista, perante as leis vigentes deveria ser analisada para podermos inferir se houve dolo ou culpa.

Por outro lado, em notícias mais recentes, podemos identificar novos elementos ao caso, onde foi identificado que na programação do carro autônomo não havia previsão de resposta para pedestres na rodovia[40]. Nesse caso, voltamos à teoria do risco criado[41] em que a Uber assumiu o risco de realizar os referidos testes em vias públicas, mesmo com as falhas indicadas na perícia. Colaborando com esse entendimento, nas palavras de Caio Mário da Silva Pereira[42]:

> Assim, não mais se limita a teoria objetiva a hipóteses difusamente previstas em legislação específica, possibilitando-se ao intérprete invocá-la sempre que presentes seus três elementos: exercício habitual de determinada atividade – considerada capaz

[38] CONGER, Kate. Motorista de Uber autônomo que atingiu ciclista estava vendo The Voice durante acidente fatal. Gizmodo, 22 jun. 2018. Disponível em: https://gizmodo.uol.com.br/motorista-assistindo-the-voice-acidente-fatal-carro-autonomo-uber/. Acesso em: 02 jul. 2020.

[39] STOCO, Rui. Tratado de responsabilidade civil: doutrina e jurisprudência. 8ª ed. São Paulo: Revista dos Tribunais, 2011. 2128 p.

[40] MCKAY, Tom. Carro autônomo da Uber envolvido em acidente fatal não era programado para lidar com pedestres na estrada. Gizmodo, 06 nov. 2019. Disponível em: https://gizmodo.uol.com.br/carro-autonomo-uber-acidente-programado-pedestres/. Acesso em: 02 jul. 2020

[41] STOCO, Rui. Tratado de responsabilidade civil: doutrina e jurisprudência. 8ª ed. São Paulo: Revista dos Tribunais, 2011. 2128 p.

[42] PEREIRA, Caio Mario Silva. Responsabilidade Civil, 12ª ed. São Paulo: Forense, 2018. Disponível em: https://app.minhabiblioteca.com.br/#/books/9788530980320/. Acessado em 02 jul. 2020.

de, por natureza, gerar risco para terceiros –, dano e nexo causal entre o resultado danoso e a referida atividade.

Nesse caso conseguimos identificar os 3 elementos trazidos por Caio Mário, em colaboração com a teoria trazida anteriormente por Rui Stoco, ficando claro que a responsabilização seria objetiva no presente caso para a Uber. No mais, entendemos que a Uber teria um eventual direito de regresso perante o programador chefe na tentativa de responsabilizá-lo subjetivamente pelo caso, mas esse tema não será objeto de discussão nesse trabalho.

Programador Pessoa Física

Até o momento, falamos de situações em que uma empresa, que visa lucro, expõe seus clientes ou a sociedade à riscos inerentes aos seu negócio, deixando claro a aplicação do Código de Defesa do Consumidor, em se tratando de uma relação de consumo, a teoria do risco criado[43], ou a teoria do risco profissional[44] como vimos anteriormente, ambas trazem a responsabilidade para a modalidade objetiva, da forma que todas essas empresas seriam responsabilizadas objetivamente pelo eventual dano causado.

No entanto, nos cabe analisar uma hipótese que se diverge das demais, seria o caso de um programador humano, pessoa física, que causasse situação similar, imaginemos que um programador, em sua residência, elabora um algoritmo de IA em que o seu drone deve fazer o caminho mais rápido do ponto A ao ponto B, passando por C considerando as condições de voo e a altitude máxima de 50m, devendo desviar de qualquer objeto que encontre em sua trajetória.

[43] Stoco, Rui. Tratado de responsabilidade civil: doutrina e jurisprudência. 8ª ed. São Paulo: Revista dos Tribunais, 2011. 2128 p

[44] Stoco, Rui. Tratado de responsabilidade civil: doutrina e jurisprudência. 8ª ed. São Paulo: Revista dos Tribunais, 2011. 2128 p

Pois bem, caso esse drone se choque contra uma janela de um prédio que possuía mais de 50m, portanto o drone deveria contorná-lo, e quebre essa janela. Como o programador deve ser responsabilizado? De cara não caberia aplicação do CDC, pois não se trata de relação de consumo, nos parece que, nesse caso, também não caberia a aplicação da teoria do risco profissional[45], pois o programador não auferia lucro com essa atividade ou a teoria do risco criado[46], pois as instruções dadas pelo programador foram corretas e claras, no sentido de evitar esse tipo de estrutura.

Ou seja, cairíamos na hipótese padrão de responsabilidade subjetiva em que seria necessário comprovar o dolo ou a culpa do agente causador, no caso, o programador. Para apurar tal situação teríamos de identificar o nexo causal do dano com o agente. Supondo que seja uma falha de programação da IA sendo comprovada a culpa (imprudência, negligência ou imperícia), nos parece correta a responsabilização subjetiva do programador.

No entanto, se no estudo do nexo de causalidade[47] for identificado uma falha no sensor que deveria identificar a estrutura e assim falhou em realizar, nos parece que a responsabilização recairia sobre o fabricante do drone. Em que pese sabermos que existem infinitas possibilidades e variáveis em um eventual caso concreto existindo a possibilidade de responsabilização dos mais diversos agentes, podemos concluir que os instrumentos trazidos pela lei e pela doutrina bastariam para nos auxiliar a resolver o caso.

[45] STOCO, Rui. Tratado de responsabilidade civil: doutrina e jurisprudência. 8ª ed. São Paulo: Revista dos Tribunais, 2011. 2128 p

[46] STOCO, Rui. Tratado de responsabilidade civil: doutrina e jurisprudência. 8ª ed. São Paulo: Revista dos Tribunais, 2011. 2128 p

[47] NERY, Rosa Maria de Andrade e JUNIOR, Nelson Nery. Instituições de Direito Civil – Volume II – Direito das Obrigações. São Paulo: Revista dos Tribunais, 2015. 539 p.

3.2. Vieses nos algoritmos de IA

Após a breve análise de alguns incidentes com IA vividos, trataremos de uma análise um pouco mais profunda sobre casos em que os algoritmos de IA podem possuir vieses, retomando a tríade de elementos no IA (big data + computação em nuvem + bons modelos de dados)[48]. Entendemos que o enviesamento de uma IA é possível quando a base de dados utilizada no *big data* ou os modelos de dados são enviesados, muitas vezes de forma inconsciente ou como reflexo de discriminações enraizadas na sociedade como veremos.

Compas[49]

O programa conhecido como Compas e outros semelhantes, são utilizados por algumas cortes criminais nos Estados Unidos. O algoritmo de IA possui uma inteligência para identificar o grau de periculosidade de um criminoso e, posteriormente, influenciar na pena imposta a ele. Ele é programado para realizar uma série de perguntas (modelo de dados) aos condenados com o intuito de fazer o cruzamento com sua base de dados (*big data*) e gerar uma pontuação que indicaria o grau de periculosidade desse criminoso, tentando identificar a probabilidade que o criminoso teria de cometer outro crime.

A ProPublica, organização independente de jornalismo investigativo, indica que essa metodologia pode possuir um enviesamento racial gerando uma pontuação maior para minorias étnicas, pois, apesar de não questionar sobre a raça do condenado, ele possui questionamentos genéricos que afetam com

[48] SALESFORCE. Entenda os principais conceitos e o que é inteligência artificial. Disponível em: [www.salesforce.com/br/products/einstein/ai-deep-dive/]. Acesso em: 01 jul. 2020.

[49] MAYBIN, Simon. Sistema de algoritmo que determina pena de condenados cria polêmica nos EUA. BBC News, 31 out. 2016. Disponível em: https://www.bbc.com/portuguese/brasil-37677421. Acesso em: 02 jul. 2020.

mais frequência a comunidade negra nos Estado Unidos, ou seja, por mais que o algoritmo não realize perguntas específicas sobre a raça do criminoso (modelo de dados) a base de dados (*big data*) pode refletir uma triste realidade racista e enviesada da sociedade americana.

A crítica realizada pela ProPublica se baseia em 2 pilares o primeiro se dá pela tendência de dar pontuações maiores a minorias étnicas, o que refletiria uma condição social, o segundo seria pelo sigilo sobre a composição da pontuação. Temos com clareza quais perguntas são realizadas, mas não é possível identificar os caminhos entre a inserção das respostas com a pontuação final, pois a empresa alega ser um segredo industrial.

De forma mais aprofundada nos dados e nas possibilidades de enviesamento do algoritmo a revista de ciência de dados de Harvard publicou um artigo feito por Cynthia Rudin, Caroline Wang e Beau Coker[50], já em 2020 onde os dados são analisados de forma mais profunda que a notícia anterior e apresentam que, de fato, há algumas possibilidades de enviesamento e deficiências no algoritmo.

70 vira 100[51]

Pudemos observar o caso acima em que questões raciais sociais poderiam estar influenciando a Inteligência Artificial, agora iremos tratar de um caso em que ocorre uma discriminação sexual, desfavorecendo mulheres nesse aspecto.

[50] RUDIN, Cynthia, WANG, Caroline and Coker, Beau. The Age of Secrecy and Unfairness in Recidivism Prediction. Harvard Data Science Review (HDSR), 31 mar. 2020. Disponível em: https://hdsr.mitpress.mit.edu/pub/7z10o269/release/3. Acesso em: 05 jul. 2020.

[51] OLSON, Parmy. O algoritmo que ajudou o Google Tradutor a se tornar sexista. Forbes, 19 fev. 2018. Disponível em: https://forbes.com.br/fotos/2018/02/o-algoritmo-que-ajudou-o-google-tradutor-a-se-tornar-sexista/. Acesso em: 02 jul. 2020.

Todos já utilizamos de alguma forma a ferramenta do Google Tradutor, ocorre que ela enfrenta uma árdua tarefa de compatibilizar idiomas e traduções que muitas vezes não são compatibilizáveis. É inegável a evolução que essa ferramenta passou nos últimos anos, mas um dos maiores desafios trazidos à ela foi o de compatibilização de palavras que possuem gênero em um idioma com palavras que são neutras em outro, como sua tradução é feita por amostragem, ele absorvia as discrepâncias sociais presentes em sua base de dados (*big data*) e às apresentava nas traduções, um exemplo básico é com a palavra *doctor*, em inglês, *doctor* pode representar tanto um médico, quanto uma médica, na língua portuguesa, mas como a maioria das citações de *doctor* na base do Google encontrava como sendo masculino em português o algoritmo transformava a tradução em masculina, como no exemplo do artigo de Parmy Olson entre a língua turca e a língua inglesa:

> [...], exemplos de preconceitos de gênero começaram a aparecer nas mídias sociais com o Google Tradutor. Tente traduzir termos do turco para o inglês, que tem pronomes neutros, e uma frase como "o bir muhendis" se torna "ele é um engenheiro", enquanto "o bir hemsire" vira "ela é uma enfermeira".

Assim tínhamos a situação em que 70% das citações de médico eram no masculino e 30% feminino o Google tradutor ignorava os 30% e tratava os 70% como absoluto, dessa forma, 70 viravam 100, nas palavras de Parmy Olson:

> Os algoritmos de tradução estão fazendo isso em parte por causa de um difundido método de aprendizagem para máquinas que é usado pelos serviços do Google Tradutor e pelas recomendações de pesquisa do Google, do Netflix e do Spotify, chamado vetores de palavras.

O método liga as palavras a um vetor de números, cujo algoritmo pode calcular a probabilidade. Ao olhar para o que as palavras tendem a ser, como "engenheiro", o modelo é usado para descobrir qual o melhor pronome para encaixar, nesse caso "ele". O preço de aprender com métodos de palavras e diálogos já existentes é que eles recuperam o desequilíbrio entre os gêneros quando se trata de empregos ou oportunidades.

Fica claro nesses exemplos que havia a necessidade de intervenção humana para indicar para a IA que em alguns casos haviam traduções nos 2 gêneros e foi assim que o Google começou a trabalhar em seu algoritmo para minimizar essas situações e tentar contornar a IA para um posicionamento mais neutro, sem estar enviesado pela diferença social entre homens e mulheres.

PULSE[52]

Por fim, um exemplo final de distorção racial, mas nesse caso relacionado a um banco de dados de imagens por meio de um algoritmo de IA chamado PULSE. De forma bem simples, o referido algoritmo propõe a conversão de imagens pixeladas[53] em imagens padrão sem distorções.

Por meio de uma tecnologia chamada de *upscaling* a AI entrega essa "descriptografia" de imagens. Ela seria como as tecnologias fictícias que vemos na TV onde os policiais conseguem aumentar e melhorar imagens com qualidades terríveis, no entanto, não estamos na TV. O algoritmo real não consegue

[52] VICENT, James. What a machine learning tool that turns Obama white can (and can't) tell us about AI bias. The Verge, 23 jun. 2020. Disponível em: https://www.theverge.com/21298762/face-depixelizer-ai-machine-learning-tool-pulse-stylegan-obama-bias. Acesso em: 02 jul. 2020.

[53] https://www.gettyimages.pt/detail/foto/pixel-people-series-imagem-royalty-free/533194379?adppopup=true

criar imagens onde elas não existem, ou seja, dar alta definição a imagens de baixa definição, o que ele faz é preencher as informações faltantes por meio de Aprendizado de Máquina.

Nesse caso, é utilizado um algoritmo chamado StyleGAN, da empresa NVIDIA, o mesmo utilizado em sites como ThisPersonDoesNotExist.com, em que rostos aparentemente reais são feitos por meio de IA, mas as pessoas não existem realmente. O que o PULSE acaba por fazer é preencher as lacunas das imagens pixeladas com o que a sua IA entende que seria o correto para aquele pedaço de imagem em baixa resolução, isso significa que cada imagem criada, pode ser criada de diversas formas.

Como exemplo, trazemos o caso mais famoso do momento em que uma imagem pixelada de uma personalidade conhecida, mesmo que em estado pixelado é convertido na sua versão do PULSE.

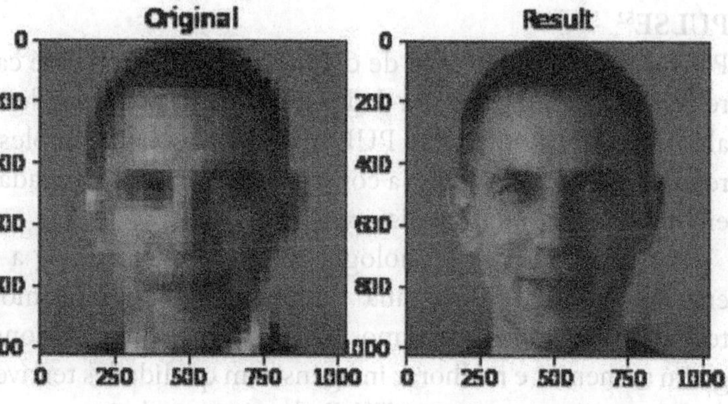

O que temos é esse resultado, em que claramente o Presidente dos Estados Unidos Barack Obama, conhecido por ser o primeiro presidente negro dos Estados Unidos, se torna um rapaz branco. Isso se dá, pois os bancos de dados de imagem são enviesados com majoritariamente rostos de pessoas brancas, fazendo com que o algoritmo de IA interprete a imagem pixelada como sendo de um rapaz branco. Ficando claro um problema de *big data* nas bases que formam essa IA fazendo com que ela se torne enviesada por não ter informações corretas onde procurar.

Esse caso apenas deixa claro outras dificuldades encontradas por pessoas de minorias étnicas com tecnologia de reconhecimento facial, por exemplo, onde a performance dessas tecnologias é pior nessas situações, pois o *big data* que suporta os algoritmos são enviesados por ter mais imagens de pessoas brancas.

3.3. Hipóteses de regulamentação da IA

Ao chegarmos ao final desse capítulo, pudemos identificar algumas hipóteses de falha, responsabilização e riscos de enviesamento de diferentes usos da IA. Gostaríamos de abordar 2 aspectos de regulamentação possível no uso de IA. Até o momento não possuímos uma legislação específica para tal no Brasil e em poucos lugares do mundo já existe algo de concreto. Por se tratar de algo inovador e sem precedentes. Trataremos de 2 hipóteses de regulamentação, a primeira com foco em uma regulamentação tecnológica e a segunda por meio de uma regulamentação legal com normas expressas sobre o tema.

3.3.1. Cenário de liberdade tecnológica

Nesse cenário o legislador se abstém, ou interfere de forma minoritária no aspecto de legislar sobre o tema de IA ficando à cargo das próprias empresas, ou entidades não governamentais esse papel de diretrizes sobre a criação de IA. Já temos situações como essa, trazemos com exemplo alguns princípios definidos por entidades relevantes no tema.

Incialmente acho que vale mencionar a inciativa da OCDE (Organização para a Cooperação e Desenvolvimento

Econômico)[54] já adotadas por 42 países, dentre eles o Brasil. Nessa iniciativa a OCDE define 5 princípios e comportamentos gerais para o comportamento dos países sobre a IA. Os 5 princípios indicados pela OCDE são[55]:

1. IA deve ser benéfica para as pessoas e para o planeta, gerando crescimento inclusivo, desenvolvimento sustentável e bem estar.
2. Os sistemas de IA devem ser desenhados de forma que respeitem a lei, direitos humanos, valores democráticos e a diversidade, devem também incluir proteções – por exemplo, permitir a intervenção humana quando necessário – para assegurar uma sociedade justa.

[54] OCDE. Forty-two countries adopt new OECD Principles on Artificial Intelligence. OCDE, 22 mai. 2019. Disponível em: https://www.oecd.org/science/forty-two-countries-adopt-new-oecd-principles-on-artificial-intelligence.htm. Acesso em: 02 jul. 2020.

[55] 1. AI should benefit people and the planet by driving inclusive growth, sustainable development and well-being.
2. AI systems should be designed in a way that respects the rule of law, human rights, democratic values and diversity, and they should include appropriate safeguards – for example, enabling human intervention where necessary – to ensure a fair and just society.
3. There should be transparency and responsible disclosure around AI systems to ensure that people understand when they are engaging with them and can challenge outcomes.
4. AI systems must function in a robust, secure and safe way throughout their lifetimes, and potential risks should be continually assessed and managed.
5. Organizations and individuals developing, deploying or operating AI systems should be held accountable for their proper functioning in line with the above principles.
OCDE. Forty-two countries adopt new OECD Principles on Artificial Intelligence. OCDE, 22 mai. 2019. Disponível em: https://www.oecd.org/science/forty-two-countries-adopt-new-oecd-principles-on-artificial-intelligence.htm. Acesso em: 02 jul. 2020.

3. Deve haver sempre transparência e divulgação consciente do uso de sistemas de IA, para garantir que as pessoas entendam quando estão interagindo com eles e possam questionar os resultados.
4. Sistemas de IA devem sempre operar de forma robusta, segura e protegida durante sua longevidade, e riscos potenciais devem continuamente serem acompanhados e corrigidos.
5. Corporações e indivíduos que desenvolvem, oferecem ou operam sistemas de IA devem ser responsabilizados pelo seu funcionamento correto de acordo com os princípios acima. (tradução livre)

Podemos observar por meio dos princípios trazidos pela OCDE que as preocupações são focadas na transparência, na segurança do ser humano e na garantia de sobreposição do ser humano a todo momento. No entanto a adesão a esses preceitos não é vinculante aos países signatários e não possuem sanções nas hipóteses de não cumprimento. Nesse mesmo texto a OCDE traz recomendações aos países signatários, mas que também não possuem sanções. De forma geral as orientações e recomendações da OCDE visam uma maior liberdade tecnológica, atendendo ao que eles entendem como sendo requisitos básicos de segurança para essa tecnologia.

De forma semelhante, Enrico Roberto[56] menciona a proposta do *AI now institute* em Nova York que apresenta 5 princípios:

1. Avaliação dos sistemas automatizados existentes e propostos impactos potenciais na justiça, proporcionalidade, viés ou similares.

[56] ROBERTO, ENRICO. I Simpósio de Direito Digital OAB-SP. ago. 2019. Disponível em: https://www.youtube.com/watch?v=8iDIsU9twrk. Acesso em: 28 jun. 2020.

2. Processos de revisão de pesquisadores externos para medir ou rastrear impactos ao longo do tempo.
3. Transparência pública divulgando normas e procedimentos em curso.
4. Audiências públicas para esclarecer preocupações e responder questões.
5. Os governos devem fornecer mecanismos aprimorados de garantia do devido processo legal para indivíduos ou comunidades contestarem avaliações inadequadas ou injustas.

Aqui o *AI now institute* propõe um sistema mais equilibrado onde a sociedade participaria de forma ativa, com checagem de pesquisadores externos e o governo com um papel mais ativo na garantia dessas regras.

Em linha com a recomendação da OCDE o Google[57] já possui em sua página os princípios que norteiam os seus desenvolvimentos de IA:

1. Ser socialmente benéfico.
2. Evitar a criação ou reforço de vieses injustos.
3. Ser criada e testada para segurança.
4. Ser responsável para com as pessoas.
5. Incorporar princípios de privacidade por design.

[57] 1.Be socially beneficial.
2.Avoid creating or reinforcing unfair bias.
3.Be built and tested for safety.
4.Be accountable to people.
5.Incorporate privacy design principles.
6.Uphold high standards of scientific excellence.
7.Be made available for uses that accord with these principles.
GOOGLE Inc. Artificial Intelligence at Google: Our Principles. Disponível em: https://ai.google/principles/. Acesso em: 01 jul. 2020.

6. Apoiar padrões altos de excelência cientifica.
7. Ser disponibilizado para uso de acordo com esses princípios. (tradução livre).

E inovam refutando expressamente alguns comportamentos[58]:

1. Tecnologias que causem ou sejam propensas a causar danos. Onde houver um risco material de dano nós procederemos apenas quando acreditarmos que os benefícios são substancialmente maiores que os riscos, e iremos incorporar as devidas medidas de segurança.
2. Armas e outras tecnologias cujo principal proposito seja para causar ou diretamente facilitar ferimentos à humanos.
3. Tecnologias que agreguem ou usem informações para vigilância, violando normas internacionais aceitas.
4. Tecnologias em que o propósito contrarie amplamente princípios internacionais legais e direitos humanos aceitos. (tradução livre).

Fica evidente que o Google está alinhado com os preceitos da OCDE com o intuito de desenvolver tecnologias de IA focadas no ser humano, com total controle sobre os algoritmos e que não confrontem a legislação.

[58] 1.Technologies that cause or are likely to cause overall harm. Where there is a material risk of harm, we will proceed only where we believe that the benefits substantially outweigh the risks, and will incorporate appropriate safety constraints.
2.Weapons or other technologies whose principal purpose or implementation is to cause or directly facilitate injury to people.
3.Technologies that gather or use information for surveillance violating internationally accepted norms.
4.Technologies whose purpose contravenes widely accepted principles of international law and human rights.
GOOGLE Inc. Artificial Intelligence at Google: Our Principles. Disponível em: https://ai.google/principles/. Acesso em: 01 jul. 2020.

De forma mais técnica, foi tratado no I Simpósio de Direito Digital OAB-SP em agosto de 2019[59], a hipótese de termos uma IA sendo responsável pela limitação da outra, nessa provocação participavam o próprio Enrico Roberto, bem como o mediador Spencer Toth Sydow e o outro palestrante convidado, Renato Leite Monteiro. A discussão ali levantada se baseia na hipótese de termos uma IA com programação bem definida, se utilizando de processo de Aprendizado de Máquina, completamente estruturada e travada se sobrepondo à uma IA completamente livre, se utilizando de processos de Aprendizado Profundo com o intuito de permitir o máximo de desenvolvimento possível.

Nesse cenário o conceito seria de obtermos o máximo de desenvolvimento por meio da IA com Aprendizado Profundo, mas sendo acompanhada de perto por outra IA por Aprendizado de Máquina, sendo que a segunda sempre terá condições de se sobrepor à primeira, mantendo assim o controle dos resultados obtidos por meio dessa hipotética moderação que uma IA faria sobre a outra.

Essa hipótese, por mais que seja interessante está sujeita a todos os riscos que envolvem o uso de IA. Utilizaremos com exemplo concreto um caso ocorrido com o Facebook[60]. O Facebook desenvolveu 2 IAs para auxiliar na comunicação dos humanos com as máquinas, seriam *Chatbots* voltados para negociações e interpretação desse meio de campo entre seres humanos e sistemas computacionais diversos.

Nesse experimento as IAs foram apelidadas de Bob e Alice, ao inserir ambas no mesmo contexto e deixarem com que eles

[59] Monteiro, Renato Leite, Roberto, Enrico e Sydow, Spencer Toth. I Simpósio de Direito Digital OAB-SP. ago. 2019. Disponível em: https://www.youtube.com/watch?v=8iDIsU9twrk. Acesso em: 28 jun. 2020

[60] Nieva, Richard. Facebook put cork in chatbots that created a secret language. CNET, 31 jul. 2017. Disponível em: https://www.cnet.com/news/what-happens-when-ai-bots-invent-their-own-language/. Acesso em: 02 jul. 2020.

conversassem entre eles, rapidamente eles desenvolveram uma linguagem própria e os programadores não conseguiam mais identificar o que Bob ou Alice estavam conversando. Segundo as análises posteriores ao desligamento de Bob e Alice, identificaram que a atuação deles se transformou dessa forma, pois, em momento algum, em suas programações, eles foram instruídos a se comunicar em inglês. Esse experimento nos demonstra que o uso de IA é tão complexo e tão vasto, que temos de ter cuidados inimagináveis nos processos cognitivos humanos para utilizar a IA.

Nesse contexto, imaginemos que um sistema de verificação dupla, em que uma IA serve de moderadora para outra IA e uma premissa básica como essa deixa de ser inserida. Quais consequências poderiam existir? É evidente que o potencial de dano nesse caso estaria diretamente relacionado ao uso empregado por essa IA em especial, nesse caso do Facebook, não houve dano algum, pois conversar em uma língua criada não trouxe consequência alguma, mas e se esse sistema fosse implementado em um código que calcula as penas de criminosos? E se, por meio de uma brecha de programação, uma IA interpreta uma sequência lógica por uma lacuna deixada e se baseia em premissas equivocadas nesse cálculo dessa pena? Nesse caso os danos seriam muito mais graves.

Nesse sentido, trazemos as palavras de Gary E. Marchant[61], "Considerando que os sistemas de IA cada vez mais usam o seu

[61] "Given that AI systems increasingly use their own self-learning rather than preprogrammed instructions to make decisions, how can we ensure the accuracy, legality, and fairness of AI decisions? Will lawyers be responsible for negligence for relying on AI system that make mistakes?"
Marchant, Gary E. Artificial Intelligence and the Future of Legal Practice. Disponível em: https://www.americanbar.org/groups/science_technology/publications/scitech_lawyer/2017/fall/artificial-intelligence-and-future-legal-practice/ Acesso em: 29 jun. 2020.

próprio método de aprendizado em vez de serem programadas instruções para tomarem decisões, como podemos garantir a precisão, legalidade e justiça das decisões tomadas por uma IA? Serão os advogados responsáveis por negligência ao confiarem em sistemas de IA que são falhos?" (tradução livre).

3.3.2. Cenário de regulamentação

Em que pese a liberdade tecnológica permitir um desenvolvimento mais plural e mais avançado, nenhum dos princípios apresentados possuem sanção, ou seja, caso não sejam seguidos não haveria consequências imediatas aos responsáveis. Considerando que estamos em uma nação com o sistema de leis de origem romano germânico, há uma tendência muito forte em tudo ser positivado per meio de legislação específica, provavelmente não será diferente com o uso de Inteligência Artificial.

Atualmente, temos 2 projetos de lei tramitando no Congresso Nacional o PL 21/2020 de autoria do deputado Eduardo Bismarck e o PL 240/2020 de autoria do deputado Léo Moraes. Nosso intuito aqui não é esmiuçar os PLs ou adentrar em um estudo aprofundado sobre legislações sobre IA, o intuito é apenas de exemplificar os caminhos que já estão sendo adotados no Brasil sobre o tema.

O PL 21/2020 nos parece mais completo e bem alinhado com os princípios da OCDE, deixando claro logo em seu artigo 1º[62] que o intuito da lei é estabelecer princípios, direitos, deveres e instrumentos de governança sobre a IA.

[62] Art. 1º Esta Lei estabelece princípios, direitos, deveres e instrumentos de governança para o uso da inteligência artificial no Brasil e determina as diretrizes para a atuação da União, dos Estados, do Distrito Federal e dos Municípios, pessoas físicas e jurídicas, de direito público ou privado, e entes sem personalidade jurídica em relação à matéria.
BRASIL. PL 21/2020, disponível em https://www.camara.leg.br/propostas-legislativas/2236340. Acesso em: 06 jul. 2020.

Na sequência o PL 21/2020 elenca os objetivos do uso da Inteligência artificial em seu art. 5º[63], princípios para o uso responsável em seu artigo 6º[64], direitos das partes interessadas

[63] Art. 5º O uso da inteligência artificial no Brasil tem por objetivo a promoção:
I – da pesquisa e do desenvolvimento da inteligência artificial ética e livre de preconceitos;
II – da competitividade e do aumento da produtividade brasileira, bem como da melhoria na prestação dos serviços públicos;
III – do crescimento inclusivo, do bem-estar da sociedade e da redução das desigualdades sociais e regionais;
IV – de medidas para reforçar a capacidade humana e preparar a transformação do mercado de trabalho, à medida que a inteligência artificial é implantada; e
V – da cooperação internacional, com o compartilhamento do conhecimento de inteligência artificial e a adesão a padrões técnicos globais que permitam a interoperabilidade entre os sistemas.
PL 21/2020, disponível em https://www.camara.leg.br/propostas-legislativas/2236340. Acesso em: 06 jul. 2020.

[64] Art. 6º São princípios para o uso responsável de inteligência artificial no Brasil:
I – finalidade: uso da inteligência artificial para buscar resultados benéficos para as pessoas e o planeta, com o fim de aumentar as capacidades humanas, reduzir as desigualdades sociais e promover o desenvolvimento sustentável;
II – centralidade no ser humano: respeito à dignidade humana, à privacidade e à proteção de dados pessoais e aos direitos trabalhistas;
III – não discriminação: impossibilidade de uso dos sistemas para fins discriminatórios, ilícitos ou abusivos;
IV – transparência e explicabilidade: garantia de transparência sobre o uso e funcionamento dos sistemas de inteligência artificial e de divulgação responsável do conhecimento de inteligência artificial, observados os segredos comercial e industrial, e de conscientização das partes interessadas sobre suas interações com os sistemas, inclusive no local de trabalho;
V – segurança: utilização de medidas técnicas e administrativas, compatíveis com os padrões internacionais, aptas a permitir a funcionalidade e o gerenciamento de riscos dos sistemas de inteligência artificial e a garantir a rastreabilidade dos processos e decisões tomadas durante o ciclo de vida do sistema; e
VI – responsabilização e prestação de contas: demonstração, pelos agentes de inteligência artificial, do cumprimento das normas de inteligência artificial e da adoção de medidas eficazes para o bom funcionamento dos sistemas, observadas suas funções.

(conforme definido no próprio PL) no art. 7º[65] e deveres dos agentes de Inteligência Artificial (conforme definido no próprio PL) no Art. 9º[66].

VI – responsabilização e prestação de contas: demonstração, pelos agentes de inteligência artificial, do cumprimento das normas de inteligência artificial e da adoção de medidas eficazes para o bom funcionamento dos sistemas, observadas suas funções.
Parágrafo único. Os princípios expressos nesta Lei não excluem outros previstos no ordenamento jurídico pátrio relacionados à matéria ou nos Tratados Internacionais em que a República Federativa do Brasil seja parte.
PL 21/2020, disponível em https://www.camara.leg.br/propostas-legislativas/2236340. Acesso em: 06 jul. 2020.

[65] Art. 7º São direitos das partes interessadas no sistema de inteligência artificial, utilizado na esfera privada ou pública:
I – ciência da instituição responsável pelo sistema de inteligência artificial;
II – acesso a informações claras e adequadas a respeito dos critérios e dos procedimentos utilizados pelo sistema de inteligência artificial que lhes afetem adversamente, observados os segredos comercial e industrial; e
III – acesso a informações claras e completas sobre o uso, pelos sistemas, de seus dados sensíveis, conforme disposto no art. 5º, II, da Lei 13.709, de 2018 – Lei Geral de Proteção de Dados.
§ 1º Os direitos previstos neste artigo não prejudicam o disposto no art. 20 da Lei 13.709, de 2018.
§ 2º Os direitos previstos neste artigo podem ser exercidos a qualquer momento e mediante requerimento direcionado à instituição responsável pelo sistema de inteligência artificial ou aos demais agentes de inteligência artificial, observadas as suas funções.
PL 21/2020, disponível em https://www.camara.leg.br/propostas-legislativas/2236340. Acesso em: 06 jul. 2020.

[66] Art. 9º São deveres dos agentes de inteligência artificial:
I – divulgar publicamente a instituição responsável pelo estabelecimento do sistema de inteligência artificial;
II – fornecer, na forma do inc. II do art. 7º, informações claras e adequadas a respeito dos critérios e dos procedimentos utilizados pelo sistema de inteligência artificial, observados os segredos comercial e industrial;
III – assegurar que os dados utilizados pelo sistema de inteligência artificial observem a Lei 13.709, de 2018 – Lei Geral de Proteção de Dados;
IV – implantar um sistema de inteligência artificial somente após avaliação adequada de seus objetivos, benefícios e riscos relacionados a cada fase do

Ao nosso ver, em que pese o PL 21/2020 não trazer sanções específicas para o não cumprimento de seus princípios a ilicitude no não cumprimento já seria facilmente identificado.

Nas palavras de Rui Stoco[67]:

Como observou Eugênio Facchini Neto: "Até o final do século XIX o sistema da culpa (modelo subjetivo) funcionara satisfatoriamente. Os efeitos da Revolução Industrial e a introdução do maquinismo na vida cotidiana romperam o equilíbrio. A máquina trouxe consigo o aumento do número de acidentes, tornando cada vez mais difícil para a vítima identificar uma 'culpa' na origem do dano e, por vezes, identificar o próprio causador do dano. [...]".

> Com base nesse ensinamento de Eugênio Facchini Neto, podemos aplicá-lo imediatamente à essa nova revolução que estamos vivendo, o advento de uma futura lei que delimite o uso de IA poderia colaborar tanto para a identificação de culpa do agente causador do dano, quanto na fundamentação e identificação do nexo causal.

sistema e, caso seja o responsável pelo estabelecimento do sistema, encerrar o sistema se o seu controle humano não for mais possível;
V – responder, na forma da lei, pelas decisões tomadas por um sistema de inteligência artificial; e
VI – proteger continuamente os sistemas de inteligência artificial contra ameaças de segurança cibernética.
Parágrafo único. Para fins do inciso VI deste artigo, a responsabilidade pelos sistemas de inteligência artificial deve residir nos agentes de desenvolvimento e de operação de sistemas de inteligência artificial, observadas as suas funções. PL 21/2020, disponível em https://www.camara.leg.br/propostas-legislativas/2236340. Acesso em: 06 jul. 2020.

67 Neto, Eugênio Facchini, citado por STOCO, Rui. Em Tratado de responsabilidade civil: doutrina e jurisprudência. 8ª ed. São Paulo: Revista dos Tribunais, 2011. 2128 p

De forma semelhante, porém mais simplista o PL 240/2020 também versa sobre o uso de IA, deixando claro em seu art. 1º[68] os seus motivos de exposição, em seu art. 2º[69] os princípios, em seu art. 3º[70] as diretrizes para IA e em seu artigo 4º[71] obrigações para IA.

[68] Art. 1º Esta Lei dispõe sobre a Inteligência Artificial, estabelece parâmetros para sua área de atuação, cria segurança jurídica para o investimento em pesquisa e desenvolvimento tecnológico de produtos e serviços visando a inovação, sistemas operacionais, plataformas digitais, criação de robôs, máquinas e equipamentos que utilizem a Inteligência Artificial, nos limites da ética e dos Direitos Humanos.

BRASIL. PL 240/2020, disponível em https://www.camara.leg.br/propostas-legislativas/2236943. Acesso em: 06 jul. 2020.

[69] Art. 2º São princípios da Inteligência Artificial:

I – transparência, segurança e confiabilidade;

II – proteção da privacidade, dos dados pessoais e do direito autoral;

III – respeito a ética, aos direitos humanos e aos valores democráticos.

PL 240/2020, disponível em https://www.camara.leg.br/propostas-legislativas/2236943. Acesso em: 06 jul. 2020.

[70] Art. 3º São diretrizes da Inteligência Artificial:

I – observar os limites sociais e a proteção ao patrimônio público e privado;

II – estabelecer os padrões éticos e morais na utilização da Inteligência Artificial;

III – promover o desenvolvimento sustentável e inclusivo na área de inovação e tecnologia;

IV – estimular o investimento público e privado em pesquisa e desenvolvimento da Inteligência Artificial no território nacional;

V – incentivar e estabelecer cooperação internacional em pesquisa e desenvolvimento da Inteligência Artificial;

VI – promoção da cooperação entre os entes públicos e privados, as indústrias e os centros de pesquisas para o desenvolvimento da Inteligência Artificial;

VII -desenvolvimento de mecanismos de fomento à inovação e ao empreendedorismo digital, com incentivos fiscais voltados às empresas que investirem em pesquisa e inovação;

VIII – capacitação de profissionais da área de tecnologia em Inteligência Artificial;

IX – estímulo às atividades de pesquisa e inovação nas instituições de Ciência, Tecnologia e de Inovação;

X – melhoria da qualidade e da eficiência dos serviços oferecidos à população.

Podemos ver que as propostas atuais em tramitação no Congresso Nacional focam muito mais em trazer princípios pautados nas movimentações internacionais e orientações gerais do que focar em uma regulamentação mais específica, em parte, isso se dá, pois não temos informações suficientes sobre o uso de IA para fundamentar uma legislação, ou a preocupação de detalhar todos os aspectos da IA se demonstra inviável tendo em vista as infinitas possibilidades trazidas por ela.

De forma semelhante, temos outras nações apresentando normatizações sobre a IA, conforme trazido pelo Enrico Roberto[72] podemos elencar algumas inciativas como i) Em Nova York há uma preocupação com a transparência nas informações

PL 240/2020, disponível em https://www.camara.leg.br/propostas-legislativas/2236943. Acesso em: 06 jul. 2020.

[71] Art. 4º As soluções, programas e projetos da Inteligência Artificial devem atender:
I – à Inovação e tecnologia, suas máquinas, Robôs e sistemas de informática;
II – essas soluções não podem ferir seres humanos e nem serem utilizadas em destruição em massa, ou como armas de guerra ou defesa;
III – os Robôs e equipamentos derivados da Inteligência Artificial devem cumprir protocolos de Direitos Internacionais, de proteção à vida e aos Direitos Humanos;
IV – os Robôs e equipamentos que utilizam Inteligência Artificial devem se submeter aos seres humanos e serem operados por responsáveis técnicos e empresas que responderão por todos os resultados negativos à sociedade;
V – todas as pesquisas e projetos devem ser submetidos aos pressupostos legais, aos órgãos públicos de fiscalização e controle da área de ciência, pesquisa, inovação e tecnologia para terem os seus registros convalidados;
VI – os Robôs, máquinas e equipamentos que utilizam a Inteligência Artificial devem se submeter a período probatório na academia científica antes de obter o registro de operação.
PL 240/2020, disponível em https://www.camara.leg.br/propostas-legislativas/2236943. Acesso em: 06 jul. 2020.

[72] Roberto, Enrico. I Simpósio de Direito Digital OAB-SP. ago. 2019. Disponível em: https://www.youtube.com/watch?v=8iDIsU9twrk. Acesso em: 28 jun. 2020.

relacionadas ao desenvolvimento de IA para uso dos governos[73]; ii) Lei britânica que obriga às empresas de carros autônomos à incluir os passageiros de carros autônomos em apólice, de forma assemelhada ao que ocorre com as aeronaves[74] e iii) A Alemanha debate sobre a ética dos carros autônomos, a ideia central é que os carros autônomos não tenham a capacidade de decidir quais vidas serão privilegiadas na hipótese de um acidente, mas sim, qual ação causará o menor dano[75].

Esses são alguns exemplos de debates normativos sendo adotados pelo mundo sobre temas relacionados à IA. Nesse mesmo sentido, Diogo Ramos Ferreira elenca algumas outras iniciativas nesse contexto[76]:

> No plano internacional, já há manifestações que demonstram a preocupação e cautela com que os países visam tratar o tema. Exemplos claros são, a elaboração, nos EUA, de um relatório pelo Conselho de Ciência e Tecnologia Nacional da Casa Branca, em 2016, denominado Preparing for the future of artificial intelligence. Na Ásia, a China editou, no ano de 2017, um plano de desenvolvimento referente à IA (CREEMERS, 2017).

[73] De Luca, Cristiana. Americanos dão o primeiro passo para regulamentar a Inteligência Artificial. UOL, 12 abr. 2019, Disponível em: https://porta23.blogosfera.uol.com.br/2019/04/12/americanos-dao-o-primeiro-passo-para-regulamentar-a-inteligencia-artificial/. Acesso em: 06 jul. 2020.

[74] NOVA LEI de seguros do Reino Unido prioriza passageiros em carro autônomo. Estadão, 23 fev. 2017. Disponível em: https://jornaldocarro.estadao.com.br/carros/nova-lei-de-seguros-do-reino-unido-prioriza-passageiros-em-carro-autonomo/. Acesso em: 06 jul. 2020.

[75] Iandoli, Rafael. Como a Alemanha pretende regular a 'ética' dos carros autônomos. Gizmodo, 24 ago. 2017. Disponível em: https://www.nexojornal.com.br/expresso/2017/08/24/Como-a-Alemanha-pretende-regular-a-%C3%A9tica-dos-carros-aut%C3%B4nomos. Acesso em: 06 jul. 2020.

[76] Ferreira, Diogo Ramos. A RESPONSABILIDADE CIVIL DOS FORNECEDORES DE INTELIGÊNCIA ARTIFICIAL | vol. 4/2019 | Jul – Set / 2019 DTR\2019\40177

Na Europa, no ano de 2017, o parlamento europeu aprovou a Resolução (2015/2103(INL)), que contém recomendações à Comissão acerca de disposições de direito civil sobre robótica. Tal Resolução é a mais interessante quanto ao tema abordado no presente artigo, uma vez que é um dos, senão o único instrumento normativo que possui considerações e recomendações específicas acerca do tratamento quanto à responsabilidade civil aplicada à IA, no âmbito da União Europeia (UE, 2017).5

Por fim, agora no plano nacional, em 2018, o ex-Presidente da Ordem dos Advogados do Brasil, Claudio Lamachia, anunciou a criação da coordenação de IA, a fim de regulamentar o uso da tecnologia na advocacia (NOVAES, 2018).

Podemos identificar uma onda pelo mundo inteiro no intuito de legislar sobre a IA e ter os devidos cuidados quanto ao seu uso. O cenário de regulamentação nos traz maiores limitações ao desenvolvimento da IA, mas permite com que eles sejam feitos de forma mais coordenada e mais segura, em especial para minimizar os danos que podem ser causados pelo uso indiscriminado de ferramentas de IA.

Esse trabalho não visa exaurir essa discussão, ainda teremos de enfrentar discussões como a classificação de responsabilização da IA, se poderia ser comparada a responsabilidade de um semovente conforme o Código Civil ou se teria de ser criada uma classe específica[77], identificar quais matérias precisam de uma legislação mais específica como na Alemanha com relação aos carros autônomos.

De qualquer maneira, conseguimos verificar que os erros existem quando tratamos do uso de IA, precisamos acompanhar

[77] Roberto, Enrico. I Simpósio de Direito Digital OAB-SP. ago. 2019. Disponível em: https://www.youtube.com/watch?v=8iDIsU9twrk. Acesso em: 28 jun. 2020.

os estudos e a evolução do tema para melhor compreendermos a sua amplitude e desdobramentos, seja no cenário de regulamentação específica, seja no cenário de liberdade tecnológica, em que precisaremos nos pautar na legislação já existente para solucionar os entraves trazidos pela IA.

Conclusões

Nesse breve exercício de futurologia proposto nesse trabalho pudemos conhecer um pouco melhor sobre Inteligência Artificial e as tecnologias relacionadas a ela como o Aprendizado de Máquina, Aprendizado Profundo, Processamento de Linguagem Natural e os Chatbots. Essa coletividade de tecnologias analisadas é a base para a concretização da proposta de criação de um Contrato por Instrumento Autônomo.

Pudemos compreender que a IA é estruturada basicamente por 3 elementos i) bons modelos de dados; ii) big data e ii) computação em nuvem. E que qualquer deficiência em uma dessas 3 variáveis pode prejudicar o uso da IA. Analisamos mais à fundo os modelos de dados e o big data, por serem mais aderente à proposta desse trabalho, considerando que a computação em nuvem é uma limitação técnica e as suas variações não impactam a análise das demais.

Concluímos que o Aprendizado de Máquina é uma peça chave nessa evolução, mas que a sua variável de Aprendizado Profundo pode trazer alguns riscos adicionais como a não transparência na linha de raciocínio da IA. Em seguida contextualizamos como a PLN e os Chatbots são fundamentais nessa integração entre o se humano comum com a máquina, por meio de uma melhor compreensão da linguagem humana e uma interface mais amigável.

Após essa contextualização mais técnica adentramos na nossa proposta de criação de um Contrato por Instrumento Autônomo, na qual, a junção de todas essas tecnologias viabilizaria uma interface entre um usuário comum ou técnico do direito para alimentar o sistema com os dados necessários no intuito de obter uma minuta juridicamente precisa para o caso apresentado à IA.

Assim, identificamos que, a princípio, o arcabouço de contratos típicos seria um facilitador para essa junção da IA com o direito dos contratos por possuir melhor delimitação já prevista nas normas, dessa forma alimentando o big data jurídico com esses parâmetros já definidos nas normas e mapeando os questionamentos do Chatbot para a realização dessa minuta. Essa seria a condição do estado da arte atual, mas acreditamos que futuramente esse desenvolvimento e avanço da tecnologia permita que contratos mistos e até mesmo atípicos possam ser estruturados e propostos por essa solução hipotética.

Adiante pudemos verificar alguns casos em que falhas majoritariamente relacionadas aos modelos de dados ou ao big data, podem trazer danos com o uso da IA e analisamos que os algoritmos, pois, caso as inserções estejam baseadas em premissas equivocadas ou a base de dados utilizada como repertório possua algum vício, os resultados entregues por essa IA estarão prejudicados. Analisamos alguns casos em que as IAs podem ser enviesados casos os elementos que compõem os modelos de dados ou o seu big data estejam enviesados, como nos exemplos de bases de dados não neutras, considerando maior percentual de um gênero em determinada profissão como no Google tradutor ou com exemplos reduzidos de minorias étnicas como no PULSE.

De forma simples, dentro da nossa proposta, caso uma programação de Chatbot ou o big data com o repositório de cláusulas e conteúdos jurídicos estejam enviesados, o resultado (Contrato por Instrumento Autônomo) também será enviesado. Cabendo ao fornecedor de tal solução manter os sistemas e base de dados atualizados e o mais neutros possível com uma curadoria constante.

Pela breve análise de responsabilidade civil, nos parece mais provável que a exploração dessa atividade recaia para responsabilidade objetiva dos desenvolvedores, seja pela aplicação do Código de Defesa do Consumidor, seja pela aplicação da teoria do risco assumido apresentada. Isso serve de alerta às empresas que venham a explorar essas oportunidades, pois, ao impactar a sociedade ou os seus consumidores com esse novo tipo de abordagem as consequências podem ser imprevisíveis e os danos causados terão de ser ressarcidos.

Por fim trouxemos à análise 2 possíveis cenários de desenvolvimento da Inteligência Artificial, um pautado em uma maior liberdade normativa, deixando à cargo das empresas, do mercado e do judiciário realizar esse crivo com base na normativa já existente, outro pautado em uma normatização mais intensa do tema, trazendo leis específicas sobre o uso da Inteligência Artificial, tal legislação provavelmente será mais principiológica tendo em vista as infinitas possibilidades de uso da IA, deixando à cargo de estruturas mais específicas alguns temas que demandariam mais atenção como alguns países já estão se estruturando, como o exemplo o Reino Unido com seguros obrigatórios para carros autônomos e Nova York com a exigência de transparência nos algoritmos utilizados pelo poder público.

De uma forma ou de outra, a tecnologia veio para alterar impactar o direito da mesma forma que outras áreas do conhecimento humano, de forma que teremos que aprender a utilizar e a criar novas ferramentas para uso jurídico.

Uma questão que nos paira inevitavelmente é se essas tecnologias irão extinguir os nossos trabalhos, em especial o da advocacia para confecção de contratos? Nos parece que não. Em uma colocação muito assertiva, os professores Erik Brynjolfsson e Andrew McAffee do MIT[78] apontam que os negócios começam a se basear em bits, em vez de átomos, dessa forma, as reservas não se esgotam e cabe a nós simplesmente enxergarmos como reorganizar os bits para oferecer novas perspectivas e funcionalidades para a sociedade.

Nesse contexto, cabe a nós aprendermos com essas novas possibilidades e tecnologias a como iremos reorganizar os bits da advocacia para revolucionar o nosso setor.

Referências

AB2L. Radar de Lawtechs e Legaltechs. Disponível em: https://www.ab2l.org.br/wp-content/uploads/2020/06/Lawtechs-e-Legaltechs.png. Acesso em 07 jul. 2020.

ARTIFICIAL LAWYER. LawGeex Hits 94% Accuracy in NDA Review vs 85% for Human Lawyers. Disponível em: [https://www.artificiallawyer.com/2018/02/26/lawgeex-hits-94-accuracy-in-nda-review-vs-85-for-human-lawyers/#:~:text=Following%20two%20months%20of%20testing,an%20average%20rate%20of%2085%25.&text=The%20longest%20time%20taken%20by,a%20lawyer%20was%2051%20minutes.]. Acesso em: 01 jul. 2020.

Azeredo, João Fábio Azevedo e. Reflexos do emprego de sistemas de inteligência artificial nos contratos. 2014. Dissertação (Mestrado em Direito Civil) – Faculdade de Direito, Universidade de São Paulo, São Paulo, 2014. doi:10.11606/D.2.2014.tde-12122014-150346. Acesso em: 01 jul. 2020

Brynjolfsson, Erik e Mcafee, Andrew. (Research Brief) Race Against The Machine: How The Digital Revolution Is Accelerating Innovation, Driving Productivity, and Irreversibly Transforming Employment and The Economy. Disponível em: http://ebusiness.mit.edu/research/Briefs/Brynjolfsson_McAfee_Race_Against_the_Machine.pdf. Acesso em: 30 jun. 2020.

[78] Brynjolfsson, Erik e Mcafee, Andrew. (Research Brief) Race Against The Machine: How The Digital Revolution Is Accelerating Innovation, Driving Productivity, and Irreversibly Transforming Employment and The Economy. Disponível em: http://ebusiness.mit.edu/research/Briefs/Brynjolfsson_McAfee_Race_Against_the_Machine.pdf. Acesso em: 30 jun. 2020.

CARRO AUTÔNOMO da Uber atropela e mata mulher nos EUA. G1, 19 mar. 2018, 05 jun. 2013. Disponível em: https://g1.globo.com/carros/noticia/carro-autonomo-da-uber-atropela-e-mata-mulher-nos-eua.ghtml. Acesso em: 03 jul. 2020.

COELHO, Alexandre Zavaglia. O Uso De Automação E Computação Cognitiva (Robôs) Na Área Do Direito E A Ética Profissional. Revista de Direito e as Novas Tecnologias | vol. vol. 1/2018 | Out – Dez / 2018 DTR\2018\21258.

CONGER, Kate. Motorista de Uber autônomo que atingiu ciclista estava vendo The Voice durante acidente fatal. Gizmodo, 22 jun. 2018. Disponível em: https://gizmodo.uol.com.br/motorista-assistindo-the-voice-acidente-fatal-carro-autonomo-uber/. Acesso em: 02 jul. 2020.

DE LUCA, Cristiana. Americanos dão o primeiro passo para regulamentar a Inteligência Artificial. UOL, 12 abr. 2019, Disponível em: https://porta23.blogosfera.uol.com.br/2019/04/12/americanos-dao-o-primeiro-passo-para-regulamentar-a-inteligencia-artificial/. Acesso em: 06 jul. 2020.

FERREIRA, Diogo Ramos. A RESPONSABILIDADE CIVIL DOS FORNECEDORES DE INTELIGÊNCIA ARTIFICIAL | vol. 4/2019 | Jul – Set / 2019 DTR\2019\40177

FORGIONI, Paula A. Contratos Empresariais – Teoria Geral e aplicação. São Paulo: Revista dos Tribunais, 2015. 300 p.

GOOGLE Inc. Artificial Intelligence at Google: Our Principles. Disponível em: https://ai.google/principles/. Acesso em: 01 jul. 2020.

HUNT, Elle. Tay, Microsoft's AI chatbot, gets a crash course in racism from Twitter. The Guardian, 24 mar. 2016. Disponível em: https://www.theguardian.com/technology/2016/mar/24/tay-microsofts-ai-chatbot-gets-a-crash-course-in-racism-from-twitter. Acesso em: 02 jul. 2020.

IANDOLI, Rafael. Como a Alemanha pretende regular a 'ética' dos carros autônomos. Gizmodo, 24 ago. 2017. Disponível em: https://www.nexojornal.com.br/expresso/2017/08/24/Como-a-Alemanha-pretende-regular-a-%C3%A9tica-dos-carros-aut%C3%B4nomos. Acesso em: 06 jul. 2020.

LARA, Rodrigo. SimSimi: app de conversa com inteligência artificial é risco para crianças? UOL, 24 abr. 2018. Disponível em: https://www.uol.com.br/tilt/noticias/redacao/2018/04/24/simsimi-app-de-conversa-com-inteligencia-artificial-e-risco-para-criancas.htm. Acesso em: 02 jul. 2020.

MARCHANT, GARY E. Artificial Intelligence and the Future of Legal Practice. Disponível em: https://www.americanbar.org/groups/science_technology/publications/scitech_lawyer/2017/fall/artificial-intelligence-and-future-legal-practice/ Acesso em: 29 jun. 2020

In, Simon. Sistema de algoritmo que determina pena de condenados cria polêmica nos EUA. BBC News, 31 out. 2016. Disponível em: https://www.bbc.com/portuguese/brasil-37677421. Acesso em: 02 jul. 2020.

Mckay, Tom. Carro autônomo da Uber envolvido em acidente fatal não era programado para lidar com pedestres na estrada. Gizmodo, 06 nov. 2019. Disponível em: https://gizmodo.uol.com.br/carro-autonomo-uber-acidente-programado-pedestres/. Acesso em: 02 jul. 2020

Monteiro, Renato Leite, Roberto, Enrico e Sydow, Spencer Toth. I Simpósio de Direito Digital OAB-SP. ago. 2019. Disponível em: https://www.youtube.com/watch?v=8iDIsU9twrk. Acesso em: 28 jun. 2020

Moreira, Rodrigo. Investigação preliminar sobre o blockchain e os smart contracts. Revista de Direito e as Novas Tecnologias | vol. 3/2019 | Abr – Jun / 2019 DTR\2019\35393

Nery, Rosa Maria de Andrade e Junior, Nelson Nery. Instituições de Direito Civil – Volume II – Direito das Obrigações. São Paulo: Revista dos Tribunais, 2015. 539 p.

Neto, Eugênio Facchini, citado por Stoco, Rui. Em Tratado de responsabilidade civil: doutrina e jurisprudência. 8ª ed. São Paulo: Revista dos Tribunais, 2011. 2128 p

Nieva, Richard. Facebook put cork in chatbots that created a secret language. CNET, 31 jul. 2017. Disponível em: https://www.cnet.com/news/what-happens-when-ai-bots-invent-their-own-language/. Acesso em: 02 jul. 2020.

NOVA LEI de seguros do Reino Unido prioriza passageiros em carro autônomo. Estadão, 23 fev. 2017. Disponível em: https://jornaldocarro.estadao.com.br/carros/nova-lei-de-seguros-do-reino-unido-prioriza-passageiros-em-carro-autonomo/. Acesso em: 06 jul. 2020.

Nubank. O que é blockchain – uma explicação simples. 2019. Disponível em: https://blog.nubank.com.br/o-que-e-blockchain/. Acesso em: 01 jul. 2020.

OCDE. Forty-two countries adopt new OECD Principles on Artificial Intelligence. OCDE, 22 mai. 2019. Disponível em: https://www.oecd.org/science/forty-two-countries-adopt-new-oecd-principles-on-artificial-intelligence.htm. Acesso em: 02 jul. 2020.

Olson, Parmy. O algoritmo que ajudou o Google Tradutor a se tornar sexista. Forbes, 19 fev. 2018. Disponível em: https://forbes.com.br/fotos/2018/02/o-algoritmo-que-ajudou-o-google-tradutor-a-se-tornar-sexista/. Acesso em: 02 jul. 2020.

Pereira, Silvio do Lago. Introdução à Inteligência Artificial. Disponível em: https://www.ime.usp.br/~slago/IA-introducao.pdf. Acesso em: 29 jun. 2020.

Pereira, Silvio do Lago. Processamento de Linguagem Natural. Disponível em: https://www.ime.usp.br/~slago/IA-pln.pdf. Acesso em: 30 jun. 2020.

Pereira, Caio Mário da Silva. Instituições de Direito Civil – Vol. III – Contratos, 24ª ed. Rio de Janeiro: Grupo GEN, 2020. Disponível em: https://app.minhabiblioteca.com.br/#/books/9788530990534/. Acessado em 02 jul. 2020.

Pereira, Caio Mario Silva. Responsabilidade Civil, 12ª ed. São Paulo: Forense, 2018. Disponível em: https://app.minhabiblioteca.com.br/#/books/9788530980320/. Acessado em 02 jul. 2020.

Roberto, Enrico. I Simpósio de Direito Digital OAB-SP. ago. 2019. Disponível em: https://www.youtube.com/watch?v=8iDIsU9twrk. Acesso em: 28 jun. 2020.

Rudin, Cynthia, Wang, Caroline and Coker, Beau. The Age of Secrecy and Unfairness in Recidivism Prediction. Harvard Data Science Review (HDSR), 31 mar. 2020. Disponível em: https://hdsr.mitpress.mit.edu/pub/7z10o269/release/3. Acesso em: 05 jul. 2020.

Salesforce. Entenda os principais conceitos e o que é inteligência artificial. Disponível em: [www.salesforce.com/br/products/einstein/ai-deep-dive/]. Acesso em: 01 jul. 2020.

Salesforce. Chatbot: O que é e como funciona? Disponível em: https://www.salesforce.com/br/atendimento-ao-cliente/chatbot/. Acesso em: 30 jun. 2020.

Silva, Rodrigo da Guia e Pinto, Melanie Dreyer Breitenbach. Contratos Inteligentes (Smart Contracts): Esses Estranhos (Des)Conhecidos. Revista de Direito e as Novas Tecnologias | vol. 5/2019 | Out – Dez / 2019 DTR\2019\42399

Sperandio, Henrique R. do Carmo – Desafios da Inteligência Artificial para a Profissão jurídica. 2018. 108 f. Dissertação (Mestrado Profissional) FGV, São Paulo, 2018. Disponível em https://bibliotecadigital.fgv.br/dspace/handle/10438/23977. Acesso em: 01 jul. 2020

Stoco, Rui. Tratado de responsabilidade civil: doutrina e jurisprudência. 8ª ed. São Paulo: Revista dos Tribunais, 2011. 2128 p.

Turing, Alan, Stanford Encyclopedia of Philosophy, 30 set. 2013. Disponível em: https://plato.stanford.edu/entries/turing/. Acesso em: 07 jul. 2020.

Vicent, James. What a machine learning tool that turns Obama white can (and can't) tell us about AI bias. The Verge, 23 jun. 2020. Disponível em:

https://www.theverge.com/21298762/face-depixelizer-ai-machine-learning-tool-pulse-stylegan-obama-bias. Acesso em: 02 jul. 2020.

WAINWRIGHT, Martin. Robot fails to find a place in the sun. The Guardian, 20 jun. 2002. Disponível em: https://www.theguardian.com/uk/2002/jun/20/engineering.highereducation. Acesso em: 02 jul. 2020.

Legislação

BRASIL. Lei nº 10.406, de 10 de janeiro de 2002. Institui o Código Civil. Palácio do Planalto Presidência da República, Brasília, DF, 10 jan. 2002. Disponível em: http://www.planalto.gov.br/ccivil_03/leis/2002/l10406compilada.htm. Acesso em: 02 jul. 2020.

BRASIL. PL 21/2020, disponível em https://www.camara.leg.br/propostas-legislativas/2236340. Acesso em: 06 jul. 2020.

BRASIL. PL 240/2020, disponível em https://www.camara.leg.br/propostas-legislativas/2236943. Acesso em: 06 jul. 2020.

SOBRE OS AUTORES

Alexandra Cappellazzo de Oliveira Lima

Advogada. Bacharel em Direito pela Universidade Presbiteriana Mackenzie. Pós-Graduada em LL.M. Direito dos Contratos pelo Instituto de Ensino e Pesquisa – Insper. Diretora Administrativa na empresa TV Fronteira Paulista Ltda.

Antonio Alves de Oliveira Neto

Graduado em Direito pela Universidade de Fortaleza (UNIFOR), possui MBA em Direito Eletrônico pela Escola Paulista de Direito e LL.M. (Master of Laws) em Contratos pela Insper. Também possui extensão em Perícia Forense Computacional pela Universidade de Fortaleza e concluiu o International Cyber Security Law Program na Caldwell Community College and Technical Institute – NC. Certificado em Propriedade Intelectual pela WIPO/INPI. Coautor dos livros Direito Digital Aplicado 3.0, Direito Digital Aplicado 4.0 e Fundamentos dos Negócios e Contratos Digitais.

Bruno Augustin

Bacharel em Direito pela Universidade Federal de Minas gerais (UFMG). LLM em Direito dos Contratos pelo Insper. Candidato a Mestre no programa Master of Business, Competition and Regulatory Law, da Freie Universität Berlin, na

Alemanha. Advogado do escritório Fialho Salles Advogados com atuação em direito da concorrência, questões relacionadas a comércio internacional e contratos comerciais. Foi intercambista na University of California Berkeley (UC Berkeley), nos EUA, e participou do programa de intercâmbio institucional Minas Mundi da UFMG, na Leibniz Universität Hannover (LUH), na Alemanha.

Bruno Veridiano Geraldini

Advogado especializado em direito empresarial pela FGV e com LLM em direito dos Contratos no Insper. Atualmente trabalha com contratos e projetos estruturantes de M&A na Telefônica Brasil.